U0677223

传统文化与地域资源有效融合的

幼儿园『乐源』课程

王永涛 主编

农村读物出版社
中国农业出版社
北京

图书在版编目（CIP）数据

传统文化与地域资源有效融合的幼儿园"乐源"课程/
王永涛主编．—北京：农村读物出版社，2024.2
ISBN 978 - 7 - 5048 - 5846 - 7

Ⅰ.①传…　Ⅱ.①王…　Ⅲ.①学前教育—教学参考资
料　Ⅳ.①G613

中国国家版本馆 CIP 数据核字（2023）第 247787 号

传统文化与地域资源有效融合的幼儿园"乐源"课程
CHUANTONG WENHUA YU DIYU ZIYUAN YOUXIAO RONGHE DE YOU'ERYUAN
"LEYUAN" KECHENG

农村读物出版社出版
地址：北京市朝阳区麦子店街 18 号楼
邮编：100125
责任编辑：马英连
版式设计：杨　婧　责任校对：吴丽婷
印刷：北京中兴印刷有限公司
版次：2024 年 2 月第 1 版
印次：2024 年 2 月北京第 1 次印刷
发行：新华书店北京发行所
开本：700mm×1000mm　1/16
印张：15.5
字数：300 千字
定价：48.00 元

编　委　会

以课程致未来

　　课程是培养人的过程，深化课程改革需要以习近平新时代中国特色社会主义思想为指导，全面落实立德树人根本任务，系统推进管理机制、学习方式、保障体系的改革，着力培养和发展幼儿的认知能力、思维能力、创新能力等。

　　自北京市房山区中小学幼儿园课程领导力提升工程三年行动计划实施以来，北京市房山区琉璃河镇中心幼儿园在《幼儿园教育指导纲要（试行）》《3～6岁儿童学习与发展指南》《幼儿园保育教育质量评估指南》精神指引下，开启了适合自身状况的课程园本化建设之路。在探索过程中，教师们用课程的眼光去审视幼儿园周边的自然资源、社会资源、文化资源，立足幼儿视角，聆听幼儿心声，走进幼儿生活，积极挖掘、筛选与利用，构建并开展丰富的、多样化的符合幼儿兴趣和学习方式的活动。

　　和幼儿的学习一样，教师的学习也是复杂的、多元的、充满无限挑战与可能性的。三年来，我们在反复研究与实践中更加深刻地认识到，课程是回应和支持，是尊重幼儿的原有水平，然后让幼儿用自己的方式和速度向更高水平发展。幼儿在教育过程中不是被动的接受者，而是具有自我建构能力的主动学习者。教师在课程建构过程中建立了新的儿童观、教育观、课程观。本书充分展示了将这些基本的教育理念和原则落实到教育实践中的具体做法和过程。希望本书的出版，有助于更多的幼儿教育工作者有效吸收先进的教育理念和有效的教育经验，不断提升幼儿教育质量。

本书主要内容为民俗之韵、文学之典、历史之味、艺术之美四个篇章，其特点集中体现在以下三个方面。

1. 系统性。书中不仅倡导尊重幼儿的天性，更注重教师的专业成长，强调文化资源与家长资源在课程设置中的优化作用，不断形成研究共同体。

2. 实践性。书中呈现了大量的主题活动与鲜活的教育案例，发现并具体分析了教育活动中遇到的具体问题，真实地记录了教师的探究历程。

3. 研究性。书中呈现的园本课程方案只是阶段性探索的成果，处于一种不定型的、开放的成长状态中，其中的一些做法还有很多不成熟的地方，还处在研究阶段。也希望能由此引发广大理论与实践工作者更多的思考，进而更好地推进幼儿园课程改革的深化与优化。

教师的专业成长是幼儿园课程建构的关键，在"乐源"课程建设的各个阶段，每一位教师都竭尽全力地学习、实践、反思，大家都积极贡献自己的智慧，大胆尝试新的策略与方法，这种执着的精神形成一股强大的力量，带领我们向着教育高质量发展的目标不断迈进。

我们希望：

看见儿童、看见幼儿园里每一个人的平凡与伟大

看见课程、看见幼儿园里每一时每一处的美好与感动

看见文化、看见幼儿园里悄然涌动的精神力量

王永涛

2023 年 9 月

目录

以课程致未来

第一章

课程概述

　　每一所幼儿园都有自己的优势与不足，都有自己的与众不同之处。好的幼儿园之所以好，课程建设是一个重要因素，是园所质量提升的核心领域。她就像一条纽带把教育的点和线串联在一起，促进师幼的共同成长，潜移默化地推动幼儿园向高质量发展。

》第一节　课程背景及理论基础《

一、课程背景

（一）基于优秀地域文化的传承

　　琉璃河镇中心幼儿园地处房山区东南，是一所全日制公办幼儿园，始建于1994 年，至今已有近 30 年历史，现为一园四址，共 20 个教学班，在园幼儿585 人。这里素有北京"城之源"之美誉，举世闻名的西周燕都遗址以其独特久远的文化面貌和重要的历史价值为这座古镇增添着无限辉煌与魅力。据史料记载，燕都文化以国为大、民为上的正义感和责任感为主，传承着顶天立地、大义凛然的家国情怀和忘我精神。在这里，有宏伟壮观的燕古长桥，有郁郁葱葱的森林遗址公园，而且年长的老辈人都能绘声绘色地讲上几则燕都故事。这浓浓的古燕都文化是中华民族的优秀传统文化，是在新时代教育事业中扎实推进立德树人根本任务的独特道德源泉和精神滋养。

（二）基于课程发展历程的研究

　　"乐源"课程先后经历了"启航""入轨""前行"三个阶段。

　　第一阶段（2019—2020）：启航——迎接机遇　勇于挑战。

　　2019 年 11 月，《房山区中小学幼儿园课程领导力提升工程三年行动计划》启动，我园第一时间成立了园本课程研究小组，积极投身到基础课程建设行动中来，并确立了课程领导力三年行动计划的重点。2020 年 8 月，房山区教委与北京师范大学燕都文化特色课程研发项目在琉璃河学区启动，我园课程研发小组也随之多次走进西周燕都遗址博物馆，挖掘教育资源，拓宽课程思路，并于 2020 年 9 月初步梳理出燕都文化特色课程方案，达成中心园引领、分园跟进、全员参与的同步研究思路。

第二阶段（2020—2022）：入轨——落地生根　扎实研究。

2020 年 11 月，我园课程研究小组又进一步完善研究框架，将燕都文化特色课程调整为"乐源"课程，形成了更加适宜的实践策略，使研究重点更加聚焦，目标更加明确。2021 年 10 月，北京师范大学项目组专家第一次走进幼儿园，指导我们从理念支撑、课程定位、研究内容、阶段目标等多方面进行把脉、诊断，进一步厘清了研究思路，明确了研究方向，细化了原有的课程框架，并结合实际，完善了各园小中大不同年龄段的课程目标与内容。

第三阶段（2022—2023）：前行——坚定信念　共同发展。

在三年的实践与探索中，我园课程研究小组带领教师不断拓展与丰富课程内容，探究与创新实践策略，通过"乐源"课程的不断审议与完善，从"民俗之韵""文学之典""历史之味""艺术之美"四个角度积累了大量丰富的主题活动和案例论文。2022 年 3 月，北京市早期教育研究所专家对"乐源"课程进行深入指导，参照《3～6 岁儿童学习与发展指南》（以下简称《指南》）梳理出课程评价量表，积极开展课程评价的研讨与改革，全面保障课程开展的有效性。

二、理论基础

（一）陈鹤琴的"活教育"思想

陈鹤琴认为，大自然、大社会都是活教材，教育应该是在做中教、做中学、做中求进步，应该着重于生活的体验。"活教育"思想为本课程的内容选择和儿童学习方式选择指明了方向。

（二）卢梭的"自然主义"理论

卢梭认为教育要"归于自然"，他在《爱弥儿》一书中提到："教育应遵循自然天性，即要求儿童在自身的教育和成长中取得主动地位。"本课程中的教育者寓教于乐，立足儿童的天性和兴趣，开展贴近儿童生活的游戏活动，实现儿童的自然生长。

（三）威廉·詹姆斯的具身认知理论

具身认知理论强调整体认知观，关注认知与身体的连接——感知觉和运动。它认为，认知、思维、记忆、学习、情感和态度等是身体作用于环境的活动塑造出来的，这些观点与儿童身心发展特点和学习方式极为贴合，本课程注重身心体验教育，让儿童在饶有兴趣的游戏中发展整体认知。

>>第二节　课程目标及基本理念<<

一、课程总目标

"乐源"课程根据儿童的天性和兴趣，遵循《幼儿园教育指导纲要》（以下简称《纲要》）和《指南》精神，充分挖掘燕都文化资源，支持幼儿主动探索、快乐实践，高度尊重幼儿的生活和体验，在幼儿内心深处植入地域之根，渗透爱的教育，促使幼儿的认知、情感与社会性协调发展，注重培养幼儿文明、自信、正直、勇敢、乐学的意志品质，为成为德智体美劳全面发展的社会主义建设者和接班人奠定坚实基础。

文明：礼貌待人、爱护环境、尊重他人、懂得感恩。

自信：乐于倾听、积极表达、敢于探索、独立自主。

正直：诚实友爱、助人为乐、有责任心、有正义感。

勇敢：不怕困难、敢于挑战、积极性高、坚强乐观。

乐学：专注认真、善于思考、乐于合作、主动性强。

二、课程基本理念

"乐源"课程是在"乐学践行，源于本真"的教育理念下，让每一个生命快乐而有意义生长的课程；是以幼儿园园内和周边独特的历史文化资源为载体，关注儿童亲身体验的课程；是以实际需要为出发点，努力研究和构建适宜儿童学习和发展的课程。

>>第三节　课程体系与实施原则<<

一、课程体系

"乐源"课程从儿童的身心发展规律、学习特点以及特定的园本文化背景出发，在明确的教育理念指引下，结合幼儿园实际，从育人目标与办学思想的结合，从对教师课程开发与实施的指导，从课程内容的选择到活动方式的开展等多个层面，逐步构建以"横向统合、分层设置"为特点的"乐源"课程（图1）。

1. 横向统合，是指课程内容围绕"乐学践行，源于本真"的教育理念展开，通过系统挖掘、筛选燕都文化精神资源与物质资源的深刻内涵，更加系统地与健康、社会、语言、科学、艺术等五大领域相融合，以助力儿童进行深度学习。

2. 纵向延伸，是指课程活动遵循小中大班各年龄段的认知发展特点和学习特点，从学习资源难度、内涵阐发深度、课程环境设置等方面，针对不同的课程内容进行分层设计，为幼儿搭建阶梯形、螺旋上升的发展路径，从而使课程的实践性、操作性、适宜性更强。

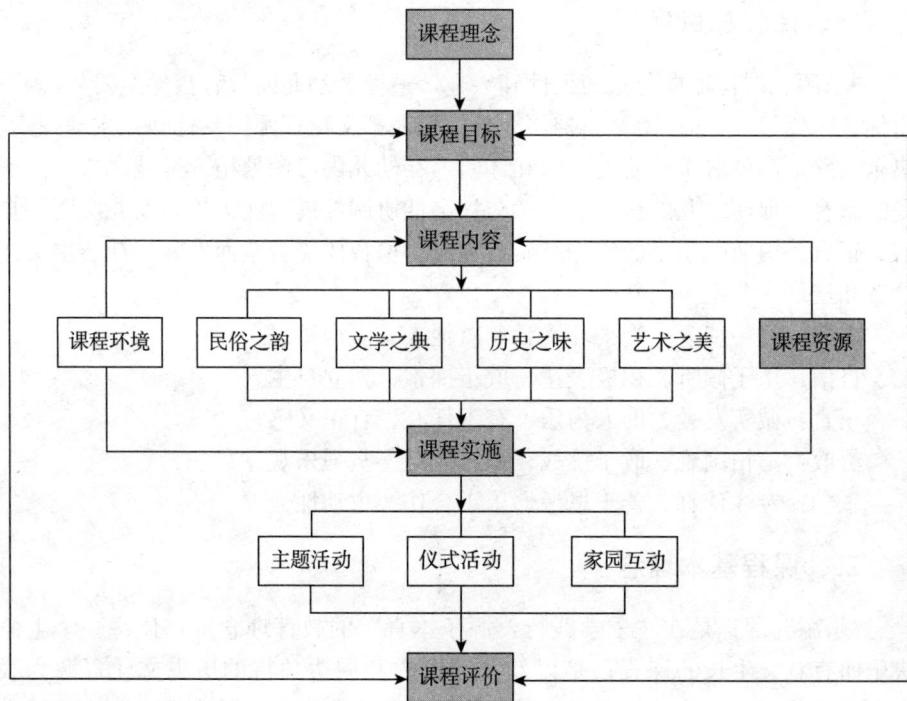

图1 "乐源"课程体系

课程内容整体上由"预设"和"生成"两部分组成（图2）。"预设"部分的内容分为"民俗之韵""文学之典""历史之味""艺术之美"四大活动板块，"预设"部分中，每一板块的主题方案基本确定，但在实施过程中会根据幼儿的兴趣和需求做动态调整。"生成"部分则来自儿童即时的课程需求，具体内容呈现不确定性。

二、课程实施的原则

（一）教师学中行、思中行、合作中行的原则

坚持"立德树人"根本任务，重点引导教师了解和感悟燕都文化的深厚底蕴与独特魅力，引领教师以燕都文化所蕴含的丰富精神内涵滋养幼儿心灵，为形成正确的人生观、价值观、世界观奠定基础。

（二）幼儿做中学、玩中学、参与中学的原则

坚持面向本土、来自本土、服务本土，注重幼儿的快乐探索与主动实践，

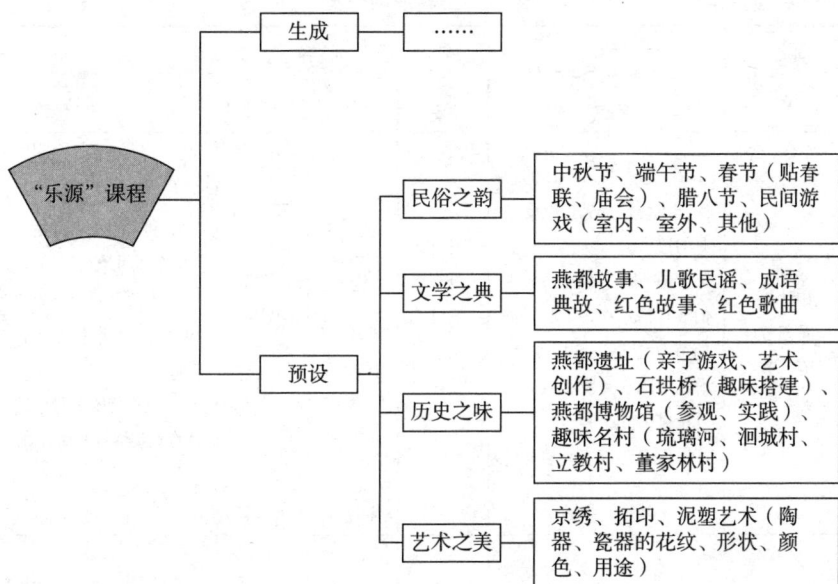

图2 "乐源"课程内容框架

多玩、多做、多参与，并创造性开展活动，促进幼儿在健康、艺术、语言、科学、社会等五大领域全面发展。

（三）课程学中研、做中研、尝试中研的原则

以"文化认同与文化自信""道德教育与立德树人""爱国情怀与红色教育"为引领，在中心园及分园成立专题研究小组，构建分层、分类、分级的课程内容，以点带面、层层深入、全面推进，形成适合幼儿园的"乐源"课程体系。

≫ 第四节　课程的具体实施 ≪

"乐源"课程的实施以主题活动的方式推进，以课程审议的方式展开研究，强调教师和幼儿是课程的共同开发者、创造者和研究者，强调课程是动态的、有生命力的。

一、主题活动

主题活动是指在集体活动中，以一个主题为线索，围绕主题进行活动和交流，它可以根据时间、季节、节日以及幼儿的兴趣需求灵活地确定活动内容。主题活动不仅仅重视高效的集体活动，更加重视主题下的区域活动和户外活动等（表1）。

表1 主题活动一览

教学板块	教学目标	主题活动内容			教育建议
		小班	中班	大班	
民俗之韵	节日教育——中秋节重阳节春节端午节	1. 了解相关节日的由来、传说、意义,感受节日的快乐。 2. 在园所、家庭、社区的节日活动中,了解不同的节日习俗,包括饮食、游艺活动、文明礼仪,感受民风民情。 3. 乐意参与多种多样的活动。	"月饼真好吃""吃饺子过大年""快乐的粽子节"	"老幼同欢""村里有个稻香村""八月十五打月饼呀""剪窗花、画年画"	"家有一老如有一宝""月亮的故事""除夕的故事""年""闹端午"	1. 利用园所周边稻香村工厂,让幼儿充分感知月饼。 2. 家园共育,引导幼儿参加劳动,促进智力与能力的发展。 3. 收集传统节日中的民间体育竞技游戏大赛活动。
	本土游戏——室内游戏室外游戏其他游戏	1. 身体得到发育,发展运动能力与运动技能。 2. 喜欢玩智力类与体育类民间游戏,在游戏中感到快乐。 3. 具备竞争意识、合作意识、互助精神。	"我真棒""我是聪明宝宝""跳房子"	"民间游戏大会""我来挑战"	"小小传承人""智慧节""我是琉河小达人"	1. 开展多种多样的民间传统游戏。 2. 举办运动节、智慧节的活动,增加幼儿的游戏兴趣。 3. 每天下午户外1小时开展民间游戏。
文学之典	燕都故事、红色故事	1. 喜欢听故事、看图书,理解较长、较复杂的故事。 2. 能够通过不同形式表现故事内容。 3. 为自己是中国人感到自豪。	"中华好娃娃"	"话剧小舞台""每日故事"	"故事大王""红星广播站"	1. 运用音频、视频、电影、表演等形式开展故事的学习。 2. 国庆节时,幼儿观看红色电影。 3. 利用餐前阅读、离园前阅读等时段开展活动。
	成语典故、红色歌曲	1. 知道成语是中国的文化瑰宝。 2. 学会讲成语故事,理解成语的意义。 3. 合作表演成语故事。	"我知道的成语""听爸爸妈妈讲成语故事"	"成语接龙""有趣的成语故事""成语对对碰""我和爸爸说成语"		1. 从燕都博物馆25个成语故事中选择适合幼儿学习的内容。 2. 帮助幼儿理解成语的深层意义。 3. 每月学习1~2首红色歌曲。

（续）

教学板块		教学目标	主题活动内容			教育建议
			小班	中班	大班	
艺术之美	泥塑艺术	1. 感知各种泥的特性。 2. 学习揉、搓、压的简单技能，发展小肌肉。 3. 能够欣赏与感受各种泥塑作品的美。 4. 养成主动探究、善于合作的良好品质。	"好玩的泥" "小盘子小碗"	"小小收藏家" "青铜器动物"	"西周的车" "泥塑工艺坊" "设计奖杯和奖牌"	1. 在班级开展泥工区域活动。 2. 利用泥工教室有计划地开展泥工活动。 3. 充分利用环境，摆放多种多样的青铜器造型。 4. 幼儿搜寻各种不同的陶器与瓷器，进行创造性地表现。
	京绣	1. 欣赏各种刺绣工艺品，感受刺绣的美。 2. 尝试简单的刺绣活动，体验成功的喜悦。	"有趣的京绣"	"缝缝乐"	"小小针儿我来挑战"	1. 搜集多种多样的刺绣作品。 2. 开展刺绣作品展览会。 3. 开展有关刺绣的区域活动。
	拓印	1. 知道通过拓印可以复制物体表面的纹理。 2. 探索不同物品的不同拓印方法、拓印形式。 3. 在滚、刮、印的过程中体验拓印活动的乐趣。	"我的黄泥印章" "水果印画"	"树叶印画" "滚轴画"	"五彩年画" "十二生肖印章" "名字印章"	1. 利用周边农作物或废旧物品，激发幼儿创作的兴趣。 2. 家长鼓励幼儿在生活中观察发现可以用来拓印的物品。 3. 在区域活动中开展拓印活动。
历史之味	燕都博物馆	1. 在欣赏中获得美的感受，发现艺术品的表现特点。 2. 在参观中，了解商代的饮食、艺术表现形式等。 3. 为家乡的历史感到自豪。	"博物馆里有什么"	"漂亮的艺术品"	"礼仪达人" "博物馆之最"	1. 关注"守望燕都"公众号，充分学习有趣的文化。 2. 邀请燕都博物馆的文化专家来园，为幼儿做专业讲解。 3. 每年4月份开展"乐游日"活动，组织中大班幼儿参观。

（续）

教学板块	教学目标	主题活动内容			教育建议
		小班	中班	大班	
历史之味	石拱桥	1. 理解关于石拱桥的故事。 2. 用绘画、泥工等多种形式表现琉璃河石拱桥。 3. 在观察的基础上，表现雕刻的细节。	"我搭琉璃河大桥"	"琉璃河石桥传说""石桥建造师"	"桥边风景美如画""搭桥大赛"	1. 在石桥上进行绘画写生，感受家乡的美丽。 2. 引导幼儿注重观察细节，如桥柱上和桥洞上的花纹及造型。
	琉璃河	1. 尝试制定游玩计划。 2. 能够自己准备游玩的相关物品。 3. 能够做到文明出行。 4. 尝试做游玩记录。 5. 能够讲述自己游玩的经历。	"我的游玩小书"	"琉河娃娃爱琉河"	"画家乡""家乡摄影大赛""我是家乡小主人"	1. 绘制琉璃河的景点与参观点地图。 2. 带领幼儿走进牡丹园、湿地公园等地，感受家乡的地域风情与特点。 3. 开展"小脚丫走琉璃"活动。
	趣味村名	1. 了解自己村和周围村的村名，知道村名的来历。 2. 愿意讲述关于村名及村子里的小故事。 3. 能用多种方式记录与整理信息。	"村名小故事"	"变废为宝"	"新闻调查""美丽乡村""美丽庭院"	1. 进行调查与讲述，发挥幼儿的主体性，开设"小小广播站"。 2. 引导幼儿学会用多种方式收集信息，如实地调查、访问、网络查询。

二、仪式活动

仪式活动作为一种文化象征，具有特别重要的作用，它可以使一些看似普通的事件被赋予一种特别的意义。"乐源"课程中仪式活动是充分挖掘地域资源优势，引导幼儿在特定的场合中经历特殊的情感历程，感受仪式氛围带来的心灵震撼（表2）。

表 2 仪式活动一览

形式	内容	具体价值倾向
特殊日	开学第一课	以爱的教育、习惯培养为重点，萌发期待与向往
	大带小仪式	激发大班幼儿的责任感，帮助小班幼儿尽快适应
	每周升旗日	认识国旗，会唱国歌，感受庄严、肃穆的升旗仪式
	大班毕业季	幼儿体验毕业离园时与同伴、老师、幼儿园的惜别之情
节日庆典	浓情端午节	感受端午节独特的习俗，将传统文化渗透于一日生活中
	畅玩"六一"	从场地布置、游艺项目等方面精心策划，共同创设游园会
	我爱我的祖国	用童声、童心、童画、童趣等多种方式为祖国妈妈祝福
	火火的中国年	通过剪窗花、贴对联等多种活动感受迎新年的仪式感
参观实践	走进燕都博物馆	每年四月的第一、三周参观博物馆，感受文化精髓
	图书嘉年华	每年四月读书日与家长一起共同感受读书的乐趣
	漫步燕古长桥	每年十月，带领中大班幼儿开展"寻访古桥"活动
	快乐的小学时光	每年六月开展"走进小学"幼小衔接系列活动

三、家园互动

《纲要》指出：家庭是幼儿园重要的合作伙伴，应本着尊重、平等、合作的原则，争取家长的理解、支持和主动参与，并积极帮助家长提高教育能力。"乐源"课程重视家园互动，引导家长作为课程的参与者、实施者和评价者。

（一）帮助家长建立课程观

根据幼儿的年龄特点和不同阶段家长的关注点，每学期定期召开家长会、家长讲座，让家长了解幼儿园的课程，热情参与到幼儿园的课程建设中来，成为课程建设的合作者。

（二）支持家长收集课程资源

成立家长委员会，协助幼儿园和班级进行日常管理工作，建立家长资源库，根据实际需求进行资源共享。鼓励家长根据主题和幼儿一起收集学习材料，引导家长挖掘各自优势，邀请家长来园进行经验分享和参加各种助教活动。

（三）鼓励家长参与课程实施

每学期幼儿园都根据主题需求定期开展家长观摩、体验、亲子游戏等活动，幼儿园的大型活动也邀请家长全程参与。在课程具体实施过程中，家长不仅要了解课程目标，还要根据幼儿个体差异进行科学观察与指导，从而提高课程执行力。

》第五节　课程评价《

2022年教育部颁发的《幼儿园保育教育质量评估指南》对保教质量评价提出了新的价值指引，强调过程评估，突出自我评估和班级观察。"乐源"课程聚焦儿童的学习与发展，遵循发展性评价原则，努力做到评价主体多元化、评价内容综合化、评价方式多样化、评价过程动态化，让评价贯穿于课程的全过程，并以此为依据，分析和发现课程中存在的实际问题，进一步改进和完善，从而使课程的适宜性和操作性更强，真正促进儿童、教师、课程与家长共同发展。

下面以表3和表4为例介绍"乐源"课程的评价量表。

表3　（幼儿）艺术之美课程评价量表

一级指标	二级指标	三级指标		
		小班	中班	大班
情感态度	态度	有兴趣，愿意操作。	有较强的好奇心，积极参与。	积极主动，专注投入。
	情绪情感	愉快；能适度表达。	充满乐趣；经老师提醒能适度自控。	有成功感、满足感。
动手能力	基本技能	学习工具与材料的使用方法；学习画、折、搭、剪、贴、捏等方法。	学习拼装、拆卸、制作和泥工等方法，并能适时运用。	自觉而创造性地学习技能技巧过程；具有鲜明的个性特征；相关动手技能娴熟。
	解决问题的能力	有困难时不哭；愿意尝试；能寻求帮助。	积极想办法，勇于尝试。	能充分调动已有经验不断尝试直至成功。
社会性发展	交往与合作	经提醒能遵守集体规则；愿意和同伴共同活动。	基本做到互相谦让；初步懂得合作办法；经提醒能协商活动。	主动交往，积极互动，友好合作，能齐心协力克服困难，完成任务。
	自信心	愿意在集体面前讲述操作过程或结果。	在集体面前大方、清楚地讲述操作过程和结果；相信自己。	神态自然大方；对自己的能力、表现和作品充满信心。
行为习惯	学习习惯	知道要认真听老师、同伴讲话；有意集中注意力的时间为5～10分钟。	能听清、听懂活动要求；知道避免危险的办法并全力做到。	认真倾听，观察仔细；思维活跃；目的性强，会计划；操作认真专注。
	安全	逐步树立安全意识；在老师的指导下遵守安全规则。	知道工具和材料的危险之处；知道避免危险的办法并全力做到。	准确、规范地使用各类工具和材料，有较强的自我保护意识和能力。

（续）

一级指标	二级指标	三级指标		
		小班	中班	大班
行为习惯	整理	在提醒和帮助下完成。	经提醒能及时收拾、归类摆放。	有序、迅速收拾。
	卫生习惯	在提醒下保持桌面、地面和身体整洁。	基本保持桌面、地面和身体的整洁。	保持桌面、地面、个人及物品的整洁。
创新表现	方法	尝试用多种材料和工具，运用捏、剪、贴等方法自由表现熟悉物体的粗略特征并简单想象。	愿意尝试用各种材料、工具和方法，进行拼装、拆卸、制作和绘画，有初步的想象力。	能从多方面感知周围生活中的美，大胆表现自己的感受、体验、想象与创造；善于运用已有经验解决新问题。
	作品	与同伴有不同之处；在原有基础上稍有改进。	与别人不同或部分不同；在原有基础上有提高。	总有新作品出现，作品不断改善。

表 4　（教师）课程评价量表

创设环境能力	设计	适宜性、丰富性、选择性、教育性
	创造	新颖性、独特性、变化性
观察幼儿能力	观察态度	欣赏的态度、宽容的态度、耐心的态度
	观察眼光	反应敏捷、判断准确、全面细致
活动引导能力	引导性	语言机智、行为暗示、目标潜行、以身示范
	合作性	尊重个体、平等融洽、参与游戏、善于沟通
	表现性	介入时机适宜、材料支持得当、语言富于感染、善于因材施教、随机应变
评价分析能力	思考力	善于发现问题、理解幼儿行为意义、自我行为反思
	研究性	汇总分析观察资料、了解个体与整体发展、建议和调整主题活动和区域活动等

》第六节　课程保障《

　　课程管理是对幼儿园课程编制、课程实施和课程评价等课程运行工作进行管理的过程。科学而高效的课程管理为课程的有序开展、有效实施、及时反思提供了强有力的保障。"乐源"课程通过引领者引导教师认同课程理念，随时关注追随每一位教师的课程实践，使大家的行为与认同的理念对应起来。在不断研磨与实践中，课程管理模式已经由过去的"金字塔"形状向"组织分权"

管理方式转变，管理重心不断下移、上下同步、内外兼顾、智慧共享，从而营造了良好的课程实践环境和课程研究氛围。

我园建立了专家引领为先、以园长为首、骨干教师为主体的课程研究团队，通过"干部走班制""骨干一带三""党团互助区""家园携手"等多元形式，以点带面、小组先行、全体跟进，不断提升干部、教师、家长的课程建构能力。

一、成立课程研究小组

1. 顾问：课程专家、教研员。

2. 组长：园长。

3. 副组长：副园长。

4. 组员：各分园负责人、年级组长、骨干教师、家委会代表、幼儿代表等。

课程研究小组分设课程核心组、实施发展组、资源保障组、检测评议组，具体如下：

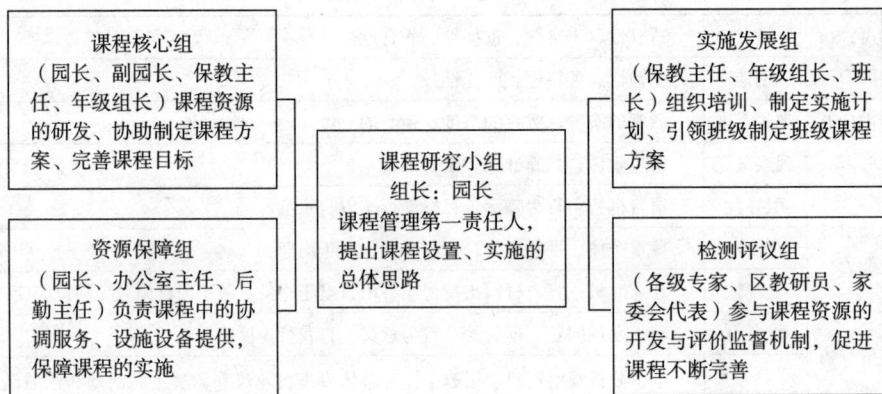

课程核心组 （园长、副园长、保教主任、年级组长）课程资源的研发、协助制定课程方案、完善课程目标	课程研究小组 组长：园长 课程管理第一责任人，提出课程设置、实施的总体思路	实施发展组 （保教主任、年级组长、班长）组织培训、制定实施计划、引领班级制定班级课程方案
资源保障组 （园长、办公室主任、后勤主任）负责课程中的协调服务、设施设备提供，保障课程的实施		检测评议组 （各级专家、区教研员、家委会代表）参与课程资源的开发与评价监督机制，促进课程不断完善

二、明确课程管理制度

通过教职工代表大会审议并修订课程管理制度、职责与要求等，确立各《组织机构的工作制度》《班级学期课程交流与评比制度》《教师课程研发与实施奖励制度》，明晰了不同成员的工作职责与要求，形成了较科学规范的课程管理办法。

三、加强园本教研的实效性

根据幼儿园一园四址实际情况，针对各分园发展现状和不同层次的教师需求，结合课程实施的侧重点，先各分园拟定教研专题，确保研究方向正确、课程实施规范；然后注重课程小组指导的有效性，重点抓好研究内容审议和过程性评价反思，通过园本教研加强课程实施的科学性。

在课程建设过程中，园长一定要扮演好三个角色——幼儿园发展的引领者、设计者和实施者，引导每个人认同课程理念，关注追随每一位教师的课程实践，使教师实践的行为与认同的理念对应起来，还要及时捕捉课程探究中的创新点，将个体的经验进行群体分享。

通过几年的努力，我园明确了以促进幼儿整体发展为取向的课程目标，构建了以生活经验为基点的课程内容，突显出以活动体验为特点的课程实践，最可贵的是每一个人都变成有价值的、独特的、不可替代的课程构建者。大家的研究兴趣日趋浓厚，由对课程的不认识到认识、由迷茫困惑到逐渐清晰、由忽视儿童到真正用心观察理解儿童，经历了一个研、学、实践到再研、再学、再实践的过程。一所幼儿园给孩子留下深刻印象的，不是优越的外在条件，而是那些看似平常、简单却直抵心灵的温暖画面。

第二章

民 俗 之 韵

　　民俗，又称民间文化，是指一个民族或一个社会群体在长期的生产实践和社会生活中逐渐形成并世代相传、较为稳定的文化事项，可以简单概括为民间流行的风尚、习俗。民俗文化作为人类社会文化一个最基本的组成部分，有着极为丰富的内涵和多彩的表象，它孕育于民间，传承于社会，并世代延续承袭。在课程建设中，我们更加注重地域资源的利用，利用全园性主题活动和班级主题活动相结合的方式，以民俗活动为载体，利用幼儿生活中的民俗文化元素，选择适合幼儿的内容，将它与幼儿的生活、主题活动有机结合，让幼儿感知、体会民俗文化的传承性、民族性等特点，实现个性化、社会化的发展。

　　《指南》中明确指出："幼儿的学习是以直接经验为基础，在游戏和日常生活中进行的。最大限度地支持和满足幼儿通过直接感知、实际操作和亲身体验获取经验的需要……"幼儿对民俗文化的认识也是感性的、具体形象的，我们结合地域特色和幼儿的兴趣和需求，设计了民俗活动、节日文化、民间游戏三大板块的活动内容。

　　在民俗活动中，我们结合一年中的节日、节气，根据孩子的兴趣需要，开展一些全园性的大型活动，如每年12月开展的"民俗一条街"活动、"二月二龙抬头"活动、"小农民菜园"种植活动等。在全园性的活动中，幼儿感受到节日的氛围，会自发地参与到活动中来，兴致浓厚，并且还产生了很多的新想法、新玩法，在自主学习和游戏中获取知识经验，感受民俗文化。

　　在节日文化活动中，我们以班级主题活动的形式开展，更加关注各年龄班幼儿的学习特点、情感特点，制定更加适宜的活动目标，选择更加贴近幼儿生活的活动内容。如"娃娃过端午""中秋月圆童欢乐""深深敬老情"等。幼儿在探究、合作中主动快乐地学习和表现家乡的民俗文化，在丰富多彩的活动中感受民俗文化的丰富和底蕴，实现了全方面的发展。

　　民间游戏流传于民间，它内容丰富、形式多样、趣味性强、简单易操作，是我国民间传统文化的重要组成部分。在活动开展过程中，我们探索了室内室外不同活动地点、一日环节不同时间等多种形式的活动方式，如"快乐的民间游戏大会"主题活动、"小小传承者"区域活动等。幼儿在轻松自在的氛围中，在传承与创新的形式中，体会着民间游戏的独特魅力。

深入挖掘家乡民俗文化的教育内涵，开展符合幼儿年龄特点的民俗教育活动，让幼儿在可听、可见、可想、可动的环境中进行熏陶，对幼儿萌发爱家乡、爱祖国的情感具有积极的教育意义。

》第一节　娃娃探韵过民俗《

主题一：　民俗一条街

班级：大班　　　教师：游良姗

一、主题由来

赶大集、逛庙会是中国民间的传统风俗，也是中华传统文化独特的组成部分，集市中的很多活动都与中国传统农耕文明的运作方式相关。我园地处农村，幼儿对赶大集、逛庙会有很多的生活经验，在每年的最后一个月，幼儿园里都会举行"赶大集、逛庙会——民俗一条街"系列活动。

二、主题目标

1. 了解多种多样的民俗活动，对节日习俗、特色美食感兴趣，获得多种民俗经验。

2. 在调查访问、同伴交流中，愿意与他人讨论问题，敢于在众人面前说话。

3. 在活动的筹备、策划、环境共创、参与体验中，增强与人交往、沟通合作的能力。

4. 通过多种不同的表现形式表达对节日民俗活动的向往和期待，发展想象力和创造力。

5. 喜欢参加民间游戏，在游戏的传承和创新中，发展良好的体质，培养初步的探究能力，促进良好意志品质和个性的形成。

6. 传承民俗文化，增强家乡的归属感与自豪感，养成爱家乡爱祖国的良好品质。

三、主题网络图

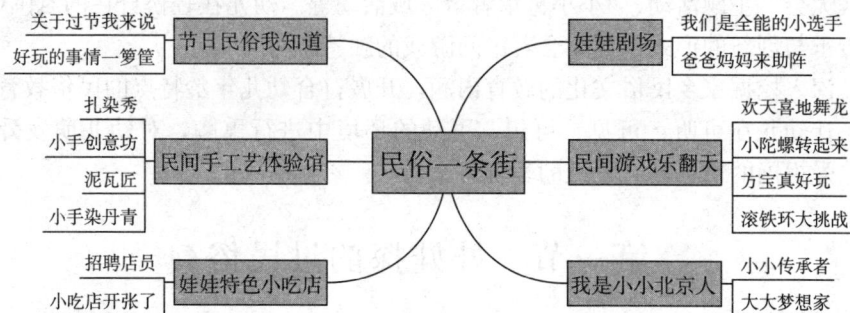

四、主题实施

（一）环境创设与资源利用

社会交往区——娃娃特色小吃店

区域目标：

1. 能够根据自己的想法和需要，自由选择多种材料工具，布置小吃店的活动场地。

2. 能整合已有经验，富有创意地表现特色美食作品。

投放材料： 餐厅店员衣服、厨师帽、KT 板、轻体泥等。

活动内容：

1. 娃娃特色小吃店开张了：招募店员，明确人员分工。材料准备、场地布置、对外宣传等。

2. 我们的特色美食食谱：由孩子们投票选出最受欢迎的特色小吃，大家进行食物和食谱制作。

3. 我是小厨师：小厨师不仅要自己学会制作，还要能说清楚步骤，能带领别人一起制作。

4. 进餐礼仪我知道：孩子们了解、学习进餐礼仪。

5. 大家来品尝：请厨师来帮忙，一起制作特色美食，一起享用。如冰糖葫芦、棉花糖、年糕、驴打滚等。

表演区——娃娃剧场

区域目标：

1. 能够在表演中探索周围世界，在艺术活动中能用表情、动作、语言等方式表达自己的理解。

2. 能够专心地观看自己喜欢的演出，有模仿和参与的愿望。

投放材料：表演服装等。

活动内容：

1. 娃娃剧场的节目单：孩子、家长、老师一起协商节目单。

2. 我们的"春节晚会"：孩子们自己编排节目，挑选主持人、道具师，设计邀请函等。

3. 爸爸妈妈来助演：请有才艺的家长加入剧场表演中来，拓宽孩子们的眼界。

4. 特色活动专场：民俗节活动当天，孩子们参与歌舞表演、儿歌联唱、皮影戏、赏花灯猜灯谜、拜年话儿我来说等活动。

美工区——民间手工艺体验馆

区域目标：

1. 学习剪纸、水墨、泥工、扎染等民间手工艺。

2. 能用多种工具、材料或不同的表现手法表达自己的感受和想象。

3. 感受传统手工艺的趣味性，体会创作的快乐。

投放材料：剪刀、彩纸、水墨画图片、画笔、画纸、罩衣、白布、扎染颜料、轻体泥、黄泥等。

活动内容：

1. 小手 DIY：在这里可以制作各种各样的灯笼、鞭炮，还可以制作自己喜欢的节日面具、新年生肖等。

2. 泥瓦匠：用轻体泥、陶泥等制作自己喜欢的物品。

3. 扎染秀：学习扎染的方法，制作扎染作品。

4. 纸上添花：用剪纸的方法表现事物或自己的想法。

5. 我用小手染丹青：孩子们学习水墨画创作，体验水墨活动的乐趣。

户外游戏区——民间游戏乐翻天

区域目标：

1. 学习多种民间游戏的玩法，发展走跑跳投等多项身体素质。

2. 乐于参与民间游戏，体验与同伴游戏的乐趣。

投放材料：舞龙、踩高跷、抽陀螺、滚铁环、套圈、弹球、摔方宝等。

活动内容：幼儿在户外民间游戏体验区可以参加多种民间游戏。

（二）教学设计

活动一： 过年啦（社会活动）

活动目标：

1. 知道春节是农历新年，了解春节的一些习俗。

2. 学习节日交往中的文明行为。

3. 感受节日的喜庆气氛，体验节日的快乐。

活动重点：感受节日的喜庆气氛，体验节日的快乐。

活动难点：能有礼貌地与人交往。

活动准备：布置新年环境，观察节日期间周围环境的变化。

活动过程：

1. 音乐导入，创设情境。

播放民间乐曲《喜洋洋》，启发幼儿随意自由舞蹈，感受欢乐的氛围。

2. 了解春节。

（1）请幼儿说说周围环境的变化。

（2）听故事《年的故事》。

（3）师生讨论：过春节有哪些习俗？

小结：我国人民过春节的习俗有全家团圆、吃饺子、贴春联、放鞭炮、拜年、舞龙舞狮等。

3. 幼儿说说自己和家人是怎样过春节的，来客人时和做客时要注意什么。

4. 结束部分。

引导幼儿在春节时学做"小主人"，走亲访友要有礼貌。

5. 活动延伸。

引导孩子们在家庭中积累相关的生活经验，并与幼儿园的朋友一起分享。

教师：游良姗

活动二： 争当小店员（语言活动）

活动目标：

1. 敢于在众人面前说话，乐于与同伴交流、分享。

2. 能清楚连贯地进行演讲词讲述，提高自己的语言表达能力。

3. 大胆表达自己的想法，能正确看待竞选结果。

活动重点：敢于在众人面前说话，大胆表达自己的想法。

活动难点：能正确看待竞选结果。

活动准备：家长帮助孩子准备演讲稿。

活动过程：

1. 谈话导入。

娃娃特色小吃店开张了，需要哪些工作的小店员？让谁来当合适呢？

2. 讨论店员的工作内容，确定人员分工。

厨师、招待人员、上菜服务生、收银员。

3. 讨论当小店员的条件。

幼儿分组讨论并整理出当小店员的条件。

(1) 能与顾客勇敢地说话，声音洪亮。

(2) 知道进餐礼仪。

(3) 有制作美食的基本经验。

4. 竞选演讲。

幼儿按照"小店员条件"上场演讲。

5. 幼儿投票决定谁当小店员。

6. 活动延伸。

小店员一起布置场地、材料，进一步了解自己所担任的店员的工作职责。

教师：王 丽

活动三： 我是小戏迷（艺术活动）

活动目标：

1. 了解京剧表演中的唱腔和身法，感受京剧的魅力与有趣。

2. 初步尝试京剧表演，用自己的方式大胆表现。

3. 喜爱京剧表演艺术，愿意参与京剧活动。

活动重点： 感受京剧中角色的走路和亮相。

活动难点： 能将已有的京剧经验初步迁移到京歌中。

活动准备： 有关京剧的资料、多媒体课件《说唱脸谱》、相关音乐。

活动过程：

1. 营造京剧的氛围，激发幼儿的兴趣。

(1) 幼儿在京歌《说唱脸谱》音乐的伴随下进入活动室。

(2) 说一说有关京剧的已知经验，了解京剧的文化。

小结：京剧是我们中华民族的国粹，有两百多年的历史，是中国人的骄傲。

2. 运用多种感官，学习花旦和花脸的动作特征。

师：我们一起走进京剧的世界，领略京剧人物的风采。

(1) 欣赏京剧选段，学习花旦走路的动作。

(2) 幼儿尝试表演。

（3）欣赏京剧选段，学习花脸走路的动作。

（4）幼儿尝试表演。

3. 欣赏京歌《说唱脸谱》，体验小组表演的乐趣。

（1）请幼儿欣赏京歌《说唱脸谱》。

（2）运用生活道具进行小组表演，提升表演经验。

4. 活动延伸。

继续为幼儿创设与本主题活动相关的区域环境，让幼儿体验京剧表演的乐趣。

教师：曹　雪

活动四：　小陀螺转起来（科学活动）

活动目标：

1. 探索使物体转动起来的方法，并尝试运用多种材料使物体转动起来。

2. 能够运用记录表和语言分享自己的实验过程和发现。

3. 体验转动的乐趣，喜欢动手动脑，能积极大胆地尝试，勇于克服困难，解决问题。

活动重点： 探索使物体转动的方法。

活动难点： 运用多种材料使物体转动起来。

活动准备： 筷子、纸盘子、光盘、风车、毛根、纸杯等。

活动过程：

1. 导入，出示材料。

2. 幼儿动手操作，试一试用什么方法可以使物体转动起来，并分享自己的探索经验。

（1）请小朋友用自己的方法，让生活中常见的物体转动起来。

（2）幼儿集中分享自己的探索过程。

（3）帮助幼儿梳理探索经验。

①使物体转起来的方法有拧、拨、摇、搓、拍等。

②幼儿用语言表述、操作演示的方式清楚地表达自己的探索过程。

3. 幼儿进一步尝试结合多种材料使物体转动起来，并分享自己的探索经验。

4. 观看PPT，了解转动在生活中的运用，感受转动给人们的生活带来的方便。

5. 活动延伸。

在活动区提供丰富的材料，供孩子们自由选择，制作更多不同样式的陀螺。

教师：游良姗

活动五： 民间游戏传承员（社会活动）

活动目标：

1. 知道多种民间游戏的玩法，并愿意传授给弟弟妹妹。

2. 在活动中能与同伴分工合作，遇到困难能一起克服解决。

3. 感受传承民间游戏的自豪感和责任感。

活动重点：感受传承民间游戏的责任感。

活动难点：提高发现问题、解决问题的能力。

活动准备：

1. 物质准备：A3 白色卡纸、水彩笔、滚铁环、空竹、陀螺、投壶、皮筋、手绢、毽子、沙包等。

2. 经验准备：知道民间游戏是我们国家传统文化的一部分；幼儿调查、了解、体验过多种民间游戏。

活动过程：

1. 开始部分：谈话导入，交代任务。

师：今天我们要做一个小小传承员，把我们北京一些好玩的民间游戏传授给弟弟妹妹，让她们感受一下传统游戏的乐趣。你会玩哪些民间游戏？哪些游戏适合弟弟妹妹玩？

2. 基本部分。

（1）利用思维导图，梳理玩法。

①幼儿共同讨论出几组适合弟弟妹妹玩的民间游戏，依据自身经验进行结组。

②幼儿结组后，运用思维导图的形式梳理出本组民间游戏的玩法。

（2）分工合作，大小结对。

①幼儿分工，明确自身角色，如讲解员、示范员、协助员。

②向弟弟妹妹介绍本组游戏的名称及玩法。

③弟弟妹妹自主选择感兴趣的民间游戏。

（3）体验游戏，享受快乐。

①讲解员和示范员合作，展示本组民间游戏的玩法。

②弟弟妹妹根据示范，体验民间游戏，感受其中的快乐。

③协助员巡视游戏情况并适时给予弟弟妹妹帮助。

④弟弟妹妹以闯关的形式，体验多种民间游戏的玩法。

3. 结束部分：总结交谈，感受传承。

师：今天的活动，你有怎样的感受？我们为什么教弟弟妹妹玩民间游戏？

总结：民间游戏是从我国古代流传下来的珍贵文化遗产，我们作为中国人要传承我国的民族文化并发扬光大。

4. 活动延伸：创新实践，延展传承。

（1）区域活动与户外活动时可以开展"民间游戏新玩法"的创新活动。

（2）游戏小组以小区为单位，将民间游戏以及创新后的民间游戏传授给社区里的弟弟妹妹们及家长。

教师：隗晓山

五、亮点分享

每年的 12 月都是孩子们最高兴的一个月，这个月的全园活动和班级活动都是围绕孩子们喜欢、熟悉的民俗活动，用"吃喝玩乐"的方式度过的。孩子们商量好之后，就开始准备材料、场地、人员等，在这个过程中，孩子们的社会交往能力、语言表达能力、对传统技艺的传承都得到了提升。

在民俗一条街活动中，将全园性大主题活动和班级小主题活动相结合，大、小主题互相推动，互为补充，营造喜庆的活动氛围；不同年龄层次的幼儿共同参与游戏，相互学习交流，进一步丰富和拓展了幼儿的活动经验，促进了幼儿多方面的发展。在活动中，孩子们亲身参与活动的策划、筹备、落实，做活动的主人。孩子们从自己的身边、从更加贴近生活的角度去感受中华传统文化的魅力，理解中华美德的含义，增强对中华民族传统文化的自信。

民俗一条街体验活动会随着孩子们的成长而不断创新活动内容和形式，它在孩子们心中播种下了一颗热爱传统文化的种子，相信这颗种子会在孩子们心中生根发芽，并不断长大！

主题二： 龙娃闹春龙

班级：大班　　教师：张春莹

一、主题由来

农历二月初二，我国民间有"二月二，龙抬头"的谚语，表示春季来临，万物复苏，蛰龙开始活动。为了更好地传承中国的传统习俗，我们开展了"龙抬头"传统节日主题活动，让幼儿亲身感受我国传统文化的魅力，培养幼儿的民族自豪感。

二、主题目标

1. 通过亲身体验，了解有关"二月二，龙抬头"的民间习俗、文化习俗。

2. 自主参与到"二月二，龙抬头"活动的筹备、策划过程中，提高与他人交往、沟通、合作的能力。

3. 能有序、连贯、清楚地讲述一件事情，别人讲话时能主动回应。

4. 了解民间艺术，能够自由选择多种材料，大胆表现自己感兴趣的事物。

5. 体验传统舞龙游戏的乐趣，促进上肢力量及手眼协调能力的发展。

三、主题网络图

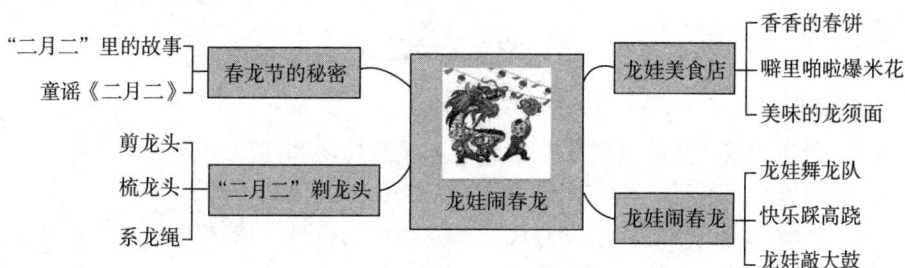

"二月二"里的故事 —— 童谣《二月二》 → 春龙节的秘密

剪龙头 / 梳龙头 / 系龙绳 → "二月二"剃龙头

龙娃闹春龙

龙娃美食店 → 香香的春饼 / 噼里啪啦爆米花 / 美味的龙须面

龙娃闹春龙 → 龙娃舞龙队 / 快乐踩高跷 / 龙娃敲大鼓

四、主题实施

（一）环境创设与资源利用

美 工 区

区域目标：

1. 能够尝试用自己喜欢的材料、工具进行美工制作，能和其他幼儿分工合作创作。

2. 能够大胆表达自己的想法。

3. 在操作活动中体验活动的乐趣，提高合作意识。

投放材料： 废旧材料纸箱、彩纸、剪刀等。

活动内容：

1. 做龙头：幼儿用不同的材料制作龙头。

2. 制作龙身：利用废旧材料，如奶箱、布或废旧桶拼接制作出龙身，并用彩纸剪出龙鳞装饰龙身。

3. 剪龙须：幼儿用彩纸剪成细条做龙须。

小 餐 厅

区域目标：

1. 在制作春饼的过程中，能主动操作，提高动手能力。

2. 游戏后能有意识地按要求摆放材料收拾物品。

3. 能有礼貌地与人交往。

投放材料：水、面粉、豆芽菜、韭菜、盆、鸡蛋等。

活动内容：

1. 制作春饼：幼儿通过前期调查了解了制作春饼的过程，学习和面，利用摊饼工具烙春饼。

2. 炒合菜：幼儿分工合作，将炒合菜的材料提前准备好，打鸡蛋、择韭菜、洗豆芽菜。

3. 爆米花：师生共同准备材料，如玉米、白砂糖、奶油等，制作爆米花。

户外活动区

区域目标：

1. 增强上肢力量，促进手眼协调能力及身体协调性。

2. 通过舞龙活动，学习团结合作、互相帮助的团队精神。

3. 体验舞龙的乐趣，萌发对民间舞龙活动的喜爱之情。

投放材料：自制舞龙玩教具、舞龙道具。

活动内容：

1. 学习舞龙的方法：学习不同舞龙游戏的玩法，有单人舞龙和多人合作舞龙。

2. 龙娃舞龙队：幼儿自己确定人员分工和动作，自己排练。

3. 幼儿展示自己设计的舞龙动作，鼓励幼儿大胆设计新动作。

（二）教学设计

活动一："二月二"的民俗活动（社会活动）

活动目标：

1. 了解"二月二"的传统民俗活动，对民俗活动感兴趣。

2. 能够通过讨论、协商制定活动计划。

3. 能积极参加活动，体验活动的快乐。

活动重点：制定活动计划。

活动难点：在讨论与协商中坚持自己的意见并能说出自己的理由。

活动准备：

1. 物质准备：纸、笔。

2. 经验准备：前期调查表，有一定的民俗活动经验。

活动过程：

1. 师幼谈话引出活动。

师：你调查的"二月二"当天可以做的事情有哪些？

幼儿分享自己的调查结果。

教师总结："二月二"的活动原来有这么多，我们在家里都吃过春饼、炒合菜，看过舞龙……

2. 计划幼儿园里的"二月二"民俗活动。

（1）讨论可以在幼儿园里开展的"二月二"活动。

①剃龙头：幼儿自愿报名剪头发。

②吃龙食：吃春饼、炒合菜、炒豆、龙须面等。

③游戏：踩高跷、敲大鼓、舞龙。

（2）幼儿分组制定活动计划。

①组内幼儿协商讨论。

②分工合作完成计划。

3. 幼儿交流小组计划。

（1）小组介绍本组计划。

（2）幼儿发表自己的看法。

（3）根据其他幼儿提出的建议调整计划。

4. 活动延伸。

各组根据自己的计划准备材料。

教师：张春莹

活动二：　制作春饼（健康活动）

活动目标：

1. 了解春饼的制作过程，愿意动手操作。

2. 尝试按、揉、压，发展小手肌肉动作。

3. 感受传统文化"二月二，龙抬头"民俗的愉快气氛。

活动重点：学习制作春饼的方法。

活动难点：用按、揉、压的动作和面。

活动准备：

1. 物质准备：面粉、水、盆、食用油、擀面杖。

2. 经验准备：家长在家录制做春饼的视频。

活动过程：

1. 观看家长制作春饼的视频，引出活动，激发幼儿兴趣。

引导幼儿说一说制作春饼的步骤。

（1）放面和水：注意面和水放的量，水要分次投放。

（2）和面：用按、揉、压的方法多次和面，直至面团成形。

（3）擀面：将面团分成若干小份，然后用擀面杖擀成薄饼，抹上食用油。

（4）烙春饼：薄饼变色后翻面，两面都变成透明即熟。烙的过程中需要老师指导，注意手不能碰饼铛。

2. 幼儿分组制作春饼。

（1）幼儿分工合作。

（2）教师巡视观察幼儿操作中的问题。

3. 幼儿分享品尝春饼，活动自然结束。

4. 活动延伸。

将春饼分享给其他班小朋友。

教师：任剑南

活动三： 美发师（社会活动）

活动目标：

1. 了解"二月二，龙抬头"这个节日的由来及习俗。

2. 在活动氛围中感受"剪龙头"带来的快乐。

3. 结合实际生活知道要勤洗头发、勤理发，培养幼儿个人卫生习惯。

活动重点： 了解龙抬头这个节日的来历和习俗。

活动难点： 活动中大胆体验"剪龙头"。

活动准备：

1. 物质准备：已经完成的"二月二"调查表、日历、剪刀、卷发棒等。

2. 经验准备：有剪头发的经验。

活动过程：

1. 提问引发活动内容。

师：请小朋友说一说今天是什么特殊的日子？"二月二"都有什么习俗？

2. 美发小课堂。

（1）剪龙头。

①介绍剪发工具。

②鼓励幼儿说一说剪发的准备。

③教师、理发师为幼儿"剪龙头"。

（2）梳龙头。

①介绍发型图片。

②幼儿互相梳头发。

③教师为幼儿整理头发。

3. 幼儿说一说活动体验，教师总结。

师："剪龙头"预示着小朋友们新的一年都健康快乐，今天你们开心吗？我们平时除了勤洗头还要勤理发，做一个爱整洁的好孩子。

4. 活动延伸。

小朋友回家可以向家长讲述"二月二"的习俗，帮助家长"剪龙头"。

教师：王晓玉

活动四： 制作春龙（艺术活动）

活动目标：

1. 运用折叠、绘画、剪、粘贴等方法制作春龙。

2. 在活动中提高观察能力和动手能力。

3. 乐意参与艺术创作，尝试用多种材料制作春龙。

活动重点：用多种方式和材料制作春龙。

活动难点：能解决制作中的问题。

活动准备：

1. 物质准备：春龙视频、彩纸、胶棒、剪刀、笔等。

2. 经验准备：有使用美工工具的基本技能。

活动过程：

1. 开始部分。

（1）欣赏春龙视频，激发幼儿兴趣，了解春龙的形态。

（2）师幼共同探讨龙的样子。

2. 结合春龙的样子探讨怎样制作春龙。

（1）春龙的身体是长长的，需要用一张长长的彩纸制作。

（2）可以通过绘画和裁剪的方法制作鱼鳞，再粘贴到龙身上。

（3）可以通过正反折叠的方法制作龙身。

3. 幼儿分组制作春龙。

（1）幼儿自由组合，每三名幼儿为一组制作春龙。

（2）小组讨论要用什么方法制作，并分工明确。例如，一人画、一人剪、一人粘贴或一人画、一人剪、一人折……

（3）幼儿开始制作，教师巡回指导。

4. 制作完成，幼儿介绍作品，展示成果。

5. 活动延伸。

教师带领幼儿去其他班级表演春龙腾飞。

教师：任剑南

五、亮点分享

此次"二月二"龙娃闹春龙民俗主题教育活动，让我们的孩子在传统文化逐渐被人遗忘的时候，通过知龙俗、时龙食、闹春龙等活动，亲身感受传统民俗的乐趣，度过了一个既有意义又好玩的民俗节日。如在知龙俗活动中，幼儿们通过调查，知道了"二月二，剃龙头"这一习俗，在幼儿园和老师一起"剃龙头"，从没有过的体验，让活动达到了高潮。

"龙娃闹春龙"活动正是让幼儿在听听、看看、做做、玩玩的实践体验活动中对中国传统习俗留下美好的印象，不但使幼儿加深对我国传统民俗节日的认知，增强对中国传统文化的热爱，更进一步激发了幼儿的民族自豪感。

本次活动依托于传统文化，艺术形式与传统文化完美融合。在"闹春龙"活动中，孩子们自发地制作舞龙玩教具，从画龙头、粘龙神、贴龙鳞到剪龙须都是自主完成，体现了我园美术特色在节日民俗中的渗透与拓展。孩子们正是在感受、体验、理解、反思、领悟的过程中，自然而然地将传统文化和美相结合，让教学更具有活力。

》第二节 传统节日我传承《

主题一："粽"情端午 "庙"趣横生

班级：大班　　教师：李鑫

一、主题由来

端午节作为中国四大传统节日之一，是中国首个入选世界非物质文化遗产名录的节日，也是国家级非物质文化遗产，其有着独特的风俗。本次活动，我们由幼儿提出的"为什么要吃粽子"问题入手，带领幼儿一同走进端午，感受端午节丰富的文化内涵。

二、主题目标

1. 知道端午节是我国的传统节日，了解端午节的传统习俗和来历，产生民族自豪感。

2. 乐于参与多种端午节活动，感受传统文化的魅力。大胆表达自己对节日的感受，体验过节的乐趣。

3. 遇到问题和困难能够与同伴协商合作解决问题，体验合作的快乐。

4. 对端午庙会有初步的设计和计划，并按计划进行准备，尝试用多种方法进行宣传。

5. 能够对感兴趣的事抛出问题并积极通过多种途径想办法进行调查，有初步的归纳总结能力。

三、主题网络图

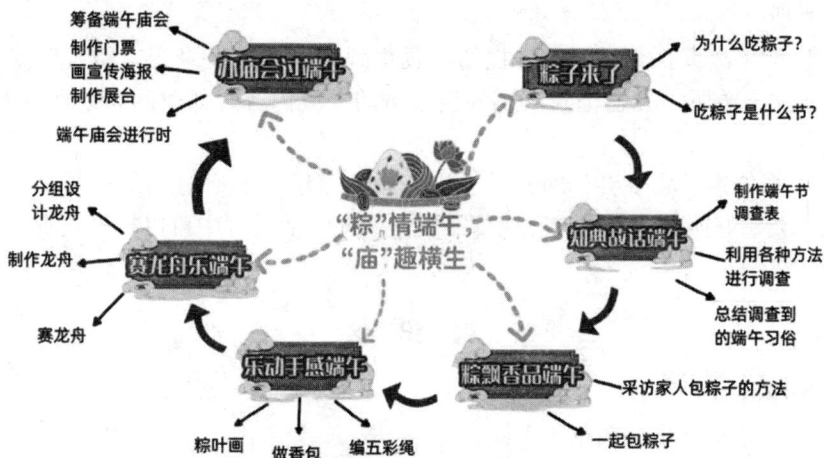

四、主题实施

（一）环境创设与资源利用

美　工　区

区域目标：

1. 知道端午节有包粽子、划龙舟的习俗，并愿意使用各种材料进行制作。

2. 能够和同伴商量如何制定制作计划并按计划制作，能够分工合作，积极想办法解决发现的问题。

投放材料： 工具书、纸箱、胶条、矿泉水瓶等。

活动内容：

1. 巧手折粽子：投放折纸书，幼儿根据步骤图学习折粽子的方法。

2. 龙舟制作大赛：幼儿根据设计的龙舟图纸选择废旧材料制作龙舟。

图　书　区

区域目标：

1. 大胆提出关于端午节感兴趣的问题，并翻阅图书寻找答案。

2. 喜欢听故事，并对所听到的内容用绘画的形式进行简单记录。

3. 敢于大胆讲述关于端午节的故事，并对过端午节进行简单的描述和记录。

投放材料： 各种有关民俗的图书、不同艺术表现形式的图书。

活动内容：

1. 制作端午手册：在各种民俗图书中查找出有关端午节的知识并制作成端午手册。

2. 端午故事我来讲：教师把幼儿收集到的故事进行录音，幼儿根据自己的兴趣选择收听，并在记录纸上画出故事的大概内容，如时间、地点、人物、事件等。

3. 端午亲子故事会：幼儿录音讲述自己家里是如何过端午节的，家长文字记录并贴好照片，教师转化为二维码，幼儿在活动区中可以扫码收听或看照片讲述。

编 织 区

区域目标：

1. 能够根据步骤图编织手链。

2. 同伴间愿意相互学习。

3. 能够有创意地进行编织，有初步的色彩搭配能力。

投放材料： 编织图书，各种颜色的线、绳，各种珠子。

活动内容：

1. 我为妈妈编手链：按照图书中的步骤进行编织，再到自创编织方法。

2. 我为六一做准备：有创意地使用线、珠子等物品制作头饰、项链、手链。

3. 编织五彩绳：使用各种颜色的线，结合各种结的编织方法编织五彩绳。

建 构 区

区域目标：

1. 能够制定搭建计划，并按计划与同伴合作搭建龙舟。

2. 了解积木间的数学关系，有初步的测量能力。

投放材料： 计划表、积木。

活动内容：

我们的龙舟：同伴间商量搭建龙舟的计划并完成计划，对于无法搭建的龙头和龙尾，利用废旧材料进行制作。

运 动 区

区域目标：

1. 通过讨论确定比赛方法并进行比赛。

2. 锻炼幼儿大肌肉的运动协调性。

投放材料：舞龙、自制龙舟。

活动内容：

1. 我们来舞龙：幼儿听音乐进行舞龙，根据音乐快慢变化更换舞龙动作。

2. 一起赛龙舟：幼儿自行摆放赛道的器材，使用自制的龙舟和记分牌进行比赛，结束后进行比分统计。

（二）教学设计

活动一： 端午节知识大整理（综合活动）

活动目标：

1. 通过各种途径，调查了解端午节的不同知识。

2. 能够对端午节的知识进行简单的分类整理，并根据分类绘画端午习俗画。

3. 尝试与同伴进行讨论，体验合作的快乐。

活动重点：能够根据调查结果进行简单的分类整理，并根据分类绘画宣传图。

活动难点：尝试与同伴进行讨论，体验合作的快乐。

活动准备：

1. 物质准备：A3 绘画纸、水彩笔、油画棒。

2. 经验准备：通过调查了解端午节的各种习俗。

活动过程：

1. 导入：分享调查表。

幼儿回顾并分享调查表，教师在旁边的黑板上进行记录。

2. 对调查的结果进行分类。

（1）观察分享结果，寻找问题。

（2）讨论如何分类并分组。

分为吃在端午、玩在端午、端午故事、端午习俗四个组。

3. 分小组绘制端午习俗画。

（1）小组商量、确定绘画的内容和分工，教师巡回指导。

（2）提出分工合作和使用剪刀的要求。

4. 小组分享，其他幼儿帮忙看是否有缺少的内容。

5. 活动延伸。

把绘画制作成《端午习俗一本通》的图书放在图书区。

教师：李 鑫

活动二： 一起做龙舟（艺术活动）

活动目标：

1. 知道赛龙舟是端午节的习俗，了解龙舟的组成部分。

2. 能够自主运用色彩和线条参与龙舟制作，选择适宜的材料，有自己的想法和巧思。

3. 乐于参与龙舟的制作，在过程中体验团队协作的乐趣。

活动重点： 了解龙舟的组成并能够选择合适的材料进行制作。

活动难点： 在制作过程中能够进行合作，有自己的设计和想法。

活动准备：

1. 物质准备：赛龙舟视频、龙舟图片、硬纸板、纸箱、泡沫板、胶、绳子、丙烯颜料、彩纸、无纺布等。

2. 经验准备：对端午节的习俗有一定了解。

活动过程：

1. 视频导入（播放赛龙舟视频）。

带着问题观看视频：这是在什么节日举行的活动，他们在干什么？

2. 制作龙舟。

（1）观察龙舟，讨论龙舟是由哪些部分组成的。（出示龙舟图片）

小结：龙舟的组成部分有龙头、龙颈、龙身、龙尾。

（2）分组制作龙舟。

幼儿自主分组，选择龙舟的一部分进行制作。

（3）讨论确定玩法。

师：我们的龙舟做好了，那我们怎么才能玩起来呢？小朋友们可以一起讨论一下。

3. 活动延伸。

端午节期间，在户外活动环节进行赛龙舟。

教师：孟思雯

活动三： 端午节赛龙舟（健康活动）

活动目标：

1. 通过全蹲走动作练习，锻炼腿部肌肉力量和耐力，提高平衡能力和协调性。

2. 对体育活动感兴趣，体验游戏的乐趣。

3. 发展协同合作的能力。

活动难点： 发展耐力及协同合作的能力。

活动准备：

1. 物质准备：单元筒8个、体能棒8根、体能条4根、协力布道1套、矿泉水若干、秒表1个、音乐《竹兜欢乐跳》。

2. 经验准备：幼儿有初步的身体平衡能力和合作意识。

活动过程：

1. 热身。

教师带领幼儿在音乐的伴随下有节奏地做热身运动，一路纵队沿着塑胶跑道进行走、跑交替练习。

2. 集体游戏"赛龙舟"。

（1）布置场地：创设游戏情境，设置4条赛道，在终点处放置若干瓶矿泉水做大粽子。

（2）介绍游戏玩法并分组。

4人一组扮演小龙舟，4条小龙舟全蹲姿势站在起点线后等待，其他幼儿则在场外扮演观众。

（3）开始游戏。

4条"小龙舟"沿着赛道钻过"桥洞"到达终点，然后4人一起用协力布道运2个"大粽子"回起点。

任务完成后，交换角色，游戏继续，直至所有的小组完成任务。教师计时，用时最短的小组获胜。

3. 活动延伸。

教师可根据幼儿的游戏水平，在路径中设置一些障碍，幼儿需绕障碍进行全蹲走，以增加游戏的难度。

教师：姜　芳

活动四：　包创意粽子（综合活动）

活动目标：

1. 通过欣赏创意粽子图片，尝试设计创意粽子。

2. 能够自己动手包自己设计的创意粽子。

3. 通过包粽子活动，进一步感受端午节的节日氛围。

活动重点：能够按照自己的想法包创意粽子。

活动难点：通过欣赏粽子图片，能够按照自己的想法设计创意粽子。

活动准备：

1. 物质准备：创意粽子图片、粽子叶、绳子、糯米、枣、葡萄干、红豆等。

2. 经验准备：已有初步包粽子的前期经验，会折粽子叶。

活动过程：

1. 出示粽子，激发幼儿兴趣，巩固端午节习俗，回忆包粽子的步骤。

2. 欣赏创意粽子图片，激发幼儿设计灵感。

（1）播放创意粽子 PPT。

提问：通过欣赏创意粽子，你有什么想法？你想包一个什么样的粽子？

（2）请幼儿畅谈自己设计的粽子。

提问：你想设计什么造型的粽子，需要什么材料？

3. 动手操作包粽子，教师巡回指导。

根据自己的想法，大胆包创意粽子。

4. 煮粽子。

5. 活动延伸。

粽子煮熟后，请大家再说明一下自己对粽子的设计思路，并现场打开粽子看最终效果。

教师：朱艳杰

活动五： 制作端午庙会海报（综合活动）

活动目标：

1. 初步了解端午庙会海报的用途和基本内容。

2. 尝试用多种方法制作海报。

3. 学会与同伴合作，体验合作的快乐。

活动重点： 能够小组合作制作宣传海报。

活动难点： 制作的海报要有时间、地点、主题等基本要素。

活动准备：

1. 物质准备：油画棒、剪刀、胶水、双面胶、废旧材料。

2. 经验准备：已初步了解海报的用途和内容，了解端午节的习俗。

活动过程：

1. 出示端午庙会计划表。

师：周五要举办端午庙会，有什么好办法让大家知道我们要演出的消息？

2. 讨论设计海报。

观察收集到的超市海报，总结时间、地点、主题是海报的主要要素。

3. 分组制作海报并分享。

（1）小组商量、确定制作端午节海报的分工。教师提出分工合作和使用剪刀的要求。

（2）幼儿分组制作海报，教师巡回指导。

（3）幼儿介绍本组制作的海报，其他组幼儿评价海报的时间、地点、主题等要素是否齐全。

（4）制作海报支架。

幼儿利用奶箱等废旧材料制作海报支架，使海报便于展示。

4. 把海报贴到支架上摆到相应位置，如幼儿园门口、户外、楼道等其他幼儿能够看到的地方。

5. 活动延伸。

分组向其他班的幼儿宣传端午庙会。

教师：李　鑫

五、亮点分享

根据《指南》的精神，幼儿园的节日教育不应脱离幼儿的生活世界，而是尽可能地贴近幼儿真实的生活，关注幼儿的生活体验。从幼儿提出为什么吃粽子这一问题出发，通过粽子来了、知典故话端午、粽飘香品端午、乐动手感端午、赛龙舟乐端午、办庙会过端午的大型端午庙会的筹办和开展，引导幼儿结合自己的已有经验和需求自主设计活动内容。在幼儿园节日活动中重视幼儿的主体地位，使幼儿成为节日的主人，把传统节日变成幼儿自己的节日。本次活动贴近幼儿的实际生活，以幼儿的兴趣点为出发点和落脚点，促进幼儿认知、情感、行为、社会交往等多方面的发展。让幼儿真生活、真体验、真感受，同时在游戏中体验五彩斑斓的中华传统文化之旅，逐渐形成爱祖国、爱家乡的情感和民族自豪感。

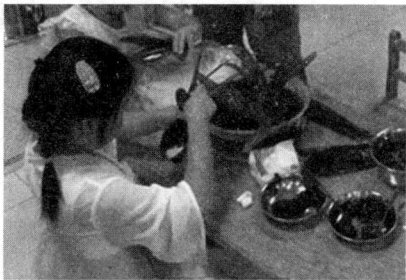

主题二：中秋月圆 "童" 欢乐

班级：中班　　教师：武秋怡

一、主题由来

凉爽的秋风吹走了炎炎夏日，飘来阵阵桂花的清香，仰望夜空，月亮也渐渐由犬牙形变得圆满起来。孩子们知道，一年一度的中秋节即将到来了，他们热闹地讨论着关于中秋节的习俗、趣事。借着孩子们浓厚的兴趣，我们开展了"中秋月圆'童'欢乐"的主题活动。

二、主题目标

1. 知道农历八月十五是中秋节，了解中秋节的来历和习俗，加深对中华传统文化的认识。

2. 能够理解中秋节团圆的意义，感受到亲人间的爱，并表达出自己的爱。

3. 自己动手制作月饼、灯笼，提高动手能力、观察力和创造力。

4. 感受中秋节的快乐氛围，爱祖国、爱家乡，增强文化自信。

5. 鼓励家长与幼儿共同参与幼儿园的活动，增强家园合作。

三、主题网络图

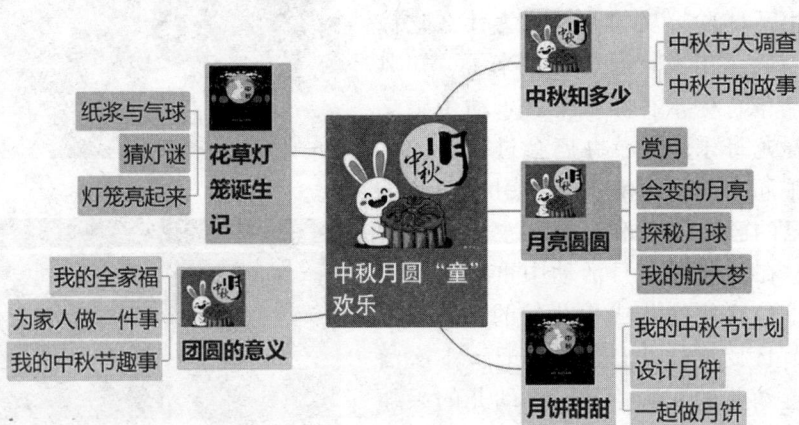

四、主题实施

本次中秋节主题活动实施分为以下五个部分：

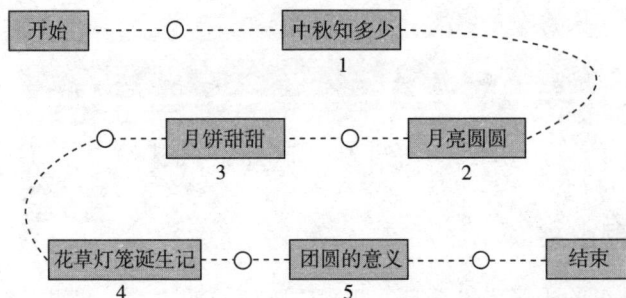

（一）环境创设与资源利用

美　工　区

区域目标：

1. 能大胆参与活动，感受纸浆成形的奇妙过程。

2. 探索用纸巾、气球等材料制作花草灯笼和团扇的方法。

3. 积极参与花草灯笼、团扇的制作，感受成功的乐趣。

投放材料：纸巾、花草、气球、绳子、纸浆、抄纸网格。

活动内容：

1. 做花草灯笼：用纸巾沾水后慢慢黏在气球上，中间放入喜欢的花草，等待风干成形后制作花灯。

2. 做团扇：用抄纸网格抄纸浆，晾干后裁剪成不同的形状制作团扇。

科　学　区

区域目标：

1. 学习制作月相投影仪，初步感知光影的关系。

2. 学会观察比较，并对应出月相与它的名字。

投放材料：纸杯、手电筒、宽胶带、画笔、剪刀、月相卡片。

活动内容：

1. 自制月相卡片：把月相和字相对应，拼成一张完整的月相图。

2. 月相投影仪：用纸杯、胶带等材料制作月相投影仪，感受光影的变化。

表　演　区

区域目标：

1. 能感受到中华传统文化的魅力。

2. 能够大胆表演，展现自己。

投放材料：汉服、走秀音乐、《嫦娥奔月》《中秋节趣事》皮影书。

活动内容：

1. 汉服展示：在表演区进行汉服走秀，展示传统服饰。

2. 皮影戏：利用图书区制作的《中秋节趣事》《嫦娥奔月》皮影书进行皮影表演。

图　书　区

区域目标：

1. 喜欢阅读与中秋节相关的图书。

2. 愿意讲述自己知道的中秋节故事并续编。

3. 利用彩纸、画笔画出自己的中秋趣事，并制作成图书。

投放材料：《嫦娥奔月》图书、画笔、彩纸、订书器。

活动内容：

1. 中秋故事大分享：和家长一起搜集与中秋节相关的图书，幼儿在图书区进行分享讲述。

2. 中秋趣事：制作《中秋节趣事》故事书。

（二）教学设计

活动一： 说说中秋节（语言活动）

活动目标：

1. 知道中秋节的来历和习俗。

2. 能够有序、连贯、清楚地表达过中秋节的经验。

3. 体验中秋节带来的快乐。

活动重点：知道中秋节的来历和习俗。

活动难点：能够有序、连贯、清楚地表达过中秋节的经验。

活动准备：

1. 物质准备：已经完成的中秋节调查表。

2. 经验准备：有和家人一起过中秋节的经验。

活动过程：

1. 谜语导入：教师说谜语，引出活动主题。

提问：在月亮最圆、最亮的这一天，我们要过一个节日，是什么节日？

2. 基本环节。

（1）分享调查表，丰富幼儿对中秋节的认知，了解中秋节的来历和习俗。

（2）幼儿自由结组，和组内同伴相互介绍自己的调查结果。

（3）教师针对幼儿的调查结果，帮助幼儿梳理，引导幼儿了解中秋节的来历和习俗。

（4）教师播放视频，引导幼儿进一步了解中秋节的习俗。

小结：每年农历的八月十五是我国的传统节日中秋节。中秋节是团圆的节日，要和亲人团聚在一起，吃团圆饭、品月饼、赏月亮。

3. 结束环节。

思考：在幼儿园里，你想过一个什么样的中秋节？

4. 活动延伸。

将关于中秋节的图书投放到图书区。

教师：武秋怡

活动二：　我们的中秋节计划（社会活动）

活动目标：

1. 明确"中秋游戏节"的开展形式。

2. 能够小组合作设计活动计划。

3. 感受小组合作的快乐与成就感。

活动重点：明确"中秋游戏节"的开展形式。

活动难点：能在"中秋游戏节"活动策划中大胆表达自己的想法。

活动准备：

1. 物质准备：收集班级开展庆祝活动的视频、投票记录表。

2. 经验准备：知道中秋节的习俗。

活动过程：

1. 照片导入。

播放收集到的班级开展节日庆祝的视频，请幼儿观察在幼儿园庆祝节日时可以开展哪些活动。

提问：你看到视频中都有哪些庆祝活动？

2. 基本环节。

（1）分组讨论，幼儿明确"中秋游戏节"的活动形式。

提问：我们的"中秋游戏节"可以用哪些形式开展？（四组幼儿代表分别说一说本组的讨论结果。幼儿进行投票，确定班级"中秋游戏节"的开展形式）

（2）分组讨论，确定适合在本班开展"中秋游戏节"的活动内容。梳理总结幼儿的想法。幼儿进行投票，确定班级"中秋游戏节"开展的内容及人员。

（3）集体讨论，引导幼儿按照任务进行分工。梳理总结幼儿的想法，确定本次活动每一项内容的最终人选。

3. 结束环节。

教师展示在活动中幼儿的讨论照片，肯定幼儿的讨论结果，表扬幼儿积极动脑、在活动中大胆表达自己的想法、为活动出主意的做法，帮助幼儿建立自信。

4. 活动延伸。

按照计划，在幼儿园开展中秋节活动。

教师：武秋怡

活动三：　嫦娥奔月（语言活动）

活动目标：

1. 理解故事内容，了解中秋节的来历。

2. 能够用自己的语言完整地复述故事的主要情节。

3. 在故事讲述中获得快乐与自信。

活动重点：理解故事内容，了解中秋节的来历。

活动难点：能够用自己的语言完整地复述故事的主要情节。

活动准备：

1. 物质准备：《嫦娥奔月》故事课件、故事情节图片。

2. 经验准备：能够大胆地讲述故事。

活动过程：

1. 导入环节。

出示《嫦娥奔月》的情节图片，展开猜想，激发幼儿对故事的兴趣。

提问：猜一猜她是谁？她要去哪里？

2. 基本环节。

（1）带着问题分段听故事。

①听故事第一段。提问：故事中有谁？后羿为什么是大英雄？他做了什么事？

②听故事第二段。提问：嫦娥是怎样变成神仙的？

（2）教师完整讲述故事，再次印证问题答案。梳理经验，帮助幼儿理解故事内容，了解中秋节的来历。

（3）开展"神话故事我来讲"活动，鼓励幼儿大胆讲述故事。

播放课件，请幼儿观看重点故事情节，尝试自行讲述故事。

3. 结束环节：引导幼儿了解我国传统文化的魅力。

"嫦娥奔月"是一个神话传说，是我国古老文化中的瑰宝，我们可以与爸爸妈妈查询更多有关中秋节的故事和习俗，来园后与小朋友们进行分享。

4. 活动延伸。

（1）在图书区中提供《嫦娥奔月》的故事图片，供幼儿进行故事的讲述、续编。

（2）在表演区中提供《嫦娥奔月》的皮影，鼓励幼儿在表演区表演。

教师：武秋怡

活动四： 会变的月亮（科学活动）

活动目标：

1. 知道月亮是变化的，感知其变化的规律。

2. 设计月亮变化日记表，并尝试进行记录。

3. 在活动中获得快乐与成就感。

活动重点：能设计月亮变化日记表，并愿意尝试进行记录。

活动难点：知道月亮是变化的，感知其变化的规律。

活动准备：

1. 物质准备：白纸、彩笔、尺子、顺序混乱的月亮变化卡片。

2. 经验准备：听过故事《月亮姑娘做衣裳》；幼儿了解过月亮变化的简单知识。

活动过程：

1. 导入环节。

回忆故事《月亮姑娘做衣裳》，引导幼儿发现月亮的变化，引入主题。

2. 基本环节。

（1）说一说，感知月亮的变化。

提问：月亮姑娘做衣裳为什么总是不合适？它是怎么变化的？我们怎么才能发现它变化的规律呢？

（2）教师出示顺序混乱的月亮变化卡片。

提问：怎样才能找出月亮卡片正确的变化规律呢？

小结：我们可以像记录天气一样，给月亮设计一个记录表，每天进行记录，这样就能发现月亮变化的规律了。

（3）讨论如何设计月亮变化日记表。

提问：我们需要在记录表上设计哪些内容才能清楚地记录月亮的变化呢？（日期、时间、月亮的样子，结合幼儿的讨论设计表格）

（4）设计月亮变化日记表。

①幼儿分组制作表格，教师观察指导。

②各组进行展示交流，讲解自己组设计的记录表。

3. 结束环节。

师：小朋友们的记录表都设计好了，那我们就把记录表带回家进行记录吧。

4. 活动延伸。

引导幼儿回家认真观察并记录月亮的变化。

教师：武秋怡

活动五： 我爱我家（社会活动）

活动目标：

1. 熟悉家庭情况，感知家庭亲情的温暖。

2. 学会尊敬长辈，热爱家庭。

3. 知道自己在家庭中应承担的责任。

活动准备：

1. 物质准备：全家福。

2. 经验准备：幼儿了解家人的姓名、出生年月、工作单位及家庭住址等。

活动过程：

1. 导入部分：教师出示自己家庭的照片，引发幼儿参与活动的兴趣。

提问：我们每个人都有一个家，这是老师的家，这是我的爸爸，这是我的妈妈……我为我有一个幸福的家而感到自豪。

2. 基本部分：启发幼儿介绍自己的家庭和家庭成员。

（1）幼儿分组活动，自由发言，交流各自的家庭情况。教师提出讲述要求，引导幼儿说出自家一共有几个人，都有谁，爸爸妈妈叫什么名字，做什么工作。

（2）引导幼儿感知家庭成员间的亲情。

提问：我们经常听到一句话说"家庭是幸福的港湾"。每个小朋友生活在自己的家里非常幸福。你能说一说为什么感到幸福吗？

3. 结束部分：引导幼儿争做家庭小主人。

师：每个小朋友都感受到家人浓浓的亲情、深深的关爱。那么，作为家里的一员，你能为家里做些什么？

4. 活动延伸。

引导幼儿回家后为自己的家人做一件事。

教师：武秋怡

五、亮点分享

本次中秋节的主题活动结束了，在这次主题活动中，孩子们真正成为活动的小主人。小朋友们查到中秋节有玩花灯的习俗，对此很感兴趣，纷纷表示想做一个属于自己的中秋节灯笼。新的问题来了，灯笼怎么做？与此同时，班里的造纸活动让孩子们玩得乐此不疲。有一次，阳阳在气球表面涂纸浆制作恐龙蛋，等到纸浆干燥，气球戳破后，阳阳惊喜地说："这不是一个小灯笼嘛！"于

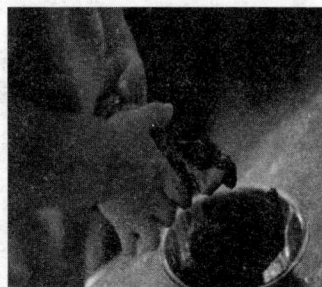

是孩子们利用班里的纸浆和气球，做出了一个个独特的花草灯笼，再用绳子将灯笼和小木棍连接起来就可以提起灯笼了。灯笼做好了，孩子们穿着各种各样的汉服，提着灯笼开展了一场别开生面的花灯会。

花在此时落，月在此时圆，家在此时暖。本次中秋节活动的开展，让孩子们在丰富多彩的活动中认识传统、尊重传统、继承传统并且弘扬传统，孩子们为自己是一个中国人而感到自豪。

主题三： 深深敬老情

班级：大班   教师：王珊珊

一、主题由来

自古以来，尊老爱幼就是我们中华民族的传统美德。大班幼儿还是比较自我，很少能体验到老人的辛苦，很多幼儿感觉老人对自己好是理所应当的，并且平时许多年轻父母忙于工作，将孩子全权托付给家里的老人。因此我们特地选取了这个具有教育意义好时机——重阳节，帮助幼儿树立尊老的意识，从小懂得感恩。

二、主题目标

1. 知道重阳节是我国民间传统节日，有其独特的活动和风俗习惯。
2. 乐于与家长一起查阅重阳节的有关资料，促进家园合作。
3. 能够把享受"长辈的爱"的感情进行迁移，去爱自己身边的每一位老人。
4. 愿意积极参与到谈话活动中，激发幼儿大胆表达的欲望。
5. 能够通过计划、分组、行动等活动将节日祝福送到敬老院。

三、主题网络图

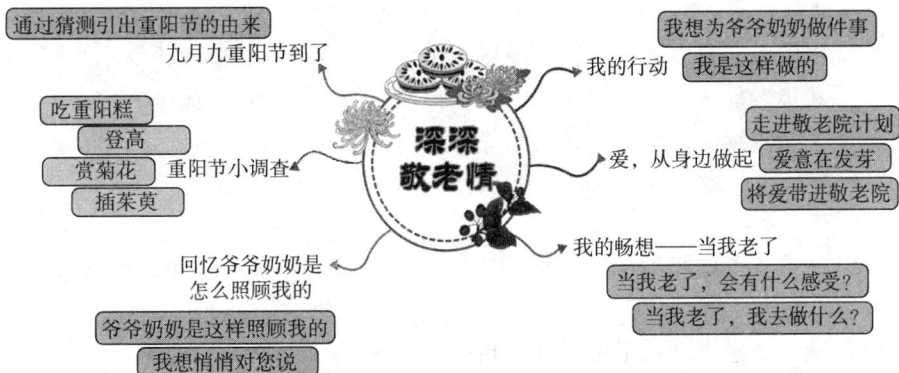

通过猜测引出重阳节的由来
九月九重阳节到了

我的行动   我想为爷爷奶奶做件事
我是这样做的

吃重阳糕
登高
赏菊花   重阳节小调查
插茱萸

深深敬老情

走进敬老院计划
爱，从身边做起   爱意在发芽
将爱带进敬老院

回忆爷爷奶奶是怎么照顾我的

我的畅想——当我老了

爷爷奶奶是这样照顾我的
我想悄悄对您说

当我老了，会有什么感受？
当我老了，我去做什么？

四、主题实施

(一)环境创设与资源利用

图 书 区

区域目标：

1. 喜欢阅读有关节日的图书，知道关于重阳节的诗歌。

2. 能够与同伴分享自己与家里老人之间的小故事。

3. 熟练掌握握笔、剪刀的正确方法。

投放材料：有关节日的图书、纸、绘画工具、剪刀、胶棒。

活动内容：

1. 我是小诗人：进行重阳节诗歌的展示和创编。

2. 自制图书故事会：自制与爷爷奶奶之间的故事小书并进行班级故事比赛。

3. 我是小小宣讲员：自制重阳节习俗宣传海报，在园内展示并分享给弟弟妹妹。

美 工 区

区域目标：

1. 能够大胆自主地选择材料操作，用自己喜欢的方式制作礼物。

2. 积极参加艺术活动，在活动中获得愉快、丰富的审美体验。

3. 学会用编织、折纸、水粉画等方式为爷爷奶奶献上祝福。

投放材料：编织条等废旧材料、绘画工具、彩纸。

活动内容：

1. 送给爷爷奶奶的礼物：利用废旧编织条编织小花篮、小动物等作为送给爷爷奶奶的礼物。

2. 爱的心愿折纸：学习折纸，制作各色各样的花朵。

3. 我的心里"画"：将对爷爷奶奶说的心里话用水粉画的方式表达出来。

资源利用：

老师抓住孩子对重阳节充满好奇的教育契机，让孩子知道重阳节在农历九月初九，并和孩子们一起上网查阅资料，通过调查、交流、讨论等形式，了解重阳节的来历及风俗习惯，丰富相关经验。活动前，根据幼儿的问题设计制作有关重阳节的调查表，鼓励幼儿广泛收集资料、积累经验。老师利用宣传栏和微信平台，呼吁家长参与到活动中来并提供视频、文字材料，对孩子们理解重阳节的文化起到了重要的作用。活动中，鼓励幼儿根据自己的调查资料，互相交流、分享有关重阳节的经验。教师与幼儿共同将搜集的资料进行分类展示并一一分享。

（二）教学设计

活动一：　重阳节（社会活动）

活动目标：

1. 了解重阳节是我国民间传统节日之一，有其独特的风俗习惯。

2. 能够在活动中大胆表述有关重阳节的内容。

3. 理解重阳节的意义，萌生尊老敬老的情感。

活动重点： 能够大胆表述有关重阳节的内容。

活动难点： 理解重阳节的意义。

活动准备：《常回家看看》视频、《百岁老人》幸福生活的精彩片段、课件《九月九日忆山东兄弟》。

活动过程：

1. 开始部分。

（1）请幼儿观看视频《常回家看看》。

提问：刚才你看到的是什么？表现的是什么内容？

（2）引出重阳节：介绍农历九月九日是重阳节。

2. 基本部分。

（1）介绍重阳节的来历。

（2）播放课件：古诗《九月九日忆山东兄弟》。

（3）教师讲述：在这一天，许多地方的人们都有登高、爬山、赏菊、吃重阳糕的习俗，其中登高和吃糕都含有"步步高"的寓意，为表达对老人的敬意，我国又将重阳节定为老人节。

（4）观看专题录像片《百岁老人》。

提问：周围的老人是怎样过重阳节的？在重阳节，你是如何做的？

3. 结束部分。

提问：在日常生活中，你是怎样尊敬老人的？

4. 活动延伸。

(1) 取得家长配合，让家长和幼儿一起给家里老人制作礼物，表达孝心。

(2) 在家中为老人做一件力所能及的事情。

教师：王珊珊

活动二： 给爷爷奶奶敲敲背捶捶腿（艺术活动）

活动目标：

1. 熟悉歌曲旋律，帮助幼儿理解歌词。

2. 学唱歌曲，能够唱准休止符。

3. 在学唱过程中萌发敬老、爱老的情感。

活动重点： 熟悉歌曲旋律，理解歌词。

活动难点： 能够唱准休止符。

活动准备： 爷爷、奶奶的图片。

活动过程：

1. 开始部分。

出示爷爷奶奶的图片，激发幼儿兴趣。

提问：他们是谁？小朋友平时会帮爷爷奶奶干什么？

2. 基本部分。

(1) 听歌《给爷爷奶奶敲敲背捶捶腿》。

提问：歌里唱了什么？

(2) 老师范唱歌曲一遍。

提问：歌曲的名字叫什么？歌里唱了什么？

(3) 听老师边弹琴边唱一遍歌曲。

①带领幼儿根据歌曲节奏朗读歌词。

②引导幼儿学唱歌曲。

3. 结束部分。

老师和幼儿一起演唱歌曲。

4. 活动延伸。

回家为家里老人演唱歌曲。

教师：王珊珊

活动三： 亲爱的爷爷奶奶（语言活动）

活动目标：

1. 知道爷爷奶奶年纪大了，行动困难，有爱护老人的意识。

2. 能够在讨论过程中大胆表述，乐于表达自己的情感。

3. 在模仿老人行为动作的过程中体验爷爷奶奶的辛苦，萌生关爱尊敬老人之情。

活动重点：能够大胆表达自己的情感。

活动难点：通过模仿老人的动作体验爷爷奶奶的辛苦。

活动准备：一些老人用的物品（拐杖、老花镜等）、幻灯片。

活动过程：

1. 开始部分。

请幼儿观看幻灯片并回答问题：他们是谁？在做什么？脸上和动作有什么变化？

2. 基本部分。

（1）出示拐杖、老花镜等物品。

提问：这些东西是谁用的？

（2）请幼儿模仿老人的动作，如慢慢地走、手拄拐杖，并对比小朋友的动作。

（3）讨论：平时爷爷奶奶做什么？

①模仿日常生活中爷爷奶奶的各种动作，如做饭、打扫卫生等。

②老师做动作，幼儿猜一猜。

③提问：除了这些事情，他们还做什么？爷爷奶奶辛苦吗？我们应该怎么做？

3. 结束部分。

请幼儿对爷爷奶奶说一句心里话，教师帮忙记录。

4. 活动延伸。

回到家，将心里话对爷爷奶奶说一说。

教师：王珊珊

活动四：　参观敬老院计划（一）（语言活动）

活动目标：

1. 学会细心关注身边的老年人，懂得用实际行动关心老年人。

2. 能够敬重、关心老人，弘扬中华民族的优良传统。

3. 敢于在公共场合大胆发言，增强自己的自信心。

活动重点：敢于大胆发言。

活动难点：能够自由分组，分享想法。

活动准备：幼儿在实际生活中知道敬老院的用途。

活动过程：

1. 开始部分。

谈话导入，激发幼儿想参观敬老院的愿望。

2. 基本部分。

（1）出示两位小朋友的太爷爷的照片，引发幼儿的好奇心。

提问：你们知道照片里的人是谁吗？他们住在哪里？你们想不想为敬老院里的老人送上一份快乐？你想怎么做？

（2）请幼儿自由说一说自己的想法。

（3）提出参观敬老院的要求。

幼儿讨论，教师指导。

3. 结束部分。

请各组幼儿选出一名代表发言，分享自己组的想法。

4. 活动延伸。

将自己的想法分享给家人。

教师：王珊珊

活动五： 参观敬老院计划（二）（社会活动）

活动目标：

1. 能够尊敬老人，养成礼貌待人的品质。

2. 学会大胆与他人交流沟通。

3. 懂得关爱周围的老人，会帮他们做力所能及的事情。

活动重点： 大胆与他人交流沟通。

活动难点： 分组做出完整计划。

活动准备：

1. 联系敬老院，确定具体参观时间、场地。

2. 水彩笔、白纸。

活动过程：

1. 开始部分：谈话导入，帮助幼儿做一份完整的参观计划。

师：上次咱们表达了去敬老院的想法，你们想为老人们做很多事情，可是就一天时间，怎么才能保证在一天内把你们想做的事情都做了？怎么清楚地让大家知道你的想法？怎么避免重复？

2. 基本部分。

（1）幼儿分组讨论，在纸上画出自己想为老人做的事情。

（2）教师分组指导。

3. 结束部分。

幼儿分组介绍想法，投票选出大家最满意的八项事情。

4. 活动延伸。

将大家选出来的八项事情和家长聊一聊。

教师：王珊珊

活动六： 去敬老院看望爷爷奶奶（社会活动）

活动目标：

1. 能够大胆地与爷爷奶奶进行沟通交流。

2. 尝试用表演、赠送礼物、分享食品等方式，激发对爷爷奶奶爱的情感。

3. 懂得尊敬、关爱周围的老人，会帮他们做力所能及的事情。

活动重点： 能用语言大胆地与爷爷奶奶交流。

活动难点： 在与老人相处的过程中大胆自信、不害羞。

活动准备：

1. 提前与敬老院负责人联系，确定具体时间、老年人人数。

2. 为爷爷奶奶准备的自制礼物、水果等。

活动过程：

1. 开始部分。

（1）组织幼儿排队走路前往。

（2）礼貌地与门卫及所见的人打招呼。

（3）向爷爷奶奶说祝福语，赠送礼物，与爷爷奶奶坐在一起聊天。

2. 基本部分。

（1）表演节目。

①歌表演《给爷爷奶奶敲敲背捶捶腿》。

②儿歌：分果果。

③男孩武术操表演。

④女孩舞蹈展示：摩登天使。

（2）亲密接触。

①给爷爷奶奶剥橘子、糖果，与他们一起吃。

②给爷爷奶奶敲敲背、捶捶腿。

③将礼物送给爷爷奶奶。

3. 结束部分。

向爷爷奶奶告别，排队回到幼儿园。

4. 活动延伸。

（1）把活动的录像、照片给其他幼儿看，分享活动的感受。

（2）回家送给爷爷奶奶一件自己做的礼物，说一句祝福的话，做一件事，表演一个节目。

教师：王珊珊

五、亮点分享

"深深敬老情"的主题通过孩子们之间的谈话引出了他们的好奇心，紧接着教师动员全班家长和孩子一起进行了调查活动。通过谈话，孩子们主动提出走进敬老院，开展尊老、敬老、爱老的活动。

（一）爱意在发芽

活动区里，孩子们各自忙着准备礼物：有的用皱纹纸做成花束；有的在编织区合作编了一个小花篮；还有的用纸箱拼搭机器人。孩子们想表演多个节目，于是自发地分组练习唱歌、跳舞、演话剧。家长们为孩子们准备了音乐、服装和道具。

在热闹且充实的筹备过程中，孩子们不仅在编织、折纸等活动中提高了动手能力、合作能力，而且在一遍遍地排练、精心制作礼物的过程中获得了自主的体验。孩子们的想法和行动也获得了家长们的全力支持，增进了家园之间的互动与联系。

（二）将爱带进敬老院

"爷爷奶奶岁数大了，我们帮爷爷奶奶打扫打扫卫生吧！"于是在拜访敬老院当天，孩子们自发地带着小水盆、抹布等，排着整齐的队伍，来到了松鹤敬老院。孩子们为老人送上了自己做的小礼物；有的孩子与老人聊天，为他们表演诗朗诵；有的帮助老人扫地、擦桌子等，还为老人送去了美好的祝福。孩子们在欢声笑语中度过了愉快、难忘又有意义的时光，最后我们与老人依依惜别，结束了今天的活动。

此次敬老院的慰问活动，增进了老人与孩子之间的交流，进一步弘扬了中华民族传统美德，培养了孩子尊老、爱老、敬老的品格。

》第三节　民间游戏乐翻天《

主题一：　快乐的民间游戏大会

班级：中班　　教师：韩萌

一、主题由来

在民间游戏活动中，幼儿可以自由地选择游戏、分配角色、设计情节，在组织、控制、完成游戏的全过程中，幼儿始终处于积极、主动的地位，不断地体验着成功与失败、原因与结果、规则与自由，不断地在与玩伴的相互作用中认识自我，发展自我。我们班以翻花绳游戏入手，组织孩子们开展了主题活动"快乐的民间游戏大会"，让幼儿在活动中不断地探索与研究。

二、主题目标

1. 通过参与有趣的民间游戏，喜欢参加民间体育活动。
2. 能够与家长一起探索民间游戏的种类与玩法。
3. 在民间游戏大会中，能够有群体意识、集体精神。
4. 通过计划、分组、行动等活动开展属于自己的民间游戏大会。
5. 在民间游戏活动中，借助儿歌、童谣发展语言表达能力。
6. 能自己收集材料，并制作民间游戏大会所需的玩具。

三、主题网络图

我会翻花绳啦

民间游戏大调查
我知道的民间游戏
爸爸妈妈玩过的民间游戏
我想和小朋友一起分享
的民间游戏

快乐的民间
游戏大会

我们要召开民间游戏大会
要开展什么样的民间游戏
我们遇到的问题
我们是如何解决的

精彩瞬间回放

民间游戏大会开始啦
准备材料
绘制宣传画
小小裁判选拔赛
游戏规则的制定

四、主题实施

（一）环境创设与资源利用

户外游戏区

区域目标：

1. 幼儿自选民间游戏材料，乐于与他人分享民间游戏的玩法。

2. 体验与同伴合作玩民间游戏的快乐，提高合作能力。

3. 锻炼大肌肉，肩部、腰部和腿部的肌肉力量等能够得到均衡发展。

投放材料：沙包、自制跳房子、滚铁环、跳皮筋。

活动内容：民间游戏大联合。

1. 沙包大冒险：幼儿选择沙包与自制跳房子进行创意游戏。

2. 跳皮筋：通过自编儿歌进行跳皮筋活动。

3. 翻滚吧，铁环：创意滚铁环，通过自制滚铁环进行闯关活动。

美 工 区

区域目标：

1. 收集废旧材料制作民间游戏所需要的玩具。

2. 通过想象，进行宣传海报的制作。

3. 能与同伴协商、分工合作完成制作任务，享受成功的快乐。

投放材料：废旧材料、牛皮纸、水彩笔、胶带、轻体泥等。

活动内容：材料准备。

1. 幼儿制作"拍洋人"、弹珠台、投壶等民间游戏的玩具。

2. 绘制民间游戏规则提示牌。

3. 根据时间、地点、内容等绘制宣传海报。

棋 区

区域目标：

1. 初步熟悉三子连棋、五子棋、跳陷阱等棋类游戏的玩法。

2. 喜欢玩棋类游戏，体验在棋类活动中游戏的快乐。

3. 通过棋类游戏，发展观察能力与合作能力。

投放材料：动物棋、飞行棋、五子棋、自制跳陷阱、环保棋等。

活动内容：乐在"棋"中。

1. 棋艺大比拼：幼儿根据投放棋子的种类进行棋艺大比拼，并做好记录。

2. 棋艺达人秀：幼儿根据已有的棋类经验进行展示活动。

"拾忆"区——传统玩具体验区

区域目标：

1. 提高手部小肌肉的灵活性，激发幼儿动手的兴趣。

2. 通过玩手头玩具，发展观察能力和注意力。

投放材料：翻花绳、羊拐骨、翻洋人、拍方宝、弹珠。

活动内容：

1. 花绳变变变：幼儿进行翻花绳展示。

2. 我会叠方宝：幼儿通过动手操作比较，寻找适合叠方宝的材料。

3. 我会玩……：将幼儿收集的简单易操作的民间游戏材料投放到"拾忆"区，小朋友们争先恐后地去学习玩具的新玩法等。

（二）教学设计

活动一： 民间游戏玩起来（综合活动）

活动目标：

1. 能结合自己的经验，讨论出要开展的民间游戏项目。

2. 通过讨论协商等方法明确民间游戏大会前的准备工作，能大胆地说出自己的想法。

3. 鼓励幼儿愿意安排自己的活动，从活动中获得自豪感。

活动重点： 通过讨论，确定自己在哪一组做计划。

活动难点： 能够大胆讲出自己的计划。

活动准备：

1. 物质准备：黑板、民间游戏调查表等。

2. 经验准备：知道民间游戏的名称。

活动过程：

1. 教师以谈话引出活动，引起幼儿的兴趣。

出示民间游戏调查表，幼儿介绍自己调查的民间游戏。

2. 观看调查表。

师：这么多的民间游戏，怎样与其他班小朋友一起分享呢？

3. 引导幼儿讨论召开民间游戏的计划和内容。

提问：我们要玩什么游戏？我们需要准备什么？在玩的过程中需要注意什么？

4. 分享计划。

（1）初步确定可以分成哪几个小组。

（2）确定小组成员。

（3）各组组长说一说自己小组的计划。

5. 活动延伸。

组长对自己的组员说一说具体分工，并准备相应的活动材料。

教师：韩 萌

活动二： 制作宣传海报（艺术活动）

活动目标：

1. 通过回顾海报的艺术特点，尝试按计划为民间游戏大会做海报。

2. 乐意参与艺术创作，尝试用多种形式制作海报。

3. 能与同伴协商、分工合作完成制作任务，享受成功的快乐。

活动重点：通过讨论，确定自己在哪一组做宣传海报。

活动难点：能够大胆讲出自己的计划。

活动准备：各种海报的宣传画、纸张、笔、颜料等。

活动过程：

1. 欣赏海报。

请幼儿欣赏各种各样的海报，感受海报丰富的表现形式。

师：上一次我们了解了海报，你还记得海报都包括哪些内容吗？你觉得海报的哪些部分最突出？

2. 为民间游戏大会设计海报。

确定民间游戏项目，分组设计宣传海报。

师：请你和你的组员一起来设计你们组的宣传海报。

提问：海报上应该画些什么？画在什么地方？（内容、比较明显的地方）

提示：需要画大一点吗？用什么颜色会更醒目？除了告诉大家民间游戏的内容，还要告诉大家什么？（时间、地点）这些内容放在什么位置比较合适？用什么方法做比较好？（写、印、剪贴）

3. 请幼儿分组制作海报。

师：按照你们制作计划来制作海报。制作时互相合作，先做完的小朋友可以帮助你同组的伙伴一起制作。

4. 结束部分。

（1）与同伴一起欣赏各组设计制作的海报。

（2）分享制作海报的过程。

5. 活动延伸。

为其他班送海报并邀请其他班的小朋友来参加我们的民间游戏大会。

教师：韩　萌

活动三： 有趣的跳房子（体育活动）

活动目标：

1. 学会用双脚并拢屈膝跳的方法跳过格子。

2. 能够遵守游戏规则，一个格子一个格子地跳，并跳入格子内。

3. 乐意主动参与游戏，体验民间游戏活动的乐趣。

活动重点：知道一个格子一个格子地跳，不跳出圈。

活动难点：双腿屈膝并拢跳，动作标准。

活动准备：轮胎 16 个、呼啦圈 20 个、沙包若干、小脚印 20 组。

活动过程：

1. 热身活动。

幼儿跟着老师一起做热身运动。

2. 学习兔子跳，自由练习。

幼儿模仿兔子跳，教师观察并邀请跳得好的幼儿示范。

3. 尝试用不同的方法跳格子房。

（1）看格子图，尝试用不同的方法跳过五彩格子路。提醒幼儿要用小兔子跳的方法，一个格子一个格子地跳。

（2）幼儿自由练习跳房子。提醒幼儿要遵守游戏规则，并尝试不同的方法。

（3）幼儿交流自己的跳法，学习同伴不同的跳法。

4. 幼儿用学到的新方法练习跳房子。

5. 游戏"小兔子跳房子"。

（1）交代游戏规则。

（2）个别幼儿尝试游戏，强调游戏规则。

（3）幼儿分组游戏。

6. 放松运动：教师带领幼儿进行身体放松。

7. 活动延伸。

教给小班的弟弟妹妹们跳房子的方法，记住动作要标准。

教师：韩 萌

活动四： 热闹的民间游戏大会（社会活动）

活动目标：

1. 能积极参与民间游戏大会的筹备活动，遵守规则。

2. 能按照计划开展民间游戏，提高组织协调能力。

3. 体验民间游戏大会，感受项目以及小组合作的快乐和成就感。

活动重点：教师和幼儿根据共同制定的计划进行准备，教师提供适当的引导和帮助，可按照不同能力对幼儿进行分组。

活动难点：有序开展活动，锻炼幼儿的协调能力。

活动准备：第 1 组负责制作宣传海报，进行大会前的动员工作；第 2 组负责设计、制作奖牌和奖状；第 3 组负责准备活动器械、规划场地以及人员安排；每个幼儿设计制作一张邀请卡，邀请小班的弟弟妹妹和大班的哥哥姐姐一起参加活动。

活动过程：

1. 组织民间游戏大会的开幕式，引导幼儿了解开幕的程序，初步感受民间游戏大会的精彩。

（1）组织开幕式相关活动，如组织小朋友们入场、升国旗仪式、致开幕词、宣讲安全和竞赛要求等。

（2）带领幼儿做游戏前的准备活动。

2. 组织开展快乐的民间游戏大会。

（1）鼓励幼儿积极参加民间游戏大会，遵守规则，做好小小裁判员。

（2）按照民间游戏程序分别进行 8 组游戏，小朋友们自由选择游戏。活动中，教师抓拍幼儿游戏、同伴间相互配合和帮助以及颁奖典礼等精彩瞬间，为分享、交流做准备。

3. 颁奖典礼。

为获胜者颁发事先制作的奖状、奖品等，体验胜利的喜悦。

4. 活动延伸。

用拍摄的照片、海报、奖牌、奖状等布置民间游戏大会展区。

教师：田俊杰

五、亮点分享

《纲要》中指出：要开展丰富多彩的户外游戏和体育活动，培养幼儿参加体育活动的兴趣和习惯，增强体质，提高对环境的适应能力。在主题活动的开展中，翻花绳是一种传统的民间游戏，我们先从材料的选择入手，引发孩子们的兴趣。花绳的材质不能是具有弹性的橡皮筋，可以选择粗一点的毛线或者编织所用的绳子。利用班级的区角张贴孩子们翻花绳的照片和步骤图，来激发幼儿游戏的兴趣。在游戏的过程中，孩子们可以自己游戏，也可以和其他小伙伴游戏。活动不仅可以让幼儿充分感受到参与民间传统游戏的快乐，而且能锻炼幼儿手臂和手指的灵活性。

在游戏中，幼儿之间相互合作，共同解决遇到的问题，体验得到的快乐。孩子们自由结伴，探索游戏的规则，商量玩法，在轻松愉悦的氛围中提高交往合作能力，在愉快的嬉戏中得到技能的锻炼。集体竞赛活动由孩子们组织实施，把活动推向了一个小高潮，激起幼儿参与活动的兴趣。幼儿还在活动中不断地创新游戏，真正成为学习的主体。

我们发现民间游戏的内容非常丰富，组织形式也十分灵活，既有单独游戏也有多人游戏，既有协作游戏又有竞争游戏。在活动中，幼儿能够在遇到问题后不断想办法解决，进一步提高了积极思考能力。在这个主题活动中，一定要强调规则，有了规则意识，主题活动才能顺利进行下去。教师要把握时机，积极引导幼儿，对于孩子的需要也要积极回应。通过这个主题活动，我也明白了孩子的兴趣尤为重要，从孩子的兴趣点出发，主题活动将越走越顺利，活动的内容也会越来越丰富。

主题二： 萌娃舞动 "中国龙"

班级：中班　　教师：张秋颖

一、主题由来

龙是中华民族的象征，是中国人民心中神圣的形象。舞龙是民间流传下来的经典民俗活动。"二月二"来临之际，为了让孩子们了解民俗文化，我给孩子们观看了"舞龙"视频，孩子们大饱眼福，对舞龙产生了浓厚的兴趣，并由此展开了热烈的讨论：

"世界上真的有龙吗？"

"他们的龙是怎么做出来的呀？"

"他们太厉害了，我也想舞龙。"

"我想买条龙舞一舞。"

"买不到吧，我看他们是自己做的。"

"我们也可以做呀。"

"太难了吧。"

兴趣是学习的内驱力，能激发幼儿进行主动学习。既然孩子们对舞龙这么感兴趣，我们何不深入了解舞龙呢？

二、主题目标

1. 了解龙的由来，知道龙是中华民族的象征，对自己是"龙的传人"感到自豪。

2. 了解舞龙的来历，知道舞龙是祈求平安和丰收的一种民俗文化活动，感受舞龙的雄伟气势。

3. 习得简单的舞龙技能与方法，提高合作运动的能力和团队合作的精神，体验舞龙运动的快乐。

4. 感受舞龙乐曲欢快、热闹的气氛，用舞龙动作表达对音乐的感知。

5. 乐于参与制作舞龙的活动，感受中国民间艺术的美。

三、主题网络图

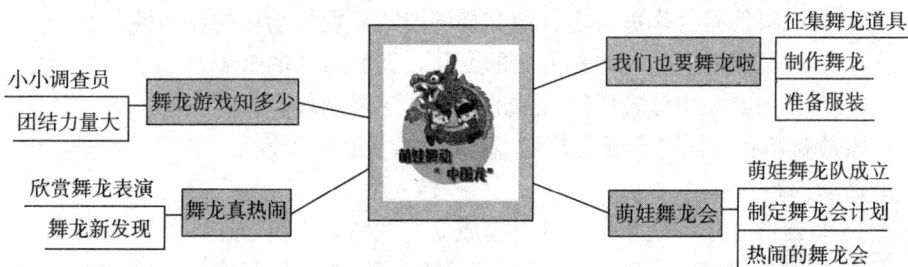

小小调查员　团结力量大　——　舞龙游戏知多少　

我们也要舞龙啦　——　征集舞龙道具　制作舞龙　准备服装

欣赏舞龙表演　舞龙新发现　——　舞龙真热闹

萌娃舞龙会　——　萌娃舞龙队成立　制定舞龙会计划　热闹的舞龙会

四、主题实施

（一）环境创设与资源利用

美　工　区

区域目标：

1. 尝试运用剪刀剪出镂空部分，学习对称剪纸的方法。

2. 大胆想象、敢于创新，用不同材料制作舞龙。

3. 乐于参与制作舞龙活动，感受中国民间艺术的美。

投放材料： A4 纸、剪刀、水彩笔、胶带、水桶（5L）、纸箱、扎染布、木棍。

活动内容：

1. 剪龙鳞：用水彩笔画出各种各样龙鳞的花纹，通过剪纸的方法剪出不同镂空图形的龙鳞。

2. 制作舞龙：利用不同的材料制作出不同的龙。

表　演　区

区域目标：

1. 感受乐曲欢快、热闹的气氛，用乐器表达对音乐的感知。

2. 通过多人配合创编各种舞龙的动作，提升相互合作的能力。

3. 了解和喜爱我们的民族文化。

投放材料：适合舞龙的音乐、绸布条若干、乐器。

活动内容：

舞龙进行时：根据对音乐的理解，能与同伴协商、讨论，创编出舞龙的动作。

户外游戏区

区域目标：

1. 尝试听信号合作进行走、跑交替的游戏，发展动作的灵活性。

2. 观察花球上下、左右等方向的变化，调整自己的脚步。

3. 在合作游戏中体验民间游戏的乐趣，感受同伴合作的快乐。

投放材料：音乐《金蛇狂舞》、花球、舞龙道具2套。

活动内容：

1. 萌娃舞龙队：幼儿自由分小组成立舞龙队，小组合作练习舞龙动作。

2. 为舞龙队起名字：每组幼儿给自己的舞龙队起名字，商量舞龙队口号。

3. 热闹的舞龙会：幼儿听音乐舞龙，1名幼儿的花球不断地变化，其他5名幼儿跟随花球变换动作，如慢走、小跑、左倒、右倒等。

（二）教学设计

活动一： 民间舞龙知多少（社会活动）

活动目标：

1. 知道舞龙有很多种玩法，了解其外形特征。

2. 欣赏感受舞龙的美，萌发民族自豪感。

3. 了解民间舞龙的来历，初步有团结合作的意识。

活动重点：了解民间舞龙的来历，知道舞龙有很多种玩法。

活动难点：欣赏感受舞龙的美，有民族自豪感。

活动准备：提前搜集舞龙的来历（调查表）、各种各样的舞龙视频等。

活动过程：

1. 开始部分。

师：你在什么地方见过舞龙表演？

2. 基本部分。

（1）向幼儿展示各种各样的舞龙视频，让幼儿观察舞龙的玩法。

知道舞龙表演可一人，也可多人。了解多人舞龙需要良好配合。

（2）幼儿根据调查表讲述民间舞龙的来历。

3. 结束部分。

（1）说一说龙的外形特征。

（2）欣赏歌曲《龙的传人》。知道中国人是龙的传人，为此感到骄傲和自豪。

4. 活动延伸。

把民间舞龙来历调查表制成书投放到图书区。

教师：张秋颖

活动二：　制作舞龙（科学活动）

活动目标：

1. 初步探索固定龙头与龙身的方法。

2. 尝试运用不同材料制作舞龙。

3. 学会与人友好合作，体验合作的成功和快乐。

活动重点： 尝试运用不同材料制作舞龙。

活动难点： 探索固定龙头与龙身的方法。

活动准备： 舞龙成品视频、剪刀、扎染布、水桶、木棍、纸箱、彩纸。

活动过程：

1. 开始部分。

提问：你见过的龙都是用什么材料制成的？

2. 基本部分。

（1）教师出示用各种材料制成的龙，让幼儿欣赏。

（2）教师出示并介绍制作龙的材料。

（3）带领幼儿学习制作龙的方法：用纸盒做成龙头，把粘好木棍的水桶均匀粘在布上，将长布做成桶形后固定在龙头后面，然后固定上用纸板剪成的龙尾，最后在龙头、龙尾下面固定上木棍，布龙就做好了。

（4）幼儿分组制作舞龙。引导幼儿合作制作龙，教师巡回指导，在制作过程中重点指导幼儿想办法固定龙头。

3. 结束部分：作品展评。

4. 活动延伸。

在活动区完善龙头并为龙身贴上龙鳞。

教师：张秋颖

活动三：　金蛇狂舞（音乐活动）

活动目标：

1. 感知音乐结构，初步了解音乐中的"对话"结构。

2. 用动作表达对音乐的感知，体验与同伴合作的快乐。

3. 感受乐曲欢快、热闹的气氛。

活动重点：用动作表达对音乐的感知，体验与同伴合作的快乐。

活动难点：感知音乐结构，初步了解音乐中的"对话"结构。

活动准备：

1. 物质准备：音乐《金蛇狂舞》，PPT，黄、红色绸布若干。

2. 经验准备：带孩子们欣赏舞龙表演，熟悉音乐《欢乐》。

活动过程：

1. 开始部分：谈话导入，唤醒生活经验。

每名幼儿各拿一小块丝绸排成一行，随着音乐《欢乐》起舞。

提问：我们长长的队形像什么？你在哪里见过龙？我们什么时候跳龙舞？你见过的舞龙是怎么舞的？

2. 基本部分。

（1）完整地欣赏音乐，感受音乐。

①第一次欣赏。

提问：你听到了什么？

总结：这是一首名为《金蛇狂舞》的民族音乐。这首曲子展现了人们在庆祝节日时敲锣打鼓、舞龙、划龙舟的热闹场面。

②第二次欣赏。在听音乐的同时，鼓励幼儿用喜欢的舞龙动作来展示活泼快乐的音乐。

（2）分段欣赏，感知音乐结构。

①欣赏第一段，并播放图片。请幼儿举起绸布当龙，根据对音乐的理解大胆地表演舞龙。

②欣赏第二段，并播放图片。提问：他们是怎么跳的？他们像在干什么？（初步理解乐曲中的"对话"结构）

③欣赏第三段，并播放图片。请大家自由分组，大胆表演舞龙动作。

（3）尝试表演，感受音乐的热闹气氛。

①播放音乐《金蛇狂舞》。

②幼儿两两结队听音乐表演。

（4）集体游戏，体验合作的乐趣。

老师手舞龙球，和幼儿一起随音乐游戏。

3. 结束部分：舞龙走出教室。

4. 活动延伸。

把舞龙游戏延续到户外活动中。

教师：张秋颖

活动四：舞龙队成立了（社会活动）

活动目标：

1. 能够通过相互沟通解决自己组中的问题。

2. 知道每组由六个人组成，每个人各有分工。

3. 自愿分组，对自己的舞龙队有归属感，喜爱自己起的舞龙队名字、口号。

活动重点：能够通过相互沟通解决自己组中的问题。

活动难点：自主决定每个人的分工，为自己的队起队名、定口号。

活动准备：

1. 物质准备：记录纸、水彩笔。

2. 经验准备：幼儿共同制作了舞龙，知道舞龙的方法。

活动过程：

1. 开始部分：回忆导入。

出示共同制作的龙。

提问：我们一起制作的龙是什么样子的？舞龙需要的东西都准备好了，谁来舞龙呢？

2. 基本部分。

（1）观察制作的舞龙并讨论。

提问：舞龙需要多少人？每个人都是做什么的？

（2）自由分组。

①自愿搭档分组。

②在记录纸上记录下每个人的分工。

③教师巡回指导，关注幼儿沟通交往方法。

（3）为舞龙队起名。

①以组为单位相互认识。

②每个小组内协商为舞龙队起队名、定口号。

3. 结束部分。

每个小组分别展示自己队的队名和口号。

4. 活动延伸。

舞龙队排练入场。

教师：魏　敬

活动五：热闹的舞龙会（体育活动）

活动目标：

1. 通过多人配合创编各种舞龙动作，提高相互合作的能力。

2. 体验民间舞龙活动的乐趣。

3. 能够跟随音乐熟悉舞龙动作。

活动重点： 能够跟随音乐熟悉舞龙动作。

活动难点： 龙头、龙身、龙尾在跑动的过程中动作协调一致。

活动准备： 每人一面红旗、舞龙视频、自制舞龙一条。

活动过程：

1. 开始部分。

播放舞龙的视频，引起幼儿的兴趣。

提问：他们在干什么？什么时候会舞龙？

2. 基本部分。

(1) 学习舞龙，主动合作。

①小朋友自己学一学舞龙的动作。

②教师示范：舞龙动作有很多种，今天我们来学一下"蟠龙出海"。

③幼儿自由练习，教师巡视纠正动作。

④每名幼儿一面红旗，手拿红旗自由组队进行练习。

⑤教师小结幼儿刚才舞龙的情况，并请各组尝试表演。

(2) 激发思维，开拓创新。

提问：小朋友想到的舞龙动作还有哪些？（幼儿积极表演，师幼共同总结）

①摇头摆尾：左右摆臂、上下抖动，后面的人紧跟着龙头做动作。

②灵龙戏珠：龙头跟着彩球灵活运动，后面的人跟着龙头运动。

③首尾合一：龙头与龙尾连接在一起围成圆圈。

(3) 巩固练习，不断提高。

①师幼第二次舞龙。播放音乐《金蛇狂舞》。

②师幼第三次舞龙。教师拿彩球，幼儿举龙表演。

3. 结束部分：幼儿做放松运动。

4. 活动延伸。

幼儿分组探索新的舞龙动作、队形等。

教师：张秋颖

五、亮点分享

孩子们通过听龙的故事、做龙、舞龙等多种途径加深了对龙的了解，在心中播下了爱国家和民族文化的种子，萌发了民族自豪感。在此后的很长一段时间里，孩子们都会自发地在自主活动时间里画龙、唱关于龙的歌、看有关龙的书。活动提高了孩子感受美、表现美及团结合作的能力。

在活动之前，我们请爸爸妈妈协助查阅有关龙的各种资料，如龙的文字、图片、故事等。我们把孩子收集到的东西展示在教室里，并让孩子向全班进行了分享。通过调查和收集，老师和孩子了解了很多有关龙的知识，拓展了认知范围。

有了前期的经验准备，趁着孩子们对舞龙的热情，老师和孩子们一起查找制作龙的资料。后来大家脑洞大开，原来水桶、纸箱都可以用来制作龙。在贴龙鳞的过程中，孩子们觉得一条龙身上的龙鳞大小一样，但是用手画好剪下来会控制不好大小。有的孩子就想到用折叠的办法把剪龙鳞的纸折成正方形，修剪成大小一样的鳞片，再用剪刀剪出不同的花纹。另外，龙鳞要贴得整齐才好看，孩子就想到先在布上画横线，然后再贴。制作完成后，老师和孩子都觉得成就感满满。

有了道具，舞龙还得有音乐。通过欣赏对比，孩子们确定将《金蛇狂舞》作为舞龙的配乐。接下来是学习舞龙动作，很显然，孩子是不可能像成人一样舞龙的，但孩子们觉得我们可以一起左右摇摆龙，可以抖动龙的身体，可以让龙转起来，等等。孩子们在学习舞龙动作时都很认真，而且认真听龙头的指挥，从中学到了合作运动的技能，培养了团结协作的团队精神。

在活动开展的过程中，我对活动生成有了新的认识，改变了原有的思维方式，整个活动以幼儿为主体，追随幼儿的兴趣。关于舞龙的故事还在继续，我们会提供更多的时间与空间，提供更丰富的材料，让幼儿继续发现民俗活动的乐趣。

第三章

文 学 之 典

　　"乐源"课程中文学之典的内容由故事、民谣、成语三部分组成。故事包含当地的家乡传说和红色故事。民谣包含地方民谣和为家乡创编的儿歌。成语来源于琉璃河的西周燕都博物馆。丰富的学习内容，能够促进幼儿语言能力全面发展，倾听能力提高，专注力增强；提高表达能力，使幼儿敢于大胆完整表达；具备讲述技巧，在肢体、语调、表情、角色表现方面都具备一定的表现力；感受与表现节奏美，有节奏地吟诵民谣与儿歌；为家乡创编儿歌……

　　"文学之典"课程内容落实的原则有以下两点：

　　第一，利用环境情境教学，开展体验式学习。幼儿的年龄特点决定他们在行动中学习，故事、民谣、成语都是在真实的环境中开展活动，如大石桥上唱民谣、博物馆里学成语。实地开展活动的形式起到了调动学习兴趣、激发学习潜力的作用。

　　第二，不停留于表面意义，把握文字蕴含的深层意义。故事的主旨、成语的精神是教学的关键，教师因材施教引领幼儿学习。

　　主题活动是幼儿园特有的活动形式，本课程根据节日时机，开展相应的主题活动。借助每年4月23日"世界读书日"开展图书漂流活动，让经典图书在幼儿之间传递。本课程利用"七一"建党纪念日、"十一"国庆节，每学期开展一次讲述红色故事的活动。在"七一"建党纪念日开展"智勇红小兵"的故事大会活动，幼儿先搜集、精选，再讲述、表演革命故事，如《小兵张嘎》《新地雷战》《捕蛇少年》《爱国主义教育系列》绘本。这些儿童革命故事让幼儿认识到，革命不仅仅是大人的事情，也是小朋友的事情，从小学做小战士。在"十一"国庆节开展"家乡故事我来讲"的故事大会活动，讲述家乡传说故事、革命故事。如《大石桥的传说》用传说的形式表现琉璃河大石桥的建成，幼儿从传说中感受到了家乡人民的智慧；《地下联络站》《智勇双全话"碗儿田"》《窑上伏击战》是本地革命故事，表现的是家乡人民与侵略者、反动派斗智斗勇的革命故事，幼儿为家乡英雄感到骄傲和自豪。我园的特色节日是每年 5 月的"民谣节"，幼儿用不同的形式吟唱家乡民谣。民谣有着强烈的节奏感，幼儿用各种不同的方式表现节奏，如打快板、打击乐、敲大鼓等，从中既感受到了文学作品中的语言美、结构美，又感受到了民谣当中蕴含的音乐美。

实践是幼儿最喜欢的活动形式，是"玩中学"的良好体现，幼儿能够在学习过程当中感受到游戏的快乐。

"红星广播站"是我园的特色活动，幼儿作为广播员，利用我园多功能厅环境、园所信息化设备，讲述红色故事，宣扬红色精神。"国旗下讲话"是进行红色教育的良好契机，幼儿在国旗下讲述红色故事，既锻炼了幼儿的表达能力，又接受了红色教育。"寻找春天"是创编儿歌的踏青活动。在春天这个最美的季节里，顺着琉璃河岸寻找春天的美丽景色，为家乡创编儿歌。"博物馆里学成语"的实地学习活动，充分调动了幼儿的学习积极性。"博物馆里的讲解员"是我选择符合幼儿年龄特点、贴近幼儿生活的成语开展的学习活动，如一诺千金、齐心协力。成语的学习相对来说比较有难度，不能停留在成语故事内容、文字表面意义，要结合生活经验帮助幼儿理解成语所要表达的深层含义，领悟中华民族优秀的精神文化、意志品质，并落位于自身。

通过一系列的学习活动，幼儿有了多方面的收获。

第一，发展语言能力，感受文学作品的美好。在文学作品的学习过程中，幼儿的语言能力得到了全面发展，同时感受到了文学作品的美好，心理上得到享受。"老师，我还想再听一遍！"当孩子说出这句话的时候，我们的老师就知道这次的学习活动成功了。在学习的过程中，孩子是愉悦的，有满满的收获，感受到了经典阅读的快乐，体验到了民族文学的魅力。

第二，感受人民的智慧，产生民族自豪感。神话传说虽然是虚构的，但是能够看到人民的智慧。红色故事让幼儿了解革命先烈与侵略者和反动派斗智斗勇的英雄事迹，能够让幼儿产生民族自豪感。

第三，树立民族精神，形成优秀品质。在红色故事的学习中，幼儿懂得了为国家为人民奉献一切的道理；通过智勇红小兵的故事懂得了人小志气大，小孩子也可以斗争和革命；在成语的学习中，习得了中华民族代代传承的优秀品质。

"乐源"课程带领幼儿在文学的熏陶中，感受文化、丰富情感、陶冶情操。在三千年古都的深厚文化中，幼儿快乐成长。

》第一节　琉璃娃娃讲故事《

主题一：　家乡故事汇

班级：大班　　教师：卢晓童

一、主题由来

早在三千多年前，西周燕国就在琉璃河建立都城，使其成为古燕国文明的发祥地、北京地区最早的都城。我们带领孩子参观了西周燕都遗址博物馆，孩子们对家乡的历史故事表现出了强烈的兴趣，希望把自己在博物馆中听到的故事及自己对家乡的了解进行讲述分享，于是我们将活动延伸，开展了"家乡故事汇"的主题活动。

二、主题目标

1. 对家乡故事产生兴趣并深入了解。
2. 了解不同的资料收集方式，根据故事种类进行分类、整合。
3. 能够在语言活动中大胆表达，完整有序地讲述故事。
4. 能用绘画、剪纸等艺术形式表达故事内容，制作故事书。
5. 能积极愉快地参与故事表演游戏，在活动中创造性地表现故事。
6. 萌发热爱家乡的情感，对家乡充满美好憧憬。

三、主题网络图

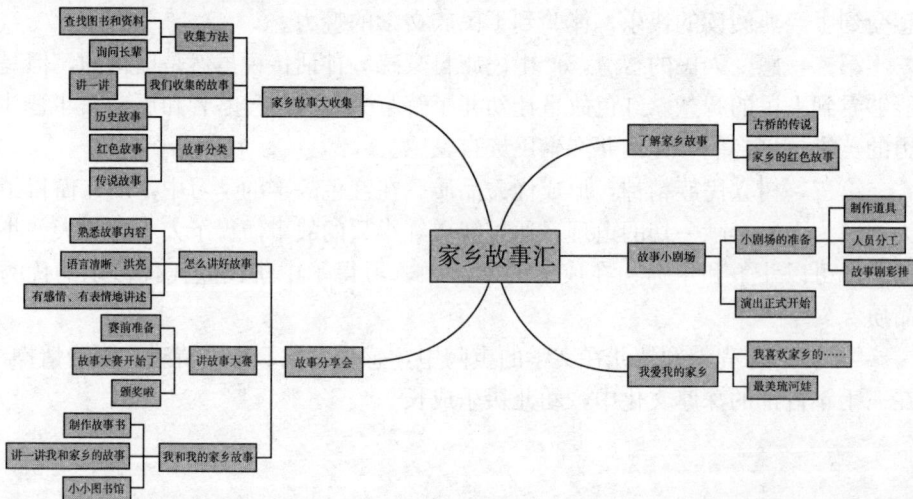

四、主题实施

（一）环境创设与资源利用

图　书　区

区域目标：

1. 能够自主阅读，根据书中图画等理解故事的内容。

2. 可以利用提供的材料，自己制作故事书。

投放材料：关于琉璃河的图书，自制的家乡故事书，各种颜色、大小的纸张，画笔等。

活动内容：

1. 幼儿可以选择图书和自制的故事书进行自主阅读，或者与小朋友共读和交流。

2. 幼儿可以自主选择材料制作家乡故事书。

表　演　区

区域目标：

1. 能够理解故事内容，掌握故事中的人物角色特点，了解人物之间的对话。

2. 能够用语言和肢体动作表现人物特点，大胆表现自己。

3. 乐于与小朋友们合作、交流，共同表演。

活动内容：

1. 可以在表演区的小剧场内进行道具制作、角色练习、排练，做表演前的各项准备。

2. 在小剧场进行节目表演。

3. 开展全园性的故事情景剧展示。

（二）教学设计

活动一：　我们收集的家乡故事（综合活动）

活动目标：

1. 能够在家庭、社会生活的各个领域中搜集与琉璃河有关的故事，从中更多地了解家乡的历史和文化。

2. 能够对所搜集的资料进行分类。

3. 主动参与活动，体验活动的快乐及成功的喜悦。

4. 大胆说出自己的理解。

活动重点：乐于了解家乡故事。

活动难点：能够对收集的故事进行分类。

活动准备：幼儿和家长在活动前共同完成调查表、收集故事文本、分类表。

活动过程：

1. 导入。

师：请小朋友们分享收集家乡故事的结果。

2. 成果分享与分类。

（1）师：请说一说你是怎么找到关于家乡的故事的呢？

（老师记录幼儿的收集方法）

（2）总结：我们可以通过网络、图书和询问长辈等方式收集故事。

（3）请幼儿简单介绍自己收集到的故事，并进行分类。

①师：这个故事主要讲的是什么内容？应该分到哪类故事里？

②讨论结束后，老师带领幼儿分析每个故事的类型并进行分类，以传说故事、红色故事、历史故事三类为主。

3. 活动延伸。

利用过渡环节或在图书区分享自己收集到的故事。

教师：卢晓童

活动二： 琉璃河石桥的传说（语言活动）

活动目标：

1. 了解故事中琉璃河石桥的建造过程。

2. 能用语言表达自己对石桥的印象，大胆表达自己的看法。

3. 知道琉璃河石桥历史悠久，是值得保护的历史遗迹，萌生对家乡琉璃河的喜爱之情。

活动准备：

1. 物质准备：在故事中加入插画制作成 PPT。

2. 经验准备：幼儿参观过琉璃河石桥，并拍摄了琉璃河石桥的照片。

活动过程：

1. 谈话导入。

师：请来说一说你对琉璃河石桥的印象。

2. 讲述故事。

结合 PPT 分段讲述故事，并提出问题：为什么修建琉璃河石桥？琉璃河石桥建造了几年？在修桥遇到困难的时候，谁出现了？提出了什么建议？

小结：琉璃河石桥的修建非常不易，经历了 7 年才修完。琉璃河石桥在历史上承担着重要的交通任务，多年来为人们的出行提供了方便。直到近年来修建了新桥才将它保护了起来，到现在依然是小朋友玩耍的地方。

3. 展示幼儿拍摄的石桥照片，结合故事中的详细介绍，带领幼儿了解石桥。

（1）请小朋友结合照片说一说自己了解的石桥。

（2）教师结合历史资料和现实情况介绍石桥。

（3）小结：琉璃河石桥为我们的生活带来了便利，也是我们家乡琉璃河重要的历史遗迹和文物。

4. 活动延伸。

在美工区画一画自己眼中的石桥，可以将石桥的故事用图画的形式记录下来。

附故事简介：

相传，当年建桥时遇到了大雨，洪水暴涨，泥沙俱下，这给创槽打桩造成了极大的麻烦。等到雨停了、洪水退去以后，旁边又冒出了泉水。有个白胡子老头神情自若，不慌不忙地说："唉！这还不好办，镇海神都显灵了。瞧见没有，那石佛是镇海神。你们要想止水修桥，就得先找一口大铁锅把海眼堵住。"官员与河工们不敢怠慢，按照白胡子老头说的，在河的南岸建起了一座寺庙，起名叫石佛寺。庙建好了，石佛也请进去了，人们又是烧香，又是磕头，跪在石佛前进行祈祷。祈祷之后，泉水果真小了，大桥也顺利修好了。

教师：卢晓童

活动三： 制作故事书（艺术活动）

活动目标：

1. 了解故事的内容和它们的主题。

2. 学会制作手工故事书来讲述一个故事。

3. 提高口语表达和倾听能力。

活动重点： 制作手工故事书。

活动难点： 能够根据自制的故事书分享和讲述故事。

活动准备：

1. 物质准备：大小、材质、颜色不同的纸张，剪刀、画笔、打孔器、绳子、夹子等。

2. 经验准备：幼儿之前收集的家乡故事。

活动过程：

1. 活动导入。

（1）教师介绍和展示提前准备好的故事书以及幼儿收集到的家乡故事。

（2）介绍图书的组成部分，如封面、封底、故事内页等。

2. 分组商量。

（1）分组了解故事，包括故事里的人物、情节等，让孩子们自由发挥，并在 5 分钟内完成小组讨论和分工。

（2）引导孩子们分享自己小组的信息和感受。

（3）教师展示如何制作手工故事书。

3. 制作故事书。

（1）制作前，在教学板上展示每组故事的一些情节图片，让孩子们看图片描述情节。

（2）制作图书，教师巡回指导。引导孩子们边讲述故事边绘图，提高幼儿的表达能力，同时起到提示作用。

（3）故事书展示。

孩子们在老师的辅助下，根据自己制作的图书进行故事讲述，大家互相评价。

4. 活动总结。

师：小朋友们，你们学到了哪些内容？

教师总结讲述故事的技巧和手工制作故事书的方法。

5. 活动延伸。

教师鼓励孩子们多进行创作，发挥想象力和创造力，制作更多有趣的故事书。

教师：卢晓童

活动四： 制作故事大书（艺术活动）

活动目标：

1. 在掌握制作图书基本步骤的基础上，学习协商安排故事情节，讨论构思画面，合作制作一本大规格的图书。

2. 集体合作为画面配解说词，进一步了解画面、口语、文字三者之间的转换关系。

3. 能够大胆地猜一猜、讲一讲、做一做。

4. 愿意交流，清楚明白地表达自己的想法。

活动重点： 幼儿分工合作制作图书。

活动难点： 在绘制的同时配解说词，能够完整清晰地讲述故事。

活动准备：

1. 物质准备：画纸、彩笔、装订工具、《一封鸡毛信》的故事、绘制好的图书封面（封面上有故事的主要人物和用文字书写的故事名称）。

2. 经验准备：知道图书的构成。

活动过程：

1. 回忆图书的制作方法。

（1）教师和幼儿回忆上一次制作图书的情景，让幼儿谈谈自己是按照什么步骤制作图书的，绘制了一个什么故事，封面上画了些什么。

（2）教师归纳制作图书的基本步骤：构思故事内容—考虑安排几幅画面—绘制封面和内页—配解说词—装订成册。

2. 讲述故事《一封鸡毛信》，然后和幼儿一起分析人物形象、情节线索和主题。

师：你喜爱故事里的海娃吗？为什么？你准备怎么画？这个故事说了一件什么事情？这个故事可以画几幅画面？

3. 制作图书。

（1）出示教师自制的图书封面，让幼儿观察其构图和色彩，并组织幼儿分组讨论画面的构图。

（2）教师请每组推选一位幼儿谈谈自己组里的构图设想，组里的其他成员可以进行补充，教师可提出建议或表扬。

（3）幼儿分组绘制。

（4）教师分别到画好的小组去和幼儿讨论创编解说词。先让幼儿讨论，教师再进行归纳，然后将解说词写在幼儿画面底下。

（5）教师将封面和内页装订成册，按故事及发展顺序将解说词念给幼儿听，鼓励幼儿努力学习，看谁能像老师一样念出下面的解说词。

4. 活动延伸。

请幼儿利用制作好的图书进行讲故事展示，结合故事内容表演故事。

教师：卢晓童

五、亮点分享

通过一次博物馆的参观活动，教师根据孩子们的兴趣开展了本次"家乡故事汇"的主题活动。在活动的开展中，主要跟随幼儿的兴趣和发现去进行探索，在此过程中，幼儿表现出了对家乡强烈的探索欲，通过不断收集材料和关于家乡的故事去了解自己生活的这片土地。

在活动中，我们给予幼儿自主探索的空间，故事的收集、分类、整理都有幼儿的全程参与，教师进行支持。随着活动的逐渐深入，孩子们的兴趣也越来越浓厚。于是我们将主题活动融入了图书区、美工区和表演区，从讲故事延伸到制作图书和故事表演。与此同时，幼儿的语言表达能力、制作能力、表演能力也得到了大幅度的提升，这是因为幼儿一直置身于活动之中，全程参与到活动的设计和准备中，他们既是活动中的导演又是演员。在活动中，孩子们肯定会遇到各种各样的问题，例如不敢当众讲故事、小朋友之间有分歧、制作图书和道具时总是不成功等，但在老师的鼓励和自己的不断尝试中，孩子们都能一点点去克服和解决，从而获得经验和成功。

主题二：智勇红小兵

班级：大班　　教师：刘欣

一、主题由来

相对于革命英雄的故事，孩子们更喜欢和他们同龄的"红小兵"的故事，如小英雄雨来、小兵张嘎、捕蛇少年、神勇小子麦包。从这些红小兵的事迹中，幼儿不仅看到了他们的坚强和勇敢，而且看到了他们的聪明和机智。他们喜欢听、喜欢说、喜欢演智勇双全的红小兵故事。

二、主题目标

1. 理解智勇双全红小兵的故事内容，知道要用智慧解决问题。
2. 学会讲故事的技巧：运用肢体、语调、表情等进行大胆表现。
3. 初步了解近代战争时期，民族挨打、国家贫困的社会状况。
4. 知道今天的美好生活是革命先烈用鲜血和生命换来的，充满感激之情。
5. 感受革命歌曲的雄壮有力，用自己喜欢的方式表现音乐作品。
6. 学做早操《红星闪闪》，动作有力、精神饱满。

三、主题网络图

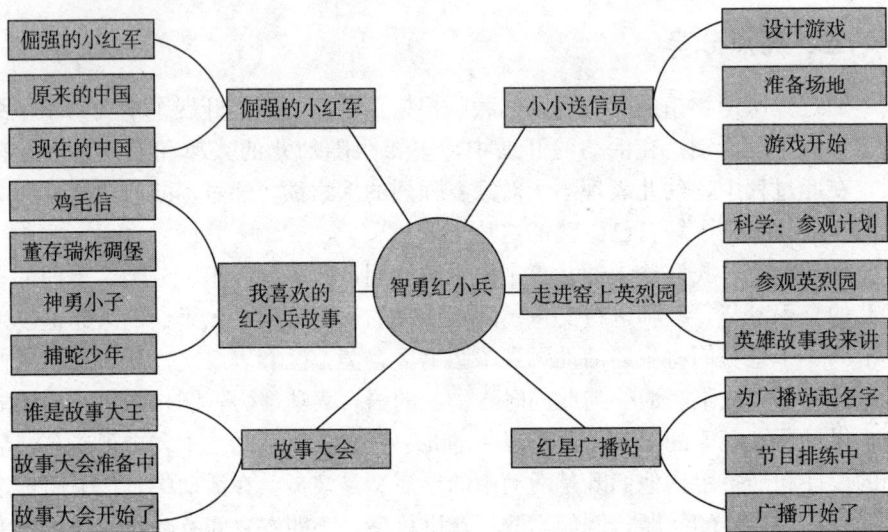

四、主题实施

（一）环境创设与资源利用

角 色 区

在班级活动区、园所多功能厅创建两个层级的"红星广播站"。

区域目标：

1. 感受歌曲雄壮有力的性质，熟悉旋律，尝试用自己喜欢的方式表现音乐作品。

2. 能够运用肢体、语调、表情等讲述技巧大胆讲述故事。

投放材料：环境背景、音响、图片、打击乐、音乐、服装等。

活动内容：

1. 演唱，打击乐演奏，表演红色歌曲。

2. 讲述、表演红色故事。

表 演 区

区域目标：乐意表演红小兵和敌人斗智斗勇的故事，具有一定的表现力。

投放材料：背景、道具、服装等。

活动内容：表演故事《捕蛇少年》《董存瑞炸碉堡》等。

图 书 区

区域目标：

1. 能够运用肢体、语调、表情等讲述技巧大胆讲述故事，敢于当众表达。

2. 能够自主创编故事，制作图书。

3. 激发爱国爱党的情感。

投放材料：投放红小兵故事书，收集幼儿喜欢的故事及系列丛书《新中国成立 70 周年儿童绘本故事书》；准备"情报"和能够隐藏"情报"的各种道具。

活动内容：

1. 讲述红小兵故事。

2. "故事大王"大比拼。

3. 游戏"小小送信员"，根据游戏创编故事。

（二）教学设计

活动一： 倔强的小红军（故事教学）

活动目标：

1. 能够用自己的话将故事的大概内容讲出来。

2. 体会故事中人物坚强不息和勇于吃苦的品质。

3. 了解小红军一心为别人着想，体验帮助别人的幸福。

活动重点：仔细观察画面，进行大胆想象和猜测，并用完整的语句大胆讲述自己看到的内容。

活动难点：通过活动理解小红军是如何为别人着想的。

活动准备：

1. 物质准备：故事图片、PPT。

2. 经验准备：对长征有一定的了解。

活动过程：

1. 导入环节。

谈话导入，引发幼儿阅读的兴趣。

2. 第一遍故事学习。

（1）观察封面并回答问题。

提问：画面中有谁？你认为小红军会发生什么事情？

（2）播放 PPT 第 2～3 页，老师讲述故事内容。

（3）播放 PPT 第 4 页，理解一顿吃一点的含义。

提问：能坚持吃二十多天吗？这里的草地是什么样的？

（4）幼儿人手一本小书自主阅读，观察猜测下一段故事内容，阅读完毕后播放 PPT 第 5 页。

师：这就是我们刚刚看到的画面，林宇怎么扶着伤员的？如果不扶着伤员会怎么样？扶着伤员过独木桥，有哪些难度？

（5）播放 PPT 第 6 页，讲述故事内容，幼儿猜测。

（6）播放 PPT 第 7 页。

提问：林宇掉落的口袋里是什么？你觉得林宇会怎么做？

（7）幼儿自主阅读，结合图片猜想下一段故事内容，阅读完毕后播放 PPT 第 8 页。

提问：故事看完了，林宇坚持走出草地了吗？他后来吃什么？

（8）播放 PPT 第 9～13 页，验证幼儿猜想。

3. 第二遍故事学习。

（1）带着问题听故事：林宇为什么摘了许多野菜放在包里？

（2）师：故事听完了，谁能回答一下之前的问题？小红军为什么没有告诉别人他的口袋掉了？

4. 第三遍故事学习。

（1）幼儿自主阅读。

师：请小朋友们仔细观察图片，说一说图片中的情景和我们现在的生活情景有什么不同？

（2）师幼讨论，深入理解故事内容。

幼儿：我觉得小红军是最伟大的人，因为他很勇敢，他虽然吃得很不好，但是他做了很多好事。

教师小结：小红军是那么的勇敢，他那么小，却一心为别人着想，他把困难和危险留给自己的高尚品质，值得我们每一个人学习。

5. 活动延伸。

将图书投放到图书区，幼儿自主阅读、讲述，还可以借阅回家讲给爸爸妈妈听。

教师：宋晓苒

活动二： 董存瑞炸碉堡（故事教学）

活动目标：

1. 理解画面内容，了解故事内容。

2. 愿意大胆表达，讲述自己的想法。

3. 通过红色故事激发爱国情怀，敬仰、缅怀先烈。

活动重点： 听懂故事，理解故事内容。

活动难点： 能大胆讲述故事情节。

活动准备：

1. 物质准备：故事PPT。

2. 经验准备：对战争有一定的了解。

活动过程：

1. 导入。

（1）教师带领幼儿观看故事中的主要人物和故事背景图片，提问幼儿所看和所想。

（2）教师讲述故事梗概，幼儿第一次了解故事内容。

2. 故事讲述。

（1）幼儿观看PPT，教师分段讲述《董存瑞炸碉堡》的故事。讲述中提问：董存瑞叔叔是不是一个大英雄？他是如何做的？

小结：董存瑞是一个十分勇敢的人，能不顾自己的生命安危保卫家园。

（2）完整欣赏故事，升华爱国情感。

提问：你喜欢这个故事吗？你有什么感受？长大后你们要成为什么样的人？

3. 活动延伸。

在户外游戏时，组织幼儿玩"快速传球"游戏，幼儿不仅要用身体抱住球，还要顺利地传给下一个人，让幼儿在游戏中充分感知到董存瑞在危急关头不得不用自己的身体去托住炸药包的原因。

教师：赵颖慧

活动三：原来的中国什么样（社会活动）

活动目标：

1. 基本了解近代战争时期国家挨打、经济贫困、生活困苦的社会现状。

2. 积极参与活动，大胆说出自己获得的相关信息。

3. 能够通过多种方式获得信息。

活动重难点：基本了解近代战争时期国家挨打、经济贫困、生活困苦的社会现状。

活动准备：

1. 物质准备：一体机、投影设备、幼儿收集的资料。

2. 经验准备：解答幼儿的问题，如以前很穷吗？是不是没有吃的，吃不饱？真的会饿死人吗？那个时候的人那么穷，真的没有衣服穿吗？衣服上有那么多补丁？动画片里的都是真的吗？外国人总是欺负咱们中国人吗？杀死了那么多中国人？

活动过程：

1. 导入环节。

师：请把你们收集到的材料展示给大家看一看。

2. 基本环节。

（1）展示调查结果。

提示：在幼儿展示和讲解调查结果的时候，教师运用适宜的方式帮助幼儿进行展示。

（2）解答之前活动中存在的问题。

①抛出《倔强的小红军》故事中幼儿的问题：他为什么宁愿自己饿死也不吃别人粮食？

②幼儿解答：引导幼儿说出自己的理解。

提示：教师要收集幼儿在阅读中的问题，在此节活动中进行解答。

3. 结束部分。

师：现在的中国很富有，生活很美好，我们要珍惜现在的美好生活。

4. 活动延伸。

在过渡环节，引导幼儿交流原来的中国什么样，现在的中国什么样。

教师：刘　欣

活动四：　谁是故事大王（谈话活动）

活动目标：

1. 自主制定"故事大王"评比标准。

2. 能够用绘画和符号的方式将制定的标准清楚明白地进行展示与表达，制作打分表格。

3. 用完整的话将改编的故事大胆地讲述出来。

活动重点： 自主制定"故事大王"评比标准。

活动难点： 制作打分表格。

活动准备：

1. 物质准备：卡片、大纸、笔。

2. 经验准备：班级活动中，经常进行幼儿之间的评价活动。

活动过程：

1. 导入环节。

引出制定"故事大王"的评选标准。

2. 基本环节。

（1）幼儿分组进行自由谈话。

①提问：班内哪个小朋友讲故事讲得好？哪里讲得好？

②小组交流：幼儿之间自由交流，并在卡片上记录本组制定的标准。

教师关注思路：鼓励幼儿参与到谈话活动中来；支持、引导幼儿用绘画或符号的方式把自己的想法记录在卡片上；教师边巡视边记录幼儿想法，观察、分析幼儿想到的和没想到的。

③观察幼儿谈话情况，结束谈话活动。

（2）幼儿分享本组的谈话内容。

①教师引导幼儿说出自己和同伴的想法。

②将小组交流结果进行汇总和展示。

（3）幼儿集体讨论确定评比标准。

（4）制定"故事大王"打分表格。

①将绘制好的评比要求卡片粘贴在表格当中。

②确定分值。

3. 结束环节。

运用"故事大王"的评比标准评选故事大王。

4. 活动延伸。

（1）把"故事大王"打分表格张贴在图书区，引导幼儿学习用"故事大王"的评比标准讲述故事。

（2）制作记分卡。

教师：赵海英

活动五： 海娃奇遇记（故事创编）

活动目标：

1. 尝试根据故事线索大胆续编故事，发展想象力和口语表达能力。

2. 能与同伴共同商讨故事情节。

3. 喜欢听故事，并感受续编故事的乐趣。

活动准备：

1. 物质准备：PPT、部分故事图片、提供线索的图片。

2. 经验准备：幼儿听过故事《鸡毛信》，有看图讲述故事的经验。

活动过程：

1. 激发幼儿续编故事的兴趣。

回顾故事《鸡毛信》，引起幼儿的兴趣。

师：有一天，海娃又接到了要去送信的任务，结果一不小心掉进了一个山洞里。他发现这个洞里有三扇门，分别是红色的、黄色的、蓝色的。选择哪扇门都可以让他走出山洞，但是在走出山洞的路上他遇到了很多的事情……

2. 出示洞里的三扇门，幼儿根据选择的门和提供的线索想象故事的情节。

（1）出示不同颜色的三扇门，并引导幼儿观察每扇门提供的线索。

提问：红、黄、蓝色的门打开后分别都有什么？

红门：黑熊、树、瀑布、绳子。

黄门：老鹰、船、气球、大山。

蓝门：兔子、宝箱、花丛、自行车。

（2）引导幼儿根据自己选择的门猜测海娃可能会遇到的事情。

提问：海娃会选择哪扇门呢？他在走出山洞的路上发生了什么事情？他会遇见谁？会说些什么？他们之间可能会发生什么事情？

3. 幼儿分组合作续编故事，要求完整、连贯地讲述。

（1）幼儿根据自己选择的门分成小组续编故事。

（2）每组推选一名幼儿讲述自己组续编的故事。

4. 结束活动。

师生共同评价幼儿续编的故事。

5. 活动延伸。

开展游戏"小小送信员",幼儿模仿海娃为红军传送情报。一组幼儿隐藏情报,另一组幼儿搜寻情报,在规定时间内完成任务为胜利。

教师:崔雪妍

活动六: 制定 "红星广播站" 节目单(语言活动)

活动目标:

1. 能够围绕"红星广播站"讨论、制定节目单。

2. 在讨论过程中,注意倾听并能围绕话题讨论。

3. 从红色故事、歌曲中萌发爱国情感,传承先辈革命精神。

活动重点: 能够围绕"红星广播站"讨论、制定广播的内容。

活动难点: 能够将自己听过的、会讲的红色故事、歌曲分类并制定广播计划。

活动准备:

1. 物质准备:记录纸。

2. 经验准备:幼儿有制定计划的经验;会讲较多的红色故事和歌曲。

活动过程:

1. 创设讨论情境,引出讨论话题。

师:今天我们来一起讨论一下,制定出"红星广播站"的节目单。

2. 制定"红星广播站"节目单。

(1)讨论"红星广播站"节目单的内容。

①提问:你们都想广播什么内容?

②幼儿分组讨论并记录。

③每组一名幼儿来前面分享结果,教师将各组的讨论结果记录在黑板上。

④引导幼儿思考在记录的内容中,哪些内容适宜进行广播,哪些内容不适宜广播。

⑤幼儿再次分组讨论。

⑥分享讨论内容,教师记录入选节目。

(2)对节目单中的内容进行分类。

①幼儿表达自己的想法。

②教师根据幼儿的回答,引导幼儿发现节目类型的不同,引导幼儿进行分类。

③幼儿分组,对节目内容进行分类。

3. 活动结束,教师小结。

4. 活动延伸。

从节目单中选择节目进行广播。

教师:谢 芳

五、亮点分享

1. 本次主题活动的内容选择以少年儿童的红色故事为主。海娃、林宇、麦包、捕蛇少年……他们是幼儿的同龄人，他们的故事既饱含革命精神，又充满童真童趣，更能引起幼儿的共鸣。

2. "红星广播站"是主题活动中的一个亮点。这个活动由班级发起，发展成为园所的特色广播站活动，幼儿进行红色故事、红色歌舞的节目表演，激发幼儿的爱国、爱党精神。

3. "送信"游戏是幼儿非常喜欢的游戏内容。幼儿模仿海娃为红军传送情报，一组幼儿隐藏情报，另一组幼儿搜寻情报，在规定时间内完成任务为胜利。在这个活动中，幼儿开动脑筋，感受游戏和成功的双重喜悦。

》第二节　大石桥上唱民谣《

主题一：童谣节

班级：中班　　教师：刘明越

一、主题由来

结合我园园本教研主题"燕都文化"以及中班幼儿的年龄特点，我开展了童谣教学"老鼠嗅着油豆香"。童谣的诙谐幽默让幼儿产生了兴趣，感受到了童谣内容。在孩子们激烈的讨论中，我们决定开一个童谣节。

二、主题目标

1. 理解童谣内容，感受童谣诙谐、幽默的特点。
2. 感受童谣的优美旋律与节奏美，发展幼儿的音乐节奏感。
3. 敢于大胆表现，用自己的方式形象地表演童谣。
4. 能够用自己喜欢的方式制作童谣节邀请函。
5. 愿意与伙伴讨论、协商，合作完成任务。

三、主题网络图

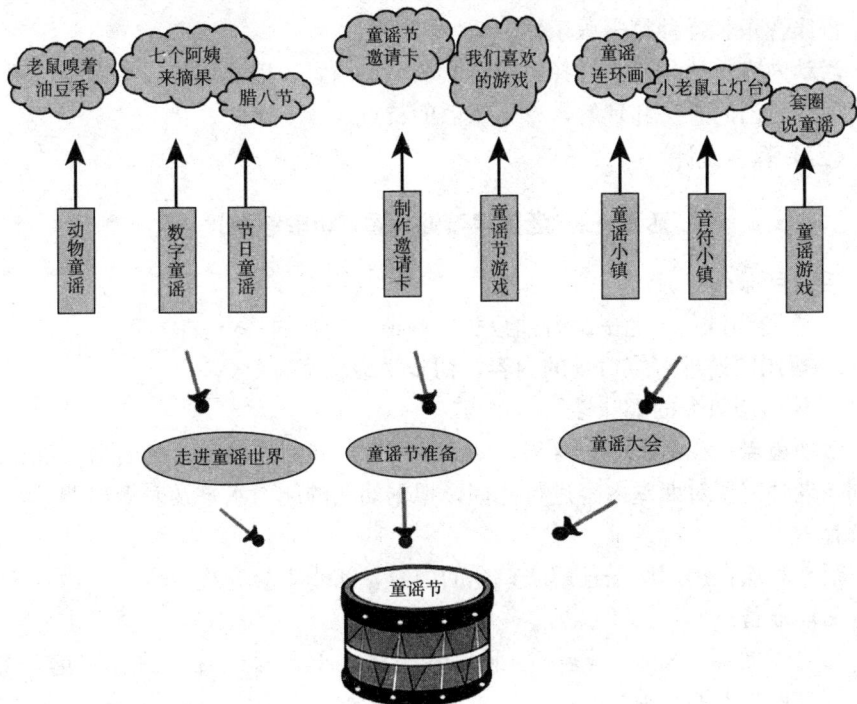

```
老鼠嗅着        七个阿姨        童谣节          童谣          小老鼠上灯台
油豆香          来摘果          邀请卡   我们喜欢  连环画                套圈
                        腊八节          的游戏                          说童谣
```

```
动物童谣   数字童谣   节日童谣   制作邀请卡   童谣节游戏   童谣小镇   音符小镇   童谣游戏
```

```
走进童谣世界        童谣节准备        童谣大会
```

```
童谣节
```

四、主题实施

（一）环境创设与资源利用

美 工 区

区域目标：

1. 通过观察连环画作品，了解什么是连环画。

2. 敢于使用各种材料创作作品，培养幼儿的想象力。

3. 感受和体验美术活动的乐趣。

投放材料： 各色颜料、橡皮泥、彩纸、剪刀、胶棒、连环画欣赏作品。

活动内容： 开展活动"我喜欢的童谣连环画"，鼓励幼儿选用多种材料，用剪、画、撕等各种形式创作连环画，当遇到问题时，尝试自己解决。

表 演 区

区域目标：

1. 理解童谣内容，愿意通过表演的形式表达自己的想法。

2. 喜欢参加表演活动，培养幼儿的想象力。

3. 能与同伴分工，体验合作带来的乐趣。

投放材料：动物头饰、服装、用无纺布和 KT 板等材料为幼儿创设的环境、童谣音乐、各种打击乐乐器。

活动内容：幼儿自主选择自己喜欢的童谣内容，以装扮或者打击乐等多种形式展现自己的想法和理解，感知童谣的特点。

（二）教学设计

活动一： 老鼠嗅着油豆香（诗歌教学）

活动目标：

1. 感受绕口令《老鼠嗅着油豆香》诙谐、幽默的特点。

2. 运用图谱理解绕口令的内容，初步学会念绕口令。

3. 体验绕口令的趣味性。

活动重点：在活动中，有很多幼儿按图片的指示念绕口令的时候会说错相近词，老师需要对课堂内容进行把握，根据幼儿的能力水平及时做出调整，着重解释重点。

活动难点：运用图谱理解绕口令的内容，初步学会念绕口令。

活动准备：

1. 物质准备：油缸、豆筐的照片各一张、小老鼠图片一张、图谱一套、视频《老鼠嗅着油豆香》。

2. 经验准备：理解画面、符号、图谱。

活动过程：

1. 出示油缸、豆筐图片，引出主题，激发学习兴趣。

（1）引导幼儿观察油缸和豆筐的照片。

（2）出示小老鼠图片，引发幼儿思考。

问题：来了一只小老鼠，它要干什么？

幼儿自由讨论回答。

2. 教师提出问题，逐一出示图谱，进一步帮助幼儿理解绕口令的内容。

提问：小老鼠看见了什么？然后它是怎么做的？还发生了什么事？

3. 运用图谱，学念绕口令。

（1）教师边指图谱边完整地念一遍绕口令。

（2）师幼共同边看图谱边完整念一遍绕口令。

（3）提取幼儿难念的语句进行练习。

（4）再次完整念读绕口令。

4. 结束活动：观看视频《老鼠嗅着油豆香》。

5. 活动延伸。

请小朋友根据自己的理解,去美工区画一画绕口令的内容。

教师:刘明越

活动二: 七个阿姨来摘果(仿编诗歌)

活动目标:

1. 能够理解诗歌内容,感受诗歌语言和形式的美好。

2. 尝试用"七个果子摆七样,……"仿编诗歌内容。

3. 喜欢参与仿编活动,愿意表达自己的想法。

活动重点: 敢于表达自己的想法。

活动难点: 用诗歌的结构特点仿编儿歌。

活动准备: 音频课件,图谱图片,七个阿姨、七只篮子、七种果子(苹果、桃子、石榴、柿子、李子、栗子、梨)的图片,1~7的数字卡,小组记录表。

活动过程:

1. 开始部分:回顾诗歌内容。

播放录音,熟悉《七个阿姨来摘果》的内容。

2. 基本部分。

(1)出示图谱,引导幼儿观察诗歌的句式特点与诗歌内容间的关系,师幼一起说一说诗歌内容。

(2)寻找诗歌中的小秘密,提取诗歌句子的结构特点。

引导幼儿发现数字和水果间的关系,即有七个数字,七种果子。

(3)找一找诗歌内容之间的关系。

提问:诗歌中讲述的是什么故事呢?阿姨摘的果子是什么呢?

3. 幼儿结合诗歌内容,分组自主编儿歌。

师:阿姨家的果子吃完了,你们可以再帮她们摘一些吗?我们还可以摘什么果子呢?

4. 结束部分:师幼一起分享自己编的儿歌。

5. 活动延伸。

师:让我们看一看,还有没有其他的地方可以创编呢?我们去试试吧!

教师:刘明越

活动三: 腊八节(语言活动)

活动目标:

1. 知道腊八节是我国的传统节日,了解腊八节的习俗。

2. 了解故事内容,敢于用自己的语言表达。

3. 通过故事,知道要做一个勤劳的人。

活动重点: 了解故事内容,敢于用自己的语言说一说。

活动难点：通过故事，知道要做一个勤劳的人。

活动准备：

1. 物质准备：腊八节的图片、故事视频。

2. 经验准备：知道腊八节的习俗。

活动过程：

1. 活动导入，了解腊八粥。

（1）谈话了解幼儿早餐吃什么，引出喝粥内容。

（2）提问：你们都吃过什么样的粥呢？

（3）教师出示带来的材料，帮助幼儿了解腊八粥的成分。

2. 欣赏故事，了解腊八节。

师：腊八节的时候我们要吃腊八粥，那你们知道哪一天是腊八节吗？让我们看一个腊八节的小故事吧，老师有几个问题，你们从故事中找一找答案吧！

问题：哪一天是腊八节？故事告诉我们什么呢？腊八节还可以干什么呢？

3. 欣赏儿歌《腊八节》。

儿歌：小孩儿小孩儿你别馋，过了腊八就是年；腊八粥，喝几天，哩哩啦啦二十三；二十三，糖瓜粘；二十四，扫房日；二十五，炸豆腐；二十六，炖羊肉；二十七，宰公鸡；二十八，把面发；二十九，蒸馒头；三十儿晚上闹一宿；大年初一扭一扭！

4. 活动延伸。

请小朋友回家将儿歌说给爸爸妈妈听一听。

教师：刘明越

活动四： 游园会邀请函（艺术活动）

活动目标：

1. 了解邀请函的作用，学习制作童谣节邀请函。

2. 能用各种辅助材料，以剪、贴、画的方法制作邀请函。

3. 感受邀请别人的喜悦之情。

活动重点：学习制作童谣节邀请函。

活动难点：能用各种辅助材料，以剪、贴、画的方法制作邀请函。

活动准备：

1. 物质准备：各色彩纸、卡纸、水彩笔、剪刀、胶棒、双面胶、邀请函图片若干。

2. 经验准备：收集与欣赏各种各样的邀请函。

活动过程：

1. 出示邀请函，引发幼儿兴趣。

（1）认识邀请函，了解邀请函的用途。

小结：邀请函是为邀请他人来参加某项活动而设计的卡片。

（2）出示各种邀请函，幼儿观察、了解其组成部分。

引导幼儿说出邀请函有活动主题、活动时间、地点等部分。

2. 让幼儿说一说自己喜欢哪一种邀请函，想用什么材料装饰自己的邀请函。

（1）出示绘画、剪纸、撕纸、粘贴形式的邀请函。

（2）请幼儿说一说喜欢的原因。

（3）请幼儿说一说自己想要设计的邀请函。

3. 幼儿设计制作邀请函。

教师介绍邀请函的制作步骤：选择自己喜欢的卡纸封面—绘画或剪贴邀请函内容—制作封面。

4. 活动分享，展示幼儿制作的邀请函。

教师和小朋友一起分享制作过程中遇到的困难，分析制作得好的邀请函哪里好，提升幼儿的制作水平。

5. 发出邀请。

鼓励幼儿带着邀请函，去和哥哥姐姐、弟弟妹妹介绍自己设计的邀请函，敢于表达。

6. 活动延伸。

师：请说一说你是怎样邀请他人的呢？

教师：刘明越

活动五：　童谣游戏开始啦（综合活动）

活动目标：

1. 根据班中积累的童谣内容，商量出要开展的童谣游戏。

2. 能大胆说出自己的想法。

3. 激发幼儿参与活动的乐趣，从活动中获得成就感。

活动重点：通过讨论，确定出自己选择的游戏计划。

活动难点：能够将自己的计划大胆地讲出来。

活动准备：

1. 物质准备：黑板、童谣游戏调查表等。

2. 经验准备：参与过童谣游戏。

活动过程：

1. 教师以谈话引出活动，调动幼儿参与活动的积极性。

（1）引导幼儿说一说童谣节可以开展什么游戏。

(2) 通过讨论，确定绘画、表演、猜童谣、套圈说童谣等多种游戏形式。

2. 引导幼儿讨论每一种游戏的规则。

师：要玩什么游戏？我们需要准备什么？在玩的过程中需要注意什么？

教师随时引导幼儿，将讨论结果记录到黑板上。

3. 分享计划。

分小组讨论每一种游戏的规则，然后用简单的符号记录下来。一名代表分享，其他小朋友补充。

4. 活动自然结束。

教师：刘明越

活动六： 小老鼠上灯台（音乐活动）

活动目标：

1. 学习用自然的声音演唱歌曲，借助多媒体以及教具理解歌词内容。

2. 尝试用身体的不同部位做灯台。

3. 积极参加游戏活动，体验游戏"猫来了"的紧张情绪。

活动重点： 用自然的声音演唱歌曲，借助多媒体以及教具理解歌词内容。

活动难点： 积极参加游戏活动，体验游戏"猫来了"的紧张情绪。

活动准备：

1. 物质准备：多媒体课件、小老鼠指偶人手一个、钢琴伴奏、灯台教具、小老鼠图片一张。

2. 经验准备：有表演经验。

活动过程：

1. 导入活动，激发幼儿兴趣。

幼儿扮演小老鼠，随着《老鼠画猫》的音乐进入教室，找一个位置坐下来。

2. 播放课件，理解歌词内容。

(1) 播放课件，通过提问引导幼儿理解歌曲内容。

提问：来了一只小老鼠，它是来干什么的呢？又来了谁？小老鼠什么表情？它想干什么？小老鼠发生了什么事？

(2) 第二次播放课件，教师小结儿歌内容。

3. 出示灯台教具和小老鼠图片，进一步加深对歌词的理解，欣赏歌曲。

(1) 老师边念儿歌边操作教具表演一次。

（琴伴奏）小老鼠，上灯台，偷油吃，听！喵喵喵（琴）谁来了？吓得小老鼠叽里咕噜滚下来，小老鼠吓得不敢出来了，看看猫走了没有？小老鼠又出来了。

(2) 第二遍表演时，老师用唱歌的方式表演。（琴伴奏）

师：小朋友帮老师看看大花猫走了没有？

（3）第三遍表演。

师：哎呀，这只猫太可怕了，小老鼠被吓得不敢出来了。

4. 用身体各个部位做灯台，学唱歌曲。

（1）手偶表演：老师表演并唱歌，幼儿跟随表演。

（2）讨论：除了手臂可以做灯台，我们身体哪些部位还可以做灯台？

5. 音乐游戏。

师：在这里还有一个很大很大的灯台，里面很多香香的油，我们一起去找一找好吗？

引导幼儿走路要轻，师幼一起唱歌表演。

6. 活动延伸。

引导幼儿去表演区演一演。

教师：毛　静

五、亮点分享

兴趣是孩子们学习和生活的动力。我充分抓住孩子们想学习童谣的兴趣点，让孩子们从音乐、艺术、语言等多方面感知童谣的内容和特点。为了促进幼儿语言的发展，我选用结构简单、内容生动、想象力丰富的童谣内容，让幼儿愿意探索、愿意交流。结合童谣开展游戏化的教学活动，使幼儿感受到童谣学习的乐趣。

主题二：　赞琉璃

班级：中班　　教师：于奂

一、主题由来

春天，天气晴朗、微风和煦，最适合户外玩耍了。我们的小朋友居住在琉璃河，在不上幼儿园的日子里，孩子们最常去的地方就是琉璃河大大小小的公园。那琉璃河除了有公园美景，还有什么呢？为了让幼儿对自己的家乡琉璃河有更多的了解，能用自己喜欢的方式表达出琉璃河之美，我们开展了本次主题活动。

二、主题目标

1. 能有韵律地朗诵诗歌，敢于在集体面前讲话。

2. 了解图书的结构，并能尝试与同伴合作完成诗画集的制作，体验合作的乐趣。

3. 对家乡琉璃河有代表性的事物、美景有一定的了解，并能尝试用绘画、创编儿歌等方式表达对家乡的喜爱与赞美。

4. 体会数字在生活中的重要和有趣。

三、主题网络图

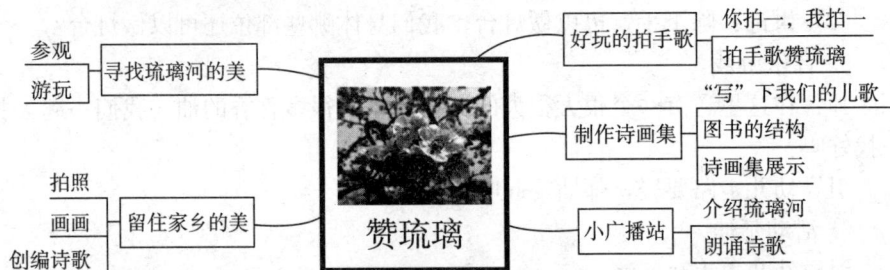

好玩的拍手歌 —— 你拍一，我拍一 / 拍手歌赞琉璃

寻找琉璃河的美 —— 参观 / 游玩

赞琉璃

制作诗画集 —— "写"下我们的儿歌 / 图书的结构 / 诗画集展示

留住家乡的美 —— 拍照 / 画画 / 创编诗歌

小广播站 —— 介绍琉璃河 / 朗诵诗歌

四、主题实施

（一）环境创设与资源利用

图 书 区

区域目标： 喜欢听故事、看图书，理解其中的内容，有初步的前阅读和前书写能力。

投放材料： 各种类型的图书、彩笔、白纸。

活动内容： 用画图与简单文字结合的方式，尝试把自己创编的诗歌内容记录下来。

表 演 区

区域目标： 愿意用诗歌朗诵的形式表达自己对家乡美的喜爱。

投放材料： 话筒、儿歌稿。

活动内容： 大胆朗诵自己学会的或创编的诗歌。

美 工 区

区域目标：

1. 能够大胆使用自己喜欢的工具和材料，通过绘画等方式表达对家乡美的感受。

2. 能够大胆尝试使用各种材料和工具制作图书。

投放材料： 彩笔、油画棒、彩纸、A4 白纸、卡纸、扭扭棒、线绳等。

活动内容：

1. 画一画"家乡的美"。

2. 制作图书。

（二）教学设计

活动一： 家乡美打油诗（诗歌鉴赏）

活动目标：

1. 学会有韵律地朗诵诗歌，理解诗歌所描述的美好事物。

2. 能在图片的提示下，学会运用方位名词，如东南西北、上下描述琉璃河大桥周围的事物。

3. 知道琉璃河是我的家乡，对我的家乡琉璃河有欣赏、热爱之情。

4. 初步树立保护古建筑的意识。

活动重点： 学会有韵律地说诗歌，理解诗歌内容。

活动难点： 会用方位词描述琉璃河大桥周围的事物。

活动准备：

1. 物质准备：琉璃河石桥实景照片、琉璃河航拍视频、儿歌朗读录音、打印好的琉璃河附近真实场景图片、小黑板。

2. 经验准备：知道我们生活在琉璃河，去过琉璃河大桥。

活动过程：

1. 琉璃河航拍视频导入，吸引幼儿兴趣。

提问：这是哪里？（琉璃河）

2. 欣赏诗歌。

（1）播放录音，初步熟悉诗歌内容。

（2）带着问题听诗歌，简单讲述诗歌内容。

提问：在这首诗歌里面，你都听到了什么？（翠柳、荷花、桥东南）

第二遍播放录音，请幼儿回答。根据幼儿回答出的景物找到相应图片，贴在小黑板上。如果幼儿说出了诗歌中没有的内容，教师画出来，留待下一环节验证。

（3）第三遍播放录音，验证幼儿的答案，并把图片按诗歌顺序摆好。（前三遍录音带背景音乐）

（4）带着问题听录音（不带背景音乐），播放第四、五遍录音。学习诗歌韵律，模仿朗读。

①提问：景物是什么样子的？

②完整播放一遍录音。

③请幼儿回忆复述，再次逐句播放并验证、确定正确诗句。

（5）第六遍完整欣赏《家乡美打油诗》，之后教师和幼儿一起有韵律地朗读诗歌。

（6）第七遍播放录音（带背景音乐），之后伴随背景音乐，师幼一起朗读诗歌。提示幼儿音量适中、声音饱满、有停顿。

3. 结束环节。

请幼儿分为六人一组，练习分句合作朗读诗歌。最后分组欣赏，活动结束。

4. 活动延伸。

（1）在班级小舞台表演诗歌朗诵，也可以在小小广播站时间朗诵。

（2）教师给幼儿讲一讲琉璃河古桥的历史，帮助幼儿初步树立保护古建筑物的意识。

附诗歌：

《家乡美打油诗》

白庄　卢宝存

桥东翠柳浓，桥西荷花红。

桥南百业兴，桥北路清明。

桥上车流忙，桥下水清静。

现代与自然，和谐相宜景。

教师：于　奂

活动二： 拍手歌 《赞琉璃》 （语言活动）

活动目标：

1. 学习儿歌内容，配合儿歌节奏做动作。

2. 与同伴合作游戏，体验两人拍手游戏的乐趣。

活动重点： 会说儿歌，理解儿歌内容。

活动难点： 独自完整说出儿歌内容。

活动准备：

1. 物质准备：拍手歌《赞琉璃》、琉璃河美景图片。

2. 经验准备：会唱数 1～10。

活动过程：

1. 游戏引入：巩固唱数 1～10。

教师与幼儿齐做手指游戏"一根手指点点点"。

提问：这个游戏里面都说到了数字几？5 之后是几？（引导幼儿唱数到 10）

（唱数过程中注意引导幼儿发准 2、3、4、10 的字音）

2. 学拍手歌《赞琉璃》。

按照儿歌内容，逐句出示图片，教师逐句讲述儿歌内容。鼓励幼儿结合自己的参观游玩体验，讲述自己理解的儿歌内容。

3. 游戏拍手歌《赞琉璃》。

（1）介绍游戏玩法。教师与一位幼儿示范游戏，让幼儿在游戏中进一步感受儿歌的节奏。

（2）幼儿找到自己的小伙伴，尝试游戏。

4. 活动延伸。

在户外游戏环节或过渡环节，鼓励幼儿继续进行游戏，也可以对儿歌内容进行改编。

附儿歌：

《拍手歌——赞琉璃》

金晓宇

你拍一，我拍一，琉璃河水像琉璃。

你拍二，我拍二，梨花园里赏梨花。

你拍三，我拍三，古都精神代代传。

你拍四，我拍四，湿地公园真美丽。

你拍五，我拍五，货物运输很红火。

你拍六，我拍六，水泥产业出国牛。

你拍七，我拍七，同甘共苦得胜利。

你拍八，我拍八，石桥上面车马忙。

你拍九，我拍九，商周遗址历史久。

教师：于 奂

活动三： 家乡美打油诗创编（诗歌创编）

活动目标：

1. 根据已有生活经验，大胆想象并创编儿歌。

2. 在活动中体验与同伴共同创编诗歌的快乐。

3. 熟练掌握诗歌，能发现诗歌中隐藏的规律。

活动重点： 改编诗歌中的方位、地点名词来创编新句。

活动难点： 改编句子里的形容词。

活动准备：

1. 物质准备：PPT、记录板、记录笔。

2. 经验准备：学习过诗歌《家乡美打油诗》，对生活中的事物有一定的观察了解。

活动过程：

1. 复习诗歌《家乡美打油诗》。

（1）出示 PPT，通过猜测引发幼儿兴趣。

（2）一起说诗歌《家乡美打油诗》，唤醒幼儿对诗歌的记忆。

2. 寻找诗歌中的规律。

（1）幼儿通过思考说出对诗歌规律的猜测。

（2）教师出示符号，幼儿观察讨论诗歌的规律。

（3）一起分享对儿歌规律的讨论结果。

（4）教师对诗歌的规律做出总结，如这首诗里面说了哪几个方位。

3. 一起尝试创编儿歌。

（1）幼儿根据规律，结合已有生活经验进行简单的单句创编。

（2）教师进行分析和指导，将幼儿创编好的句子记录下来。

4. 大家一起说新诗歌。

幼儿与教师一起诵读记录的新诗歌。

5. 活动延伸。

在离园前或餐前讲故事环节，给幼儿着重讲述故事中出现的形容词等，给幼儿积累语言表达的经验，引导幼儿用更丰富的语言完善诗歌。

教师：魏　敬

活动四：　小手拍下家乡美（综合活动）

活动目标：

1. 能够发现家乡的美。

2. 乐意尝试用手机摄影，初步了解摄影的简单技巧。

3. 体验摄影带来的快乐，感受家乡的美。

活动重点： 能够掌握摄影的简单技能，乐于尝试操作手机等工具摄影。

活动难点： 能够通过讨论、比较发现让照片变得更美的简单技巧。

活动准备：

1. 物质准备：家里的旧手机、一体机、PPT——娃娃家自制图书（小班时候制作的"五一游"照片书）、游玩计划表。

2. 经验准备：了解手机、相机都具有拍照的功能。

活动过程：

1. 播放 PPT，欣赏摄影作品。

提问：你在照片上看到了什么？照片中哪里很美丽？

（幼儿讲述自己的感受和想法，教师及时表扬、肯定）

2. 继续播放 PPT，引发幼儿对摄影的兴趣。

提问：这是哪里？美丽吗？琉璃河还有很多美丽的地方，我们可以一起游玩、拍照。

3. 说一说：家乡美景在哪里。

请幼儿说一说家乡琉璃河还有哪些既美丽又好玩的地方。

4. 交流摄影方法和技巧。

（1）提问：谁会使用手机或者相机拍照？能告诉大家怎样拍照吗？

（2）教师总结、示范幼儿说出的拍照方法和技巧，并进行补充。

5. 幼儿自由尝试拍摄，共同探索让照片更"美"的方法。

提问：怎样才能拍出更美的照片？

幼儿自由讨论，教师给予肯定和鼓励。

6. 结束环节。

下发游玩计划表，请幼儿回家后和爸爸妈妈商讨游玩计划。

7. 活动延伸。

（1）家长带领幼儿拍摄更多的家乡美景照片。

（2）将照片整理成册，投放到图书区。

教师：于　奂

活动五：　帮助小动物上火车（科学活动）

活动目标：

1. 理解 7 以内序数的含义，能够按照参照物和序数帮助小动物找到自己的座位。

2. 能够说出小火车的座位顺序是按照从哪儿到哪儿的方向排列的。

3. 体验帮助别人的乐趣。

活动重点：帮助小动物按照座位号找到座位。

活动难点：能够说出小火车的座位顺序是按照从哪儿到哪儿的方向排列的。

活动准备：

1. 物质准备：小动物坐火车 PPT、操作材料人手一份（一列大火车教具，标有车厢号，人手 1~2 只小动物，小动物座位号以及车厢号）。

2. 经验准备：乘坐过火车、飞机等，知道有些座位上是有编号的。

活动过程：

1. 游戏导入：小火车入场。

2. 基本部分。

（1）出示小动物，教师以小动物的口吻请求幼儿帮助自己找到座位。

（2）打开 PPT，请幼儿给小动物介绍火车座位号，并说一说这些座位是按照从哪儿到哪儿的方向排列的（从车头到车尾）。

（3）看一看 PPT 中小动物手里的座位号，帮助小动物找到座位。

（4）幼儿操作：帮助自己手里的小动物找到对应的车厢及座位。

①出示制作好的大火车，观察车厢号及座位号的排列顺序。

②引导幼儿观察手里的座位号——前面的数字是车厢号，后面的数字是对应车厢内的座位号。

③幼儿帮助小动物找座位，教师观察指导。

3. 结束部分。

幼儿按照自己的学号排队玩"开小火车"的游戏，活动结束。

4. 活动延伸。

区域游戏结束时，引导幼儿按玩具的标号摆放整理玩具。

教师：于　奂

活动六：　制作诗画集（综合活动）

活动目标：

1. 了解图书的基本结构，包括封面、内文、封底等，封面包括书名、作者等，内文包括目录、页码。

2. 愿意和同伴尝试一起制作简单的诗画集，并体验制作图书的乐趣。

活动重点：按照图书的简单结构制作诗画集。

活动难点：给图书添加页码并按页码顺序排放。

活动准备：

1. 物质准备：打印好的幼儿拍摄的琉璃河美景图片、"我眼中的琉璃河"绘画作品、水彩笔、油画棒、胶棒、硬卡纸、A4 彩纸、扭扭棒、线绳、剪刀等材料若干。

2. 经验准备：经常看书，对图书结构有大致了解。

活动过程：

1. 活动导入。

引导幼儿观察图书，初步了解图书的基本结构。

2. 幼儿讲述、教师总结图书的基本结构。

（1）提问：这本书都有什么？

（2）教师总结：图书由封面、封底、内文等部分组成，内文里有页码、诗、插图等内容。

3. 幼儿分组制作诗画集。

（1）出示并介绍卡纸、照片、绘画作品、由幼儿创编教师记录的诗歌、水彩笔等材料。

（2）介绍制作要求：封面包括书名、图片、作者；内文将照片、画作、诗歌进行简单、清楚的排版，按一定规律添加页码，并按页码顺序整理排序。

（3）幼儿自愿选择制作内容分组制作，教师巡回指导。

幼儿分为三组：第一组负责封面、封底的设计及制作；第二组负责内容排版、添加页码；第三组负责探索尝试书籍装订。

教师指导：引导幼儿在组内商量、尝试自己要做的事情，初步尝试分工合作，必要时给幼儿提供帮助。在指导第三组时，鼓励幼儿先探索用哪种材料可以把作品装订到一起，然后用其他材料尝试装订，最后再用前两组幼儿排版好的作品正式装订。

4. 展示诗画集。

三组幼儿制作完成以后，集体欣赏诗画集，总结制作图书的经验。

5. 活动延伸。

将制作好的诗画集投放到图书区，供幼儿区域活动时欣赏阅读。

教师：于 奂

五、亮点分享

1. 在创编诗歌的活动过程中，幼儿的语言表达能力得到了提升。在教师的引导与鼓励下，幼儿运用自己已掌握的词汇，大胆创编新的诗句。

2. 用幼儿喜欢的方式，提高幼儿对诗歌的兴趣。在活动中出示幼儿假期游玩时拍摄的照片以及幼儿熟悉的琉璃河风景照片，当孩子们看到熟悉的地点和事物时，他们对儿歌的兴趣增加了。相较小班和大班，中班幼儿是最爱用语言表达的年龄段，看到图片时他们会忍不住地说"我知道这里/这个""我去过……""我爷爷说过……"。孩子们你一言我一语地描述着自己眼中的琉璃河，使得活动的引入过程热闹而有趣。

根据中班幼儿对于与同伴游戏越来越感兴趣的年龄特点，教育活动中选取"你拍一，我拍一"的游戏形式进行儿歌的欣赏与表演。在表演过程中，尽管儿歌内容记得还不是很熟练，但幼儿仍然表现出了浓厚的兴趣。

≫第三节 博物馆里说成语≪

主题一：有趣的成语

班级：大班　　教师：李萌

一、主题由来

在参观商周遗址后，与孩子们讨论对商周遗址里什么感兴趣时，我发现孩子们对墙上挂着的成语非常感兴趣，在参观时孩子们就问我"这个成语是什么意思呀""为什么要有成语"等小问题。基于孩子们对成语的强烈兴趣，我们开展了主题活动"有趣的成语"。

二、主题目标

1. 知道成语是中华民族的瑰宝，能关注生活中常用的成语，萌发喜爱成语的积极情感。

2. 能用多种形式巩固学过的成语，激发对中国丰富的语言文化的兴趣。

3. 在幼儿难以理解的地方加入情景、歌曲、故事等元素，让成语融入生活当中。

4. 培养幼儿对于成语的感觉和理解，培养幼儿在描述事物中的语言能力。

5. 促进幼儿品德和情操的发展，增强幼儿对民族文化的自信心。

6. 能运用调查、交流等方法进行探索学习。

三、主题网络图

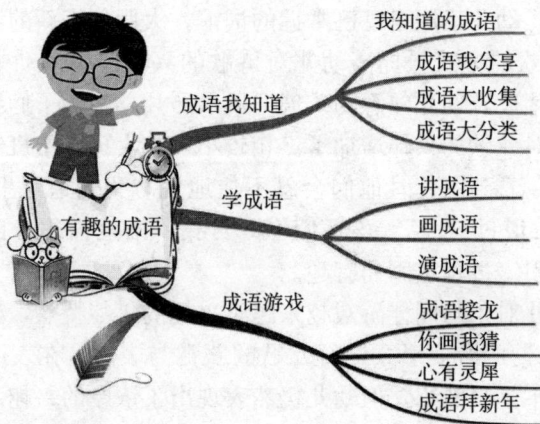

四、主题实施

（一）环境创设与资源利用

图　书　区

区域目标：

1. 能大胆讲述商周时期的成语故事。

2. 能根据成语尝试续编故事。

投放材料： 自制成语故事卡片、纸、笔、成语故事盒子。

表 演 区

区域目标：

1. 能大胆表达所扮演角色的想法并与扮演的其他角色积极交流，相互沟通。

2. 能将学到的成语故事表演出来。

投放材料： 节目单、服饰、自制道具。

活动内容：

1. 表演成语故事。

2. 成语拜新年。

美 工 区

区域目标：

1. 能根据成语故事内容简单绘画出相应的图画。

2. 能利用废旧材料大胆创作故事盒子。

投放材料： 纸、笔、低结构材料、月饼盒。

活动内容：

1. 自制成语故事卡片。

2. 制作成语故事盒子。

3. 制作表演区表演的道具。

（二）教学设计

活动一： 守株待兔（语言活动）

活动目标：

1. 理解"守株待兔"的含义，知道不劳而获是不会成功的。

2. 续编成语故事，相信只要自己努力，就会有所收获。

活动重难点： 续编成语故事，相信只要自己努力，就会有所收获。

活动准备：

1. 物质准备：动画片《守株待兔》、勾线笔、白纸。

2. 经验准备：幼儿有学习成语的经验。

活动过程：

1. 认识成语"守株待兔"。

（1）教师出示画面，引导幼儿知道图画内容是守株待兔。

（2）播放《守株待兔》动画。

师："守株待兔"是什么意思呢？我们一起来看动画片就知道了！

2. 通过动画片，结合具体的问题引导幼儿理解"守株待兔"的含义。

（1）谁在什么地方见到了野兔？

（2）见到野兔以后，他是怎么想的，怎么做的？

（3）他能等到野兔吗？为什么？

3. 根据幼儿的回答分组讨论。

（1）双方说出自己的理由。教师及时总结幼儿的回答，即他坐在树桩旁等呀等，终于等到了野兔；他坐在树桩旁等呀等，最后还是没有等到野兔。

（2）师：他到底有没有等到野兔呢？我们继续往下看。（继续播放至结束）

（3）提问：他等到了吗？为什么等不到呢？他没有等到野兔，反而怎么样了？

教师总结，突出重点：他坐在树桩旁边等呀等，庄稼死了，人也瘦了，最后一只野兔也没有等到。"守株待兔"这个成语告诉我们，不经过努力和辛勤劳动，是不会获得成功的。

（4）提问：你认为他应该怎么做呢？如果是你，你会怎么做？

4. 通过绘画续编成语故事《守株待兔》。

5. 活动延伸。

制作故事《守株待兔》的道具，在表演区表演故事。

教师：李　萌

活动二：我给成语分分类（语言活动）

活动目标：

1. 在观察、比较中，能自定分类标准并将学过的成语卡片进行分类。

2. 会与同伴共同讨论、协商，提高合作能力。

活动重难点：在观察、比较中，能自定分类标准并将学过的成语卡片进行分类。

活动准备：

1. 物质准备：幼儿自己绘画的成语卡片若干，教师将幼儿绘画的成语文字贴在卡片下方。

2. 经验准备：幼儿有一定的成语积累。

活动过程：

1. 游戏导入。

师：小朋友们已经懂得了很多成语，还将知道的成语画成了画。现在我们就来玩一个看图说成语的游戏。

（1）教师出示成语卡片，幼儿说出成语。

（2）幼儿两人一组玩游戏（一个幼儿出示成语卡片，一个幼儿说出成语）。

2. 提问引出话题。

问题一：你们小组的成语有相同之处吗？什么地方相同？（小组讨论、幼

儿表达)

问题二：你能将这些成语按照某一特征进行分类吗？怎么分？（幼儿讨论将自己的成语进行分类)

问题三：请说一说你是按照什么特征进行分类的？

3. 幼儿根据自己选择的成语的类别进行组合，再次分类。

数字类：一心一意、二人同心、三心二意、五福临门……

动物类：走马看花、车水马龙、指鹿为马……

首字相同类：井然有序、井中捞月……

4. 将分好类的成语贴到墙上，供幼儿在过渡环节时指一指、说一说。

5. 活动延伸。

将分好类的成语制作成册投放在图书区，后期学的成语再进行扩充。

教师：李　萌

活动三：　心有灵犀（语言活动）

活动目标：

1. 了解游戏规则，能根据游戏规则进行游戏。

2. 在游戏中提高团队意识。

3. 增加成语词汇量，提高对成语的兴趣。

活动重难点：了解游戏规则，能根据游戏规则进行游戏。

活动准备：

1. 物质准备：成语图片。

2. 经验准备：幼儿有一定的成语积累。

活动过程：

1. 了解游戏。

(1) 师：孩子们，你们知道"心有灵犀"是什么意思吗？今天我们玩的游戏就叫"心有灵犀"。

(2) 宣布游戏规则。

规则一：请一个小朋友上来猜谜，猜谜者不能看图片。

规则二：下面的小朋友要仔细看老师手里的图片，千万不能说出图片的名字，但可以告诉猜谜者图片中的物体是什么样的，比如颜色、形状、用途等。

规则三：猜谜者猜出答案后要和那些提供信息的小朋友握握手或是拥抱一下，我们要学会感谢帮助过我们的人。

2. 试玩游戏。

(1) 提供一些比较简单的成语卡片，请个别幼儿试猜，其余幼儿尝试说说图片内容的特征。

（2）每次猜谜者猜对后，教师均给予提示：还记得刚才哪几个朋友为你提供了信息吗？和他们一一握手拥抱吧，感谢他们给了你这么重要的信息。

3. 分组抢猜。

（1）教师将幼儿分成两组，每组 8 人，宣布竞赛规则。

规则一：每次比赛时，每组依次派出一位代表参加抢猜。

规则二：猜谜者不能看图片，其他幼儿根据图片提供信息，哪队先猜出答案就为该队加 10 分。

规则三：比赛过程中若有人透露答案，就给对方队加 10 分。

规则四：先拿到 50 分的队获胜。

（2）幼儿游戏（过程中如出现气馁、责怪的情绪语言，教师要及时回应）。

4. 小结游戏。

（1）观察两队记分牌上的成绩，宣布游戏结果。

（2）提问：今天，每个小朋友都猜谜了，你们觉得怎样做才能猜出答案？你们每个人也都给他人提供信息了，你们认为提供信息的人怎样说话才能让别人听明白？

（3）总结：今天的游戏告诉我们，不仅要会说话，还要学说准确的话，这样才能让人听得明明白白。在猜谜的时候你们应该也发现了，你的成功是离不开周围人的帮助的，我们要学会感谢帮助过自己的人。

5. 活动延伸。

在过渡环节时玩游戏。

教师：李　萌

活动四：　成语故事大比拼（语言活动）

活动目标：

1. 能够通过比较不同成语的故事情节，分析成语的含义。

2. 增强对成语涵义的认识和理解。

3. 提高口语表达能力和创造力，能够组织语言讲述成语故事。

4. 增强自信心和团队协作能力。

活动重难点： 提高口语表达能力和创造力，能够组织语言讲述成语故事。

活动准备：

1. 物质准备：成语卡片。

2. 经验准备：幼儿有一定的成语积累。

活动过程：

1. 导入环节。

（1）介绍本节活动的主题是"成语故事"。

（2）提问：你们知道什么是成语吗？知道哪些成语？

2. 学习成语故事。

（1）分组活动：将幼儿分为若干小组，每个小组的幼儿围在一起。

（2）老师给每个小组发放两张成语卡片，让孩子们从中选择一个成语并自主编写该成语的故事。

（3）强调：故事情节要有起承转合，要符合成语的字面意义。

（4）利用幻灯片展示孩子们编的故事，每组只选出最棒的一个。

3. 成语故事大比拼。

（1）将孩子们分为两组，每组把自己编的故事讲出来，比较两个故事之间的矛盾和契合之处，并探讨两个故事之间的异同。

（2）老师适当点拨两个故事之间的差异，引导孩子们思考，探索产生差异的原因。

（3）让每组成员选出本组最优秀的故事，参加最后的决赛。

4. 决赛环节。

（1）将每组最优秀的故事讲出来，其他班级的孩子作为评委进行打分。

（2）公布结果：计分最高的组获胜，可以给每组发放小礼品作为奖励。

5. 活动延伸。

在表演区将优秀故事排练表演出来。

教师：李　萌

活动五：　虎年说成语（语言活动）

活动目标：

1. 能运用调查、交流等方法了解关于虎的成语故事，感受成语精炼明快、言简意赅的特点。

2. 知道成语是中华民族的瑰宝，能关注生活中常用的成语，萌发喜爱成语的积极情感。

3. 愿意运用多种方式（听、说、演）创造性地表现喜欢的成语。能够通过比较不同成语的故事情节，分析成语的含义。

活动重难点：能运用调查、交流等方法了解关于虎的成语故事，体验其精炼明快、言简意赅的特点。

活动准备：

1. 物质准备：白板、课件"十二生肖说成语"。

2. 经验准备：幼儿有一定的成语积累。

活动过程：

1. 互动游戏："猜猜看"导入活动。

（1）利用白板的探照灯效果，集中幼儿的注意力，让幼儿猜猜是谁来了。

（2）提问：这是一只怎样的老虎？（引导幼儿用好听的词语来形容）

2. 主动探索：看成语，说成语。

（1）幼儿说一说自己了解的关于老虎的成语。（幼儿自由讲述）

（2）教师介绍"十二生肖说成语资源库"，鼓励幼儿主动探索。

（3）幼儿进入资源库自主寻找，了解关于虎的成语故事。

3. 分享时间：虎年说成语。

（1）幼儿相互分享看到的成语故事。

（2）教师进行补充。

4. 棋盘游戏：送小老虎回家。

（1）游戏一：听故事讲成语。

规则：请幼儿听成语故事，猜一猜这是哪个成语。

（2）游戏二：我演你猜。

规则：每队派两名小朋友先观看图片再表演，其他幼儿猜成语。

5. 活动延伸。

开展虎年讲成语新年活动。

教师：李　萌

活动六：　成语拜新年（艺术活动）

活动目标：

1. 会说成语拜新年儿歌，理解儿歌中成语的意思。

2. 体验手势舞的趣味性。

3. 感受新年带来的欢乐气氛。

活动重难点： 学会简单的成语，能随音乐做动作。理解成语大意，独立完成手势舞。

活动准备：

1. 物质准备：拜年视频、拜年组图、背景音乐。

2. 经验准备：幼儿有一定的成语积累。

活动过程：

1. 导入：播放拜年视频，激发幼儿兴趣。

提问：歌曲里的小朋友在做什么呢？我们什么时候会做这件事呢？

2. 出示组图，引导幼儿了解拜年的方式。

师：过年啦，我们有哪些拜年的方式呢？如果是登门拜年，我们会穿什么？说什么？做什么呢？

（1）观察组图"我会拜年"，学习拜年动作。

（2）学习数字成语：一羊开泰、二龙腾飞、三阳开泰、四季平安、五福临门、六六大顺、七星高照、八方来财、九九同心、十全十美。

（3）跟随成语大意学习手势动作。

3. 创设拜年情境，让幼儿向伙伴或老师拜年送祝福。

师：马上要放假过新年了，你有哪些祝福想提前送给亲爱的老师和小伙伴呢？请你找到你想祝福的人，用正确的手势向他/她拜年送祝福。

4. 活动延伸。

新年时用成语拜年。

教师：李　萌

五、亮点分享

1. 整个主题活动逐层递进：将图画与文字相结合，制作成图书或多媒体课件，从而引导幼儿通过观看图画来理解成语的意思；基于幼儿的兴趣开展活动"成语大收集"，幼儿通过多种途径收集成语并与其他小朋友分享，然后把自己收集到的成语在图书区以连环画的形式画出来，最后制作成一本书《成语大全》，每天图书区都会有很多小朋友来认真地制作，这个活动丰富了幼儿对成语的了解；与成语做游戏——你画我猜、心有灵犀、成语接龙，新年来临之际，幼儿学习了一到十开头的成语吉祥话；从故事讲述延伸到剧场表演，在国旗下讲话和平时活动区时，幼儿会表演成语故事，并把成语故事的寓意告诉其他小朋友，一起学习，一起成长。

2. 整个活动的成功之处在于：真正以幼儿为主体，幼儿积极参与、主动学习。在活动中提倡幼儿发问，教师随着幼儿的思路调整计划与策略，改变以教师为中心的教学模式，使教师真正地走进幼儿的内心世界。

主题二：　齐心协力

班级：大班　　　教师：朱艳杰

一、主题由来

《指南》社会领域提出：5～6岁幼儿在活动时能与同伴合作分工，遇到困难一起克服。在生活中，孩子们开始对好听的成语产生好奇，并与同伴相互探讨。借此机会，教师追随幼儿的兴趣，从成语"齐心协力"出发，引发幼儿对成语的关注、理解。此次主题活动让孩子们知道成语的妙用以及其中蕴含的道理。

二、主题目标

1. 了解"齐心协力"蕴含的道理，知道自己的力量是薄弱的，大家的力量凝聚在一起才最强大。

2. 能够大胆表演情景剧，在充分展示自己才能的同时，学会分工合作，提高沟通、解决问题的能力。

3. 能够将"齐心协力"运用到生活中，体验到团结合作的力量。

4. 激发幼儿对于成语故事的喜爱之情，感受到中华民族文化的精髓。

5. 在游戏中发展走、跑、跳、平衡、躲闪等能力。

三、主题网络图

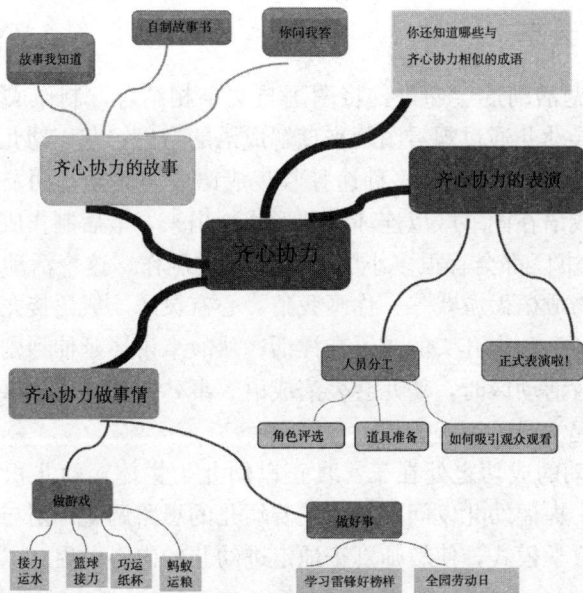

四、主题实施

（一）环境创设与资源利用

表 演 区

区域目标：

1. 能够大胆参与表演，认真扮演故事中的角色，从而理解故事内容。

2. 能够学会与同伴协商，分工合作表演。

3. 遇到问题能够及时发现，并与同伴协商共同解决问题。

投放材料： 故事中人物的头饰、大树等道具。

活动内容：

1. 针对幼儿在最开始表演时的不自信、不敢表演、说话语气生硬等问题，我们开展了"我是小导演"活动。让幼儿通过观摩优秀的情景剧表演以及模仿等方式去不断尝试练习。

2. 当出现表演时没人观看的情况时,我们通过开展"如何吸引观众"活动来解决此问题。孩子们想到通过制作海报、抽奖赠礼品、跳街舞、唱好听的歌曲等方式来吸引观众。

美　工　区

区域目标:

1. 能够自由选择多种材料、工具,为表演区准备道具。

2. 运用剪、贴、捏、画等多种形式制作海报、入场券。

3. 体验合作完成一幅大作品的成就感。

投放材料: 硬卡纸、画笔、瓶盖等低结构材料。

活动内容:

1. 几人合作完成表演区背景板的设计制作。运用剪、贴、画等方式,协商制定计划后,分工合作进行制作。

2. 根据表演区的需要,为表演区设计入场券、小礼物等。通过所学的线描画、水粉画、扎染等艺术形式,制作小扇子、小手绢等礼物。

运动游戏区

区域目标:

1. 通过开展两人三足、篮球接力等游戏,锻炼幼儿走、跑、平衡、躲闪、拍球等技能。

2. 通过与同伴一同配合完成游戏,增强合作意识,体验到团结合作带来的快乐。

投放材料: 大鞋、篮球、地垫等。

活动内容: 在游戏"两人三足"中,能够两人配合,快速前进。游戏中前进速度从慢到快,游戏难度由易到难(增设障碍物)。幼儿在不断挑战、不断超越中发展,最终感受到合作带来成功的喜悦,也体会到合作的重要性。

(二) 教学设计

活动一:　齐心协力 (语言活动)

活动目标:

1. 了解故事内容,知道分工合作才能完成任务。

2. 在游戏中通过协商交流,尝试分工与合作。

3. 体验与同伴齐心协力完成任务的快乐。

活动重难点：懂得在游戏中分工合作。

活动准备：

1. 物质准备：图片、视频、纸球、纸张。

2. 经验准备：有过与同伴共同完成任务的经历。

活动过程：

1. 活动导入：播放故事《想吃苹果的鼠小弟》。

提问：视频看完了，在视频里你们都看到了什么？最后鼠小弟拿到苹果了吗？

小结：小老鼠和海狮合作拿到了苹果。

2. 观看图片，组织幼儿讨论，让幼儿知道合作的重要，愿意与同伴合作。

（1）幼儿讨论：合作是什么？怎样算是合作？

小结：合作是两个人或者更多的人一起来做一件事情。

（2）在生活中你们见过或者经历过哪些需要合作的事情？

小结：合作在我们生活中是无处不在的。

（3）出示图片引导幼儿观察。

师：小朋友看看这些图片，他们有没有合作？你们从哪里看出来的？请一起讨论讨论。

小结：经过小朋友们的讨论我们知道，如果一群人在一起合作，就要商量并分工合作。一起做一件事也叫作齐心协力，所有人的心和力都要往一处使。

3. 游戏体验，进一步感受"齐心协力"的含义。

（1）幼儿自由分为三人一组，每组一个球，每人一张纸，将球传到终点。游戏中，手不能接触到球，只能用纸将球传到另一个人的纸上。

（2）成功组的幼儿说一说自己的感想。

4. 活动延伸。

师：小朋友们，今天咱们学会了合作，知道了齐心协力的意思，那请你们回家和爸爸妈妈一起做一件事情吧。

教师：金晓宇

活动二： 快乐接力（健康活动）

活动目标：

1. 锻炼幼儿的快速反应能力和敏捷度。

2. 增强幼儿的合作意识，培养幼儿的集体意识。

3. 体验游戏的快乐，增加自信心。

活动重难点：锻炼幼儿的反应能力，在遵守游戏规则的前提下完成交接。

活动准备：

1. 物质准备：沙包、呼啦圈、锥桶、小旗、小跨栏。

2. 经验准备：有过与同伴共同完成任务的经历。

活动过程：

1. 热身活动。

聆听音乐，跟着老师的指令做热身运动。

2. 游戏体验。

（1）幼儿自由分组，根据老师提到的游戏规则进行游戏挑战。

游戏规则：分好组后，每位小朋友站到摆放好的呼啦圈前方，等待后面的小朋友把沙包放到自己的呼啦圈中，然后拿起呼啦圈中的沙包向前面一个小朋友的呼啦圈出发，依次进行，直到所有的沙包都运送到终点小旗处，比赛结束。

小结：通过观察发现，需要调整呼啦圈之间的距离和每位小朋友的站位，最后一个小朋友应该跑得快一点。

（2）再次体验游戏，增加游戏难度。

游戏规则：固定终点位置的小旗，在所有的沙包到达终点小旗处后，最后一位小朋友拿到终点的小旗跑回起点即挑战成功。

回来最快的小组总结经验，说说自己的想法。

（3）增加游戏难度，设置障碍物。

幼儿自由分组，增加小跨栏（小跨栏放在呼啦圈与呼啦圈中间的地方）。幼儿在运送沙包的路上需要跨越障碍物（小跨栏）到达下一个小朋友的呼啦圈处。

3. 整理活动。

4. 活动延伸。

可以在户外活动时邀请中班小朋友加入游戏，带动中班小朋友体验游戏的快乐。

教师：金晓宇

活动三：　巧运纸杯（科学活动）

活动目标：

1. 探索相同时间内运纸杯又快又稳的方法。

2. 尝试一次运多个纸杯，知道皮筋的大小与力的关系。

3. 乐于大胆表达自己的想法，学会合作解决问题。

活动重点：会四人合力又快又稳地运纸杯。

活动难点：一次运多个纸杯。

活动准备：

1. 物质准备：纸杯若干、橡皮筋、绳子、图片、PPT、电子计时器。

2. 经验准备：幼儿有过此类游戏的经验，初步了解游戏形式。

活动过程：

1. 开始部分：出示以前玩运纸杯游戏的照片，提问引出游戏，激发幼儿兴趣。

师：你们还记得这个游戏吗？今天我们的游戏升级了，你们要不要挑战一下？

2. 基础部分。

（1）第一次游戏：看谁运得又快又稳。

①介绍游戏玩法：四个小朋友为一组，每人拉一根绳子，绳子拴在皮筋上，四个小朋友想办法拉动绳子，使皮筋套住杯子后将杯子运到桌子的另一头。

游戏规则：一次运一个纸杯；运杯过程中不能用手碰纸杯；计时一分钟，看哪组运得又快又稳；如果杯子中途倒了，要放回原点重新运。

②幼儿游戏，教师观察并指导幼儿游戏中的问题（拍照）。

③分享游戏经验，个别小组交流游戏中的问题。

教师总结：原来我们一起用力就可以将皮筋变大套上纸杯，我们都不用力，纸杯就可以被皮筋紧紧套住。

（2）第二次游戏：看谁运得又快又多。

①尝试一次运多个纸杯。

②幼儿游戏，教师重点观察幼儿成功的方法（拍照）。

③分享游戏经验。

提问：现在请运得又快又多的这一组小朋友说一说你们用了什么好办法？

教师总结：四人同时拉、同时松皮筋，杯子就不容易掉；在杯子移动过程中皮筋是松的；有的小朋友会喊口号"拉、松"。

（3）第三次游戏，大家一起来挑战。

①计时运纸杯，看哪组运的纸杯最多。

②幼儿游戏。

③分享经验。

3. 结束部分。

师：今天，每组小朋友都很棒，大家用自己的好方法完成了新的游戏，也通过和同伴协商、合作，学会了运更多个纸杯。

4. 活动延伸。

引导幼儿尝试五人或六人合作运纸杯。

教师：张春莹

活动四： 制作小墩布（社会活动）

活动目标：

1. 通过小组之间的合作，能够找到多种捆绑墩布的方法。

2. 在制作墩布的过程中，能与同伴分工合作，当意见不一致时，可以通过协商等方法来解决问题。

3. 在分组动手操作的过程中，感受合作制作的好处。

活动重点： 能够小组合作，找到捆绑墩布的多种方法。

活动难点： 小组成员之间的意见出现分歧时，可以通过协商自己解决。

活动准备：

1. 物质准备：提前制定的做墩布计划表、棉布条（若干）、废旧衣服、床单、捆绑绳子（若干）。

2. 经验准备：有做墩布的基本经验。

活动过程：

1. 开始部分。

（1）出示幼儿制定的做墩布计划表引出主题，请幼儿介绍自己的计划表。

（2）幼儿分组围绕谁来负责绑、谁来负责扶着墩布棍等问题进行分工讨论。

2. 基本部分。

（1）按照计划准备制作材料（做墩布条）。

教师在幼儿制作过程中巡回指导，发现问题及时解决。

（2）幼儿分成四组，制作墩布、按计划选择捆绑的材料，分工合作。在制作过程中，幼儿现有的材料不能完成捆绑墩布时，教师要引导幼儿去找其他的材料。

（3）教师辅助幼儿捆绑墩布。（帮助幼儿总结经验，哪个材料能够将墩布捆绑好）

（4）展示做好的墩布。

3. 结束部分。

（1）幼儿交流。

请幼儿介绍小组制作的墩布，围绕使用的材料、小组间怎样分工合作以及在合作制作墩布时遇到的问题进行介绍。

（2）实际使用做好的墩布，试试墩布的吸水性与牢固性。

4. 活动延伸。

劳动日时，请孩子们带着自己制作的墩布，一起合作完成区域打扫任务。

教师：姜 芳

111

活动五： 制作邀请海报（艺术活动）

活动目标：

1. 知道宣传海报的作用，敢于大胆尝试设计制作。

2. 能够以小组为单位，运用剪、贴、捏、画等多种形式设计制作海报。

3. 体会到制作海报的乐趣，感受到小组合作带来的快乐。

活动重点： 能够小组合作，分工完成海报制作。

活动难点： 能够设计出不一样的海报。

活动准备：

1. 物质准备：海报范例 PPT、A3 纸每组一张。

2. 经验准备：已有小组分工合作完成一幅画的前期经验。

活动过程：

1. 谈话导入。

师：之前我们在讨论如何吸引观众时，大家一致认为要制作宣传海报，今天我们就来完成海报的制作。请说一说你知道的海报，你认为海报上可以出现什么？

2. 欣赏海报范例，激发幼儿思路。

（1）师：制作海报，需要突出什么？

（2）以小组为单位，谈一谈想制作的海报，并将设计思路画下来。

（3）请小组代表介绍本组设计图（从需要的材料到人员分工进行介绍）。

3. 小组分工合作，制作海报。

（1）幼儿制作，教师进行巡回指导。

（2）当有小组遇到困难时，教师及时加入讨论，并给予建议。

4. 请小组代表介绍本组制作的海报。

请小组代表介绍海报是否按预期计划完成，出现了什么问题，是如何解决的。若没有完成海报制作，分析原因，及时调整，利用区域活动继续完成。

5. 活动延伸。

将制作好的海报放在幼儿园公共区域进行宣传。

教师：朱艳杰

五、亮点分享

本次主题活动来源于班级发生的一件小事，并从中以关键词"齐心协力"为切入点，开展了此主题活动。从学习理解"齐心协力"成语、表演"齐心协力"，到将"齐心协力"运用到生活当中这几部分，让幼儿更加深刻理解"齐心协力”的真正含义，知道一个人的力量是渺小的，而集体的力量是无穷的。

　　本主题活动有以下亮点。亮点一：主题选材新颖。以成语“齐心协力”切入活动，让幼儿充分感受到汉语的魅力，体会到中华民族文化的博大精深。亮点二：在主题的引领下，幼儿对于“齐心协力”成语有了更深刻的理解，各种活动的开展让幼儿更加感受到合作力量大，幼儿的合作意识、语言表达能力、沟通能力、解决问题的能力等都得到了提升。亮点三：本次主题活动，我们融合了五大领域，同时利用雷锋日、五一劳动节等丰富的节日资源，让幼儿齐心协力做好事，并美化校园环境，从而使得幼儿真正把齐心协力的内涵实践到生活当中。亮点四：对于即将升入小学的大班幼儿来说，以成语故事为主线开展的各类活动，可以使幼儿在有趣的游戏中养成认真专注做事的习惯，激发幼儿展现自我及对读书、讲故事的兴趣。

第四章

历史之味

　　落其实者思其树，饮其流者怀其源。本土历史文化，是指某一特定地区过去发生的自然发展史以及所形成的人类全部精神活动及其活动产物。任何一个地方都有其独特的地理位置和历史沉淀，必然会形成带有浓郁地方特色的历史文化。幼儿的成长与环境有着密切的关系。《纲要》指出：环境是重要的教育资源，应通过环境的创设和利用，有效地促进幼儿的发展。琉璃河镇，被称为北京城的源头，又名京之源，这里本土历史文化内容多姿多彩，将其融入幼儿园园本特色课程，可以让幼儿体验历史文化的魅力，进一步了解家乡、认识家乡、欣赏家乡，培育他们对地方历史文化的认同感，激发幼儿爱祖国、爱家乡的情感，从而增强民族自豪感、自尊心、自信心。

　　在"历史之味"活动中，我园开展了"寻访家乡文化"系列活动，这是一项涉及了健康、社会、艺术、科学、语言五大领域的综合活动，融入了家园共育、社区教育、博物馆教育等多种教育形式。教师们通过寻访文化古迹对琉璃河镇本土历史文化所蕴含的内容进行深入认识和分析，从中提炼、梳理出富有教育价值的资源，找寻适宜的课程内容。教师在实践中摸索，寻访后以研讨交流形式进行及时的梳理提炼，共同制定幼儿的寻访实践活动计划，并结合"乐源"课程制定了每学期一次的寻访日活动，以幼儿为主体，结合不同年龄段幼儿的年龄特点以及发展需要，根据本土历史文化的内涵及特点，确定不同年龄班寻访实践活动的目的地。我们带领孩子们开启了一场又一场的寻访之旅，如走进西周燕都遗址博物馆、踏上大石桥、参观水泥厂博物馆等活动。在寻访外出前，班级会开展准备活动，如对寻访参观的目的地进行前期的调查，了解更多相关的信息，便于在寻访活动中能够带着问题去探秘。孩子们来到西周燕都遗址博物馆开启博物馆奇妙之旅，去感受千年古城的气势宏博，感受魅力燕都的风貌神韵，感受北京城的变迁发展，感受家乡美、家乡的博物馆美。孩子们踏上古桥，历史的厚重感扑面而来，漫步在坑洼不平的桥面上，感受着历史的车轮碾轧留下的深深痕迹，四百多年风雨飘摇，脚下走过的每一步，都是历史的积淀、岁月的见证，通过寻访活动，孩子们还了解了大石桥的古老传说，体味到旷古苍茫的震撼。带领幼儿真正走近家乡的历史文化，零距离接触和感受，让园本课程的开展更加贴近幼儿的生活，真正满足幼儿的合理需要，使幼儿切实获得发展。

我园充分挖掘周边的本土文化资源，既有本土历史文化，也有本土现代文化，在品味家乡历史文化的基础上，我们还结合家乡现代文化开展了"琉河娃娃爱琉河""我的家乡琉璃河"等爱家乡主题活动，敲开了探索本土文化的大门。活动中幼儿积极参与，教师及时捕捉幼儿的兴趣，充分挖掘教育内涵，使幼儿真正成为活动的主人。

随着我园课程活动的开展，教师能够探究家乡本土文化资源的适宜性，丰富教学形式，教学思路变得更加开阔，教育观念不断改变和更新，教师对课程回归幼儿生活、尊重幼儿的主体性、以幼儿发展为本等理念更清晰。教师注重让幼儿亲身体验，去发现、提出问题，把孩子的"为什么"作为出发点，关注幼儿视角。在实践与探索中，教师提高了主动性和实践能力，充分发挥了创新能力。

在"乐源"课程的引领下，寻访日活动以及主题活动，开阔了幼儿视野，让幼儿亲近了社会，使幼儿在探究过程中了解本土历史文化，感受快乐，释放情感；让幼儿充分展示自我，满足幼儿对探索和表达的需求，增强了幼儿在活动中的自主性，也充实了幼儿的生活，密切了幼儿与自然、社会、家乡的联系；促进了幼儿各方面能力和健全人格的发展，还激发了幼儿热爱家乡的情感。

经过实践，我们对本土历史文化资源不断积累和整合，园本课程内容有了"源头活水"，孩子无意的关注，教师有心的教育，让我们在身边的家乡感受到浓浓的历史气息。

》第一节　小脚丫走琉璃　寻访家乡古迹《

主题一：博物馆的奇妙旅程

班级：大班　　教师：齐彩云

一、主题由来

《纲要》指出"幼儿园应充分利用社会资源"，并在各领域目标中多次提出要引导幼儿学会合作学习，主动参与，探索问题。

根据大班幼儿即将进入小学的需要，幼儿园围绕社会交往、自我调控、规则意识、专注坚持等进入小学所需的关键素质，提出科学有效的途径和方法，实施有针对性的入学准备教育。教师结合班内幼儿实际情况特开展活动，家园协作助力大班幼儿充分做好入学准备，习得更多幼升小的关键经验。

二、主题目标

1. 以博物馆探秘的形式走进西周燕都遗址博物馆，在探寻、观察、比较中感受文化魅力。

2. 愿意尝试用多种工具、材料和不同的表现手法感受、表现、创造博物馆的美，激发幼儿热爱家乡文化的美好情感。

3. 能够大胆表现自己，创意表达对历史文化的认同与热爱，萌生对祖国和家乡的热爱之情。

4. 积极参加达人评选，通过探索、体验、表达、竞赛等多种实践活动，促进良好的意志品质及个性的形成。

5. 发挥家长资源优势，增进亲子情感。

三、主题网络图

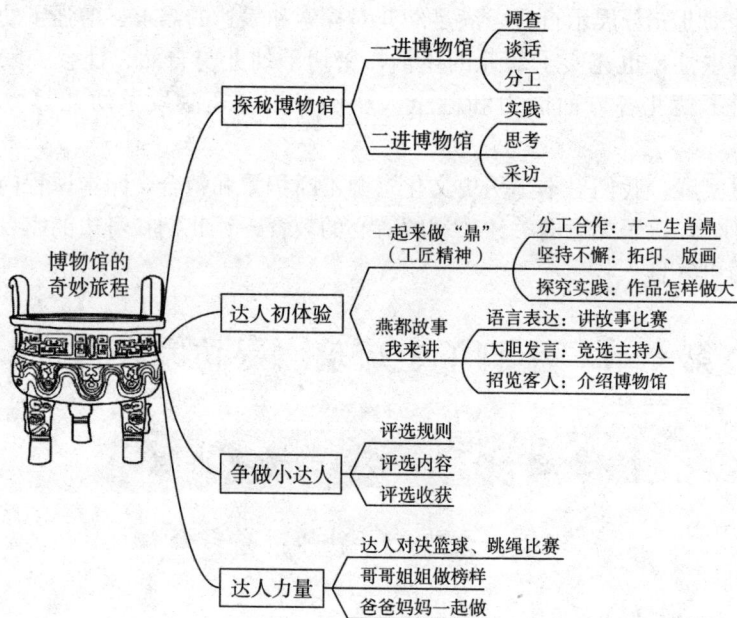

博物馆的奇妙旅程

- 探秘博物馆
  - 一进博物馆
    - 调查
    - 谈话
    - 分工
  - 二进博物馆
    - 实践
    - 思考
    - 采访
- 达人初体验
  - 一起来做"鼎"（工匠精神）
    - 分工合作：十二生肖鼎
    - 坚持不懈：拓印、版画
    - 探究实践：作品怎样做大
  - 燕都故事我来讲
    - 语言表达：讲故事比赛
    - 大胆发言：竞选主持人
    - 招览客人：介绍博物馆
- 争做小达人
  - 评选规则
  - 评选内容
  - 评选收获
- 达人力量
  - 达人对决篮球、跳绳比赛
  - 哥哥姐姐做榜样
  - 爸爸妈妈一起做

四、主题实施

(一) 环境创设与资源利用

主题背景板环境创设图

美　工　区

区域目标:

1. 能够自由选择多种材料、工具,大胆表现自己感兴趣的事物。

2. 能整合自己的已有经验,富有创意地创作泥工作品。

3. 指导幼儿运用搓条、盘、捏、拍打、揉等技巧,发展手部小肌肉动作。

4. 乐意充分感知与操作,体验小组合作的乐趣,分享成功的喜悦。

投放材料: 陶泥、案板、报纸、空瓶子、刷子、泥工工具等。

活动内容: 评选创意小达人。

孩子们从模仿到创新,将古人的工匠精神体现得淋漓尽致,创作了笔筒、花盆、棋子盒、笔架、拉坯奖杯、雕刻奖牌、绘制奖状等作品。

建　构　区

区域目标:

1. 学会设计博物馆搭建图,并按设计图进行搭建。

2. 体验与同伴合作搭建的乐趣。

3. 遇到问题能够积极和同伴想办法解决,增强自信心。

投放材料: 木制积木、辅助材料。

活动内容: 幼儿合作搭建博物馆,记录搭建方法。随后孩子们开启了争做"建构小达人"的比拼,看一看谁的设计最独特、最有创意。

图 书 区

区域目标：

1. 选择自己喜欢的图书安静阅读，或者和小伙伴合作讲述燕都故事。

2. 通过故事盒、手偶等教具发展幼儿的语言表达能力，培养幼儿大胆想象和安静倾听的好习惯。

3. 尝试用自己喜欢的方式记录故事内容。

4. 鼓励幼儿大胆、连贯地讲述故事。

投放材料：书、手偶、泥塑故事盒、成语小故事等。

活动内容：开展"燕都故事我来讲"活动。除了讲好燕都故事，孩子们还通过创作故事盒、续编经典故事、创作回忆录等多种形式展开讲述。

户外游戏区

区域目标：

1. 喜欢合作与竞争带来的快乐。

2. 学会正确面对失败。

3. 积极参加达人评选，通过竞赛形式，培养坚持不懈、按计划做事、团结协作、友好竞争的意志品质。

投放材料：跳绳、篮球、黑板、记录笔。

活动内容：开展运动大比拼活动，争做"拍球达人""跳绳达人""跑步达人"。

（二）教学设计

活动一： 博物馆的畅想（语言活动）

活动目标：

1. 对博物馆产生兴趣，乐于在博物馆中去探索和发现。

2. 喜欢按照计划、有条理地进行讲述。

3. 愿意与他人讨论问题，敢于表达自己的想法。

活动重点：了解博物馆的相关知识。

活动难点：大胆讲述出即将要去的博物馆的样子。

活动准备：

1. 物质准备：各种博物馆的相关图片。

2. 经验准备：能根据一定的主题和任务要求，清楚、有条理地进行讲述。

活动过程：

1. 提问：你们去过博物馆吗？博物馆是做什么的？

小结：博物馆通过收集、保存、展示各类文物和艺术品，保护人类历史上的珍贵遗产，为后代留下了丰富的历史和文化资源。通过展览和教育活动，向我们传播各种科学、历史、艺术和文化知识。

2. 向幼儿出示各种博物馆的图片，引导幼儿观察图片中所反映的时间、地点、人物或事物，鼓励幼儿把自己的发现表达出来。

3. 提问：过几天幼儿园会组织我们去参观西周燕都遗址博物馆，你们来想一想并说一说这个博物馆是什么样的呢？

（1）小组交流，幼儿大胆想象、讨论博物馆是什么样子的，会看到哪些事物。

（2）集体交流，根据已有经验对即将要去的博物馆的样子进行简单描述。

4. 活动延伸。

引导幼儿回家之后把自己对博物馆的畅想说给爸爸妈妈听。

教师：赵颖慧

活动二： 评选小达人（综合活动）

活动目标：

1. 初步认识条形统计图。

2. 学会运用条形统计图，统计闯关关卡数。

3. 体会小组合作评选小达人的成就感。

活动重点：通过条形统计图，能更快地评选出小达人。

活动难点：能分工合作统计闯关关卡。

活动准备：

1. 物质准备：空白条形统计表 4 张、彩色铅笔、IQ 小汽车、智慧珠、自制华容道、五颜六色闯关册奖状、颁奖音乐等。

2. 经验准备：已会简单的统计方法。

活动过程：

1. 评选 11 月捏泥小达人。

（1）请捏泥小达人候选人发言。（候选人拿着自己的泥工作品发言）

（2）进行投票：每位幼儿给一位候选人投票，投给谁就将贴纸贴在其学号对应的格子里。

（3）运用前期经验统计投票结果：请幼儿统计票数，确定捏泥小达人。

2. 观察了解条形统计图。

（1）将条形统计图与之前的统计图进行对比。

找不同：今天的统计图如果不用数贴画，你还能怎么知道谁的票数多，谁的票数少呢？

（2）介绍条形统计图。有横坐标、纵坐标，并用条形来表示数量的统计图，叫做条形统计图。

小结：今天的统计图，可以通过看高矮看出谁的票数最多，又快又准确。

3. 操作体验。

小组分工合作统计益智区小朋友闯关的关数，并评选出闯关小达人。

（1）出示空白的条形统计图：横坐标要写小朋友的学号，纵坐标要根据小朋友闯关的关数进行涂色，闯到几关涂几格。

（2）幼儿小组分工合作：4 个人一组，每组负责统计一种益智玩具闯关数。

（3）分享交流：每组派一名代表介绍自己组的统计图，并公布谁是这关的闯关小达人。

4. 颁奖。

给小达人们颁发奖状。

5. 小结：11 月还有很多小达人没有评选出来，接下来在活动区我们可以利用条形统计图的方法评选出来。

6. 活动延伸。

（1）将条形统计表运用在各个区域当中，以便更快地统计出区域小达人。

（2）颁奖环节开展一节教育活动，具体细化各个环节，让颁奖更有仪式感。

教师：朱艳杰

活动三： 奇妙的堇鼎（艺术活动）

活动目标：

1. 初步了解堇鼎花纹图案形状的特点和含义。

2. 能够用绘画、捏泥等方式大胆表达对堇鼎的感受。

3. 喜欢欣赏中国古代的文物文化，产生对家乡的自豪感。

活动准备：

1. 物质准备：PPT 课件、黄泥、纸、画笔、堇鼎局部花纹的图片。

2. 经验准备：提前参观西周燕都遗址博物馆。

活动过程：

1. 欣赏堇鼎，感受它的奇妙美。

（1）观察图片，对堇鼎有初步美的感受。

（2）引导幼儿说一说在博物馆都看到了什么。

（3）请幼儿谈谈镇馆之宝。

（4）观察堇鼎的花纹，发现它的足部、腹部、耳部都有一些像动物的纹饰。

师：堇鼎是北京地区出土的青铜器里最大最高的一件，它看起来很壮观！堇鼎内还有建造它的人所记录的事情，请小朋友们和老师一起来欣赏吧。

2. 观察讨论，探索堇鼎造型和纹饰铭文的意义。

（1）观察图片，了解堇鼎的造型。

师：堇鼎的造型是什么样的？（三蹄足、直耳、方唇）

总结：它的两个耳朵上有夔龙纹，鼎口的沿下还有兽面纹，脚上各有一组兽面纹。

（2）了解堇鼎铭文的含义，知道堇鼎的作用。

师：堇鼎内还有一些纹饰，我们一起来看看。请猜猜堇鼎在古代是用来做什么的？（用来煮肉食的）

3. 幼儿自由创作，教师巡回指导。

师：请小朋友们也来创作一个属于自己的鼎。

4. 展示作品，分享交流。

5. 教师小结。

6. 活动延伸。

师：班级的区域中还放了好多博物馆里其他青铜器的图片，请小朋友思考一下如何用这么多丰富的材料来展示咱们的文物吧！

教师：张　辰

活动四：　参观博物馆（社会活动）

活动目标：

1. 知道 5 月 18 日是国际博物馆日。

2. 了解和遵守参观博物馆的规则，学会文明观展。

3. 懂得如何保护珍贵的文物。

活动重点：学会文明参观。

活动难点：重点关注的事情学会记录并分享。

活动准备：日历一本、将参观博物馆的文明行为录制成视频资料、参观博物馆注意事项标记图若干。

活动过程：

1. 了解国际博物馆日。

教师出示日历和博物馆照片，带领幼儿了解 5 月 18 日是国际博物馆日。

2. 观看参观视频，做好参观前的准备。

师：我们很快就要去参观博物馆了，在参观之前，我们先来看一段视频，想一想我们都要做好哪些准备呢？

3. 幼儿分组制作参观计划。

幼儿重点观察内容，要学会将计划记录在纸上。

4. 讨论文明参观博物馆的行为。

（1）教师讲述故事。

师：现在我们知道了，参观博物馆要注意遵守哪些规则呢？

（2）组织幼儿归纳参观博物馆要遵守的规则。如安静参观，不大声喧哗；不在展厅内吃零食、乱扔垃圾；不触摸展品；不追逐打闹；学会记录。

（3）教师将注意事项以图文标记的方式张贴在黑板上。

5. 活动延伸。

（1）区域活动：组织幼儿在美工区以绘画、手工的形式制作《参观博物馆文明手册》；在表演区朗诵儿歌《文物有话说》。

（2）家园共育：家长可利用周末，带幼儿前往博物馆参观，教育幼儿注意言行举止，文明观展。

教师：齐彩云

活动五： 古建筑真美（艺术活动）

活动目标：

1. 发现古建筑与新建筑的不同特点。

2. 尝试用自己喜欢的艺术方式创作古建筑。

3. 初步了解家乡历史，感受城市建设中家乡的不断变化，萌发爱家乡的情感。

活动重点：发现古建筑的独特之美。

活动难点：用恰当的艺术形式表现古建筑。

活动准备：参观图片、视频、古建筑照片、调查表。

活动过程：

1. 博物馆真美。

（1）观看参观博物馆的图片、古建筑照片等，请幼儿说一说自己发现的美。

（2）幼儿分享调查表，归纳调查的重点内容，如哪里美、为什么美。

（3）播放参观视频，发现古房子是一间接一间的，墙和大门很高很大，上面有许多花纹和图案，大门最高的地方好像戴着一顶高帽子，很有气派。

（4）教师总结：作为历史博物馆，西周燕都遗址博物馆的建筑造型就颇有古韵古味。博物馆为方形建筑，采取对称四合院式布局，中心以文献记载之周"明堂"特点为主体，用一高四低的四角攒尖式大屋顶覆盖；四周展室为单层，用平顶、出瓦檐的形式，使外形取得廊庑及围墙效果。同时，按照周代制度，在序厅对面设有屏风式影壁，影壁的大理石石面上雕刻着博物馆的馆名。

2. 我创作的古建筑。

（1）幼儿自己选择材料，分组表达和表现他们眼中的古建筑。

有绘画组、泥塑组、积木组、拓印组、剪纸组。教师巡回重点指导结构对称以及花纹的创作。

（2）幼儿为作品配上自己的解说，生动记录对古建筑充满童真的理解。

（3）鼓励幼儿大胆分享自己的作品，教师拍照记录。

3. 活动延伸。

将幼儿的作品照片配上孩子们童真的话语，记录成册，供幼儿回忆并激发下一步活动的积极性。

教师：齐彩云

活动六：　保护文物，从我做起（社会活动）

活动目标：

1. 了解文物是我国历史文化遗产，知道保护文物的意义。

2. 能够想出保护文物的方法，并敢于说出自己的想法。

3. 通过小组合作的形式制作保护文物的拼图，进一步增强保护文物的意识。

活动重点：知道保护文物的方法，并能够行动起来。

活动难点：能够理解保护文物的意义。

活动准备：

1. 物质准备：PPT 课件、文物的图片。

2. 经验准备：已有参观博物馆、制作拼图的经验。

活动过程：

1. 照片导入，引出文物。

（1）播放幼儿参观商周燕都遗址博物馆的照片，回忆参观的经历。

（2）出示被保护的文物照片。

（3）小结：文物是历史文化遗产。加强文物保护，对于传承中华民族的优秀传统文化，增强民族凝聚力，巩固民族团结和维护国家统一，加强同世界各国的文化交流，都具有重要意义。

2. 大胆发言，讨论如何保护文物。

提问：作为幼儿园小朋友，我们要如何保护文物？

小结：参观时不要破坏、不乱写乱画、不乱扔垃圾、向周围人宣传爱护文物的方法等。

3. 以小组合作的方式制作保护文物的拼图。

（1）小组分工合作，制作一个保护文物的拼图。

（2）小组代表讲解拼图。

（3）拼图游戏大比拼。将拼图打乱，请一组派出一个代表，进行拼图比赛。

4. 活动延伸。

（1）将幼儿制作的保护文物拼图投放在活动区。

（2）组织幼儿向幼儿园其他班级进行保护文物的宣传行动。

（3）回家将保护文物的方法讲给家长听。

教师：朱艳杰

五、亮点分享

孩子们看到气势宏伟、典雅庄重的博物馆后就要回班建构。孩子们尤其对馆中古燕都建筑的风格、造型和对称的结构感兴趣，于是我们开展了"拼拼摆摆构燕都"的拼摆和积木区活动，让孩子们感受古建筑的独特之美，从而发展孩子建构、空间、几何等思维模式。随后孩子们开启了争做"建构小达人"的比拼，看一看谁的设计最独特，最有心意。除此之外，在评选"跳绳达人""表演达人""交往达人"等活动中，孩子们都表现出积极向上、永攀高峰、达人效应带来的正能量。孩子们还会想办法制作各种各样的达人奖品，例如拉坯奖杯、雕刻奖牌等。当得到自己亲手制作的奖品时，孩子们别提有多自豪了。

本次主题活动形式新颖，采用"走出去、引进来"的模式，聚焦真问题、真活动、真探究、真作用，让幼儿在实践活动中快速成长，助力幼儿、家长、教师相互合作。在达人任务的驱动下，孩子们不断挑战自我，更多的孩子积极参与进来，焕发动力，找到了自信与成就感，同时也大大增强了班级协作力与凝聚力。从任务意识、规则意识、合作意识、解决问题能力、交往能力、表达能力、团队竞争与合作等方面，助力大班幼儿顺利过渡，进而习得更多幼升小的关键素质与经验。

主题二： 我把古桥说给你听

班级：大班　　教师：张思

一、主题由来

新学期伊始，我们和幼儿一起分享他们暑期游玩的照片，孩子们你一句我一句地讨论着："我去过这儿，这是琉璃河大桥""我也去过，我爷爷奶奶带我去这儿遛过弯儿"……随之，一些问题也涌现出来："这个大桥坑坑洼洼的，汽车能开过去吗？""我没去过这儿，桥下有没有水和小鱼呀？""柱子上那个是狮子吗？"……看大家兴致这么高涨，我便提议大家可以带着问题去搜集些资料再来分享，同时都到大桥那里仔细看一看。于是，主题活动"我把古桥说给你听"就这样诞生了。

二、主题目标

1. 通过查阅资料、实地参观，了解琉璃河大桥的历史文化与发展变迁。

2. 通过观察、操作、试验，了解琉璃河大桥的基本构造，尝试用搭建、绘画等多种形式创意"造桥"，对其充满好奇心和探究欲望。

3. 通过体验与操作发现桥的秘密，探究桥的特性和用途，能够大胆、连贯地讲述自己的探究过程、结果及发现。

4. 能积极围绕问题有目的地进行讨论、探究，学习与同伴合作制定、实践、调整相关计划，提高合作意识及解决问题的能力。

5. 用自己的方式表达对古桥的热爱及家乡历史文化的认同，进而萌生对家乡的热爱之情。

三、主题网络图

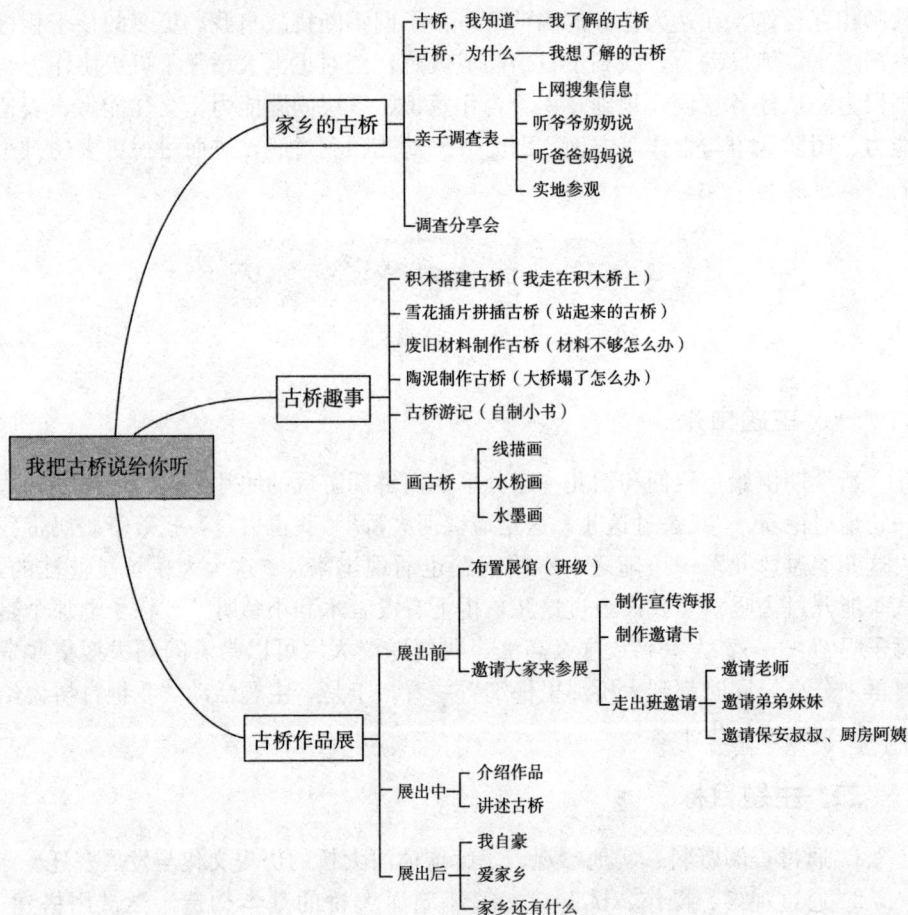

```
                                          ┌─ 古桥，我知道——我了解的古桥
                                          │
                                          ├─ 古桥，为什么——我想了解的古桥
                                          │
                          家乡的古桥 ──────┤              ┌─ 上网搜集信息
                                          │              │
                                          │              ├─ 听爷爷奶奶说
                                          ├─ 亲子调查表 ──┤
                                          │              ├─ 听爸爸妈妈说
                                          │              │
                                          │              └─ 实地参观
                                          └─ 调查分享会

                                          ┌─ 积木搭建古桥（我走在积木桥上）
                                          │
                                          ├─ 雪花插片拼插古桥（站起来的古桥）
                                          │
                                          ├─ 废旧材料制作古桥（材料不够怎么办）
                          古桥趣事 ───────┤
                                          ├─ 陶泥制作古桥（大桥塌了怎么办）
                                          │
                                          ├─ 古桥游记（自制小书）
                                          │              ┌─ 线描画
我把古桥说给你听 ─────────┤              └─ 画古桥 ─────┤─ 水粉画
                                          │                             └─ 水墨画
                                          │
                                          │              ┌─ 布置展馆（班级）
                                          │              │
                                          │              │                                  ┌─ 制作宣传海报
                                          ├─ 展出前 ─────┤                                  │
                                          │              │              ┌─ 邀请大家来参展 ──┤─ 制作邀请卡
                          古桥作品展 ─────┤              └─ 邀请大家来参展                  │              ┌─ 邀请老师
                                          │                                                 └─ 走出班邀请 ─┤─ 邀请弟弟妹妹
                                          │                                                                └─ 邀请保安叔叔、厨房阿姨
                                          │              ┌─ 介绍作品
                                          ├─ 展出中 ─────┤
                                          │              └─ 讲述古桥
                                          │              ┌─ 我自豪
                                          └─ 展出后 ─────┤─ 爱家乡
                                                         └─ 家乡还有什么
```

四、主题实施

（一）环境创设与资源利用

美 工 区

区域目标：

1. 能够自由选择多种材料、工具，手工制作琉璃河大桥。

2. 能用多种绘画形式画出琉璃河大桥，如水粉、水墨、线描画等。

3. 运用捏、压、拍、揉、团、搓等技能制作泥工琉璃河大桥。

4. 乐于参与小组活动，自主探究，共同解决问题，体验合作的乐趣。

投放材料： 废旧材料、绘画材料及工具、陶泥、案板、泥工工具等。

活动内容：

1. 使用多种材料（如纸、废旧材料），手工制作琉璃河大桥。
2. 用多种绘画形式画琉璃河大桥。
3. 用陶泥制作琉璃河大桥。

建 构 区

区域目标：

1. 合作搭建琉璃河大桥，并完成搭建记录册。
2. 学会分工、合作搭建琉璃河大桥，体验合作的乐趣。
3. 遇到问题积极和同伴合作想办法解决，反复操作、试验，增强自信心。

投放材料： 木制积木、辅助材料。

活动内容： 搭建琉璃河大桥。

拼 插 区

区域目标：

1. 尝试用雪花插片等其他拼插玩具拼搭琉璃河大桥。
2. 遇到问题不气馁，尝试解决问题，幼儿间相互学习、积累经验。

投放材料： 雪花插片等其他的拼插玩具、废旧材料。

活动内容： 拼插琉璃河大桥。

图 书 区

区域目标：

1. 选择自己喜欢的图书安静阅读，或者和小伙伴讲述琉璃河大桥的故事。
2. 通过故事盒、手偶等形式发展语言表达能力和大胆想象的能力。
3. 敢于在众人面前大声、勇敢地讲述自己感兴趣的事及故事内容。

投放材料： 书、手偶、泥塑故事盒等。

活动内容： 讲述关于琉璃河大桥的历史。

亮点活动：红星广播站。幼儿通过调查及实地参观，了解了很多关于琉璃河大桥的信息，他们利用离园前、饭前以及区域活动时间在班级分享。但是如何让更多的小朋友了解到我们身边的这座大桥呢？幼儿便想到园里的红星广播站，广播站里的内容虽丰富，但是还没有这方面的内容，这真是个好主意，也可以成为广播站的一个特色栏目。幼儿积极报名参与录制红星广播站的节目，向家长和幼儿宣传我们的家乡古桥，不仅在活动中提升了语言表达能力，而且更加激发了热爱家乡的情感。

（二）教学设计

活动一： 认识家乡的古桥（综合活动）

活动目标：

1. 欣赏家乡古桥的图片，了解桥的形状、图案和材质。

2. 能根据观察进行简单记录，完成《家乡的古桥》亲子调查表，并分享调查内容。

3. 萌发爱家乡、爱祖国的情感。

活动重点：完成《家乡的古桥》亲子调查表。

活动难点：分享调查内容。

活动准备：调查表、桥的图片、视频。

活动过程：

1. 导入环节。

师：小朋友们，我们琉璃河有哪些桥呢？

2. 分享环节。

（1）介绍古桥的形状、材质。

幼儿：古桥是用石头做的，它看起来高高的、弯弯的，摸起来凉凉的、硬硬的。

（2）介绍古桥上特别的花纹及其他装饰。

（3）介绍古桥的历史。

（4）教师补充介绍。

琉璃河大桥全长 191 米，宽 11 米，高 8 米左右。共 11 孔，桥体根据河水实际流量的需要而设计，中孔最大，两侧桥孔依次减小。琉璃河大桥是北京地区保存较为完整的明代石桥之一，其桥面保存有几十道车辙痕迹，这些车辙深十几厘米，是几百年来古代铁轴车碾轧形成的，对研究古代桥梁和风俗有重要的文物价值。

3. 操作环节。

幼儿根据自己的兴趣，在户外活动时，通过观察、操作、试验，了解桥的基本结构，尝试用多种材料和方式搭建一座古桥。

4. 活动延伸。

可以将调查表投放在图书区并延伸到其他语言活动中，互相介绍自己了解的古桥知识，同时还可以鼓励幼儿继续调查，丰富知识，深入了解家乡的古桥。

教师：张　思

活动二： 纸桥有力量（科学活动）

活动目标：

1. 尝试用纸做桥，感知纸桥的承重能力。

2. 知道波浪形的桥比平面的桥更牢固，探索"波浪的多少"与"桥的承重能力"之间的关系。

3. 提高勇于探索、大胆表达的能力。

活动重点： 探索纸桥桥面波浪的多少与桥的承重力之间的关系。

活动难点： 通过操作，发现改变桥面形状与纸桥承重力的关系。

活动准备：

1. 教具准备：图画纸、正方体积木、吸管、磁力片。

2. 学具准备：纸桥承重实验记录表人手一份、记录笔一支、课件。

活动过程：

1. 回忆经验，导入活动（激发幼儿活动兴趣）。

2. 探究一：幼儿制作纸桥，并尝试探索平面纸桥的承重力。

（1）教师介绍操作材料。

（2）幼儿尝试，教师巡回指导。

（3）请搭建好纸桥的小朋友尝试在桥上放磁力片，并把数量记在记录表上。

（4）幼儿集体交流。

3. 探究二：幼儿尝试改变桥面形状，探索其承重力。

（1）请小朋友试着用折一折或卷一卷的方法改变桥面的形状，下面桥墩的距离保持不变，然后在上面放磁力片，实验最多能放几个磁力片。

（2）幼儿尝试操作，教师巡回指导。

（3）请小朋友说一说改变形状后的桥面最多能放几个磁力片，并进行记录。

（4）幼儿集体交流，得出结论，有波浪的桥面比平面桥能承受更大的重力。

4. 探究三：波浪的多少和承重能力的关系。

（1）把纸桥反复折叠几次，看能放几个磁力片。

（2）再次操作探究。

①幼儿可根据自己的意愿折叠不同的次数，然后用磁力片进行探究。

②教师观察幼儿操作情况。

师：你做的纸桥最多能放几个磁力片？（标记在记录表上）

（3）比较哪种形状的纸桥更有力量。

①提问：通过试验、记录、比较，你发现了什么？

小结：纸折叠成波浪形后，能承受的力量变大，每一个波浪就像一个小巨人，许多小巨人连在一起力气就更大了。

②拓展幼儿的生活经验。

师：在平时生活中，你发现哪些东西是通过弯曲来使它更牢固？（瓦楞纸、塑钢瓦、瓦片、纸扇、石棉瓦等）建筑师们根据一些科学原理，建造了许多坚固的桥，如中国的赵州桥、美国的金门大桥，小朋友们只要多动脑筋多动手，也能成为一名伟大的工程师。

5. 活动延伸。

在活动区域投放操作材料，让幼儿自由探究，桥墩数量、桥墩之间的距离与纸桥承重力的关系。

教师：张新颖

活动三： 竞选小小宣传员（社会活动）

活动目标：
1. 通过当宣传员介绍琉璃河大桥，提高表达能力。
2. 大胆表达自己的想法，乐于与同伴交流、分享。
3. 鼓励幼儿大胆抒发自己对家乡的热爱之情。

活动重点： 通过当宣传员介绍琉璃河大桥，提高表达能力。

活动难点： 大胆表达自己的想法，乐于与同伴交流、分享。

活动准备： 琉璃河大桥图片、宣传海报、投票材料。

活动过程：
1. 出示作品展宣传海报，引出竞选活动。
2. 引导幼儿分组讨论并整理出竞选小小宣传员的条件。条件如下：
（1）站在台上勇敢地说话，声音洪亮。
（2）眼睛必须看着观众，表情自然。
（3）站姿大方，不能有小动作。
（4）演讲要流畅，不能磕磕巴巴。
3. 竞选小小宣传员。
参加竞选的幼儿轮流上场演讲。
4. 投票决定。
（1）幼儿拉票。
（2）投票。
（3）公布投票结果。
（4）请谈谈自己竞选的感受，分享经验。
5. 鼓励幼儿继续努力，争当下一轮的宣传员。
6. 活动延伸。
将竞选活动作为系列活动在适宜的活动中开展，提高幼儿的表达能力。

教师：张新颖

活动四： 家乡美丽的大桥（绘画活动）

活动目标：

1. 幼儿观察琉璃河大桥，并能大胆说出大桥的特点。

2. 尝试画出琉璃河大桥的外部特点，并能均匀涂色。

3. 体验绘画家乡美丽的大桥带来的快乐。

活动重点：画出琉璃河美丽的大桥。

活动难点：能用画笔表现出琉璃河大桥的特点。

活动准备：

1. 物质准备：琉璃河大桥图片的 PPT、彩笔、绘画纸、油画棒等。

2. 经验准备：活动前幼儿去看过琉璃河大桥。

活动过程：

1. 活动导入。

（1）出示 PPT（琉璃河大桥每个角度的图片），幼儿仔细观察。

（2）请幼儿说一说琉璃河大桥的特点和结构。

2. 幼儿绘画大桥，教师进行个别指导。

（1）幼儿自取需要的工具到相应位置绘画家乡美丽的大桥。

（2）绘画中应该注意的事项：

①滚动式播放 PPT，便于幼儿随时观察。

②提示幼儿大桥的特点，在绘画中表现出来。

③提醒幼儿均匀涂色。

3. 欣赏作品，教师总结。

（1）幼儿将自己的画展示给伙伴欣赏，同时欣赏别人画的桥。

（2）教师请个别幼儿向伙伴介绍自己的桥。

4. 活动延伸。

把画好的大桥放进建构区中供幼儿欣赏，幼儿可以在建构区搭建自己绘画的大桥。

教师：马 潇

活动五： 琉璃河大桥（泥工活动）

活动目标：

1. 猜测大桥塌了的原因，并在制作大桥的过程中探究出可以让大桥不塌的好方法。

2. 尝试运用捏、压、拍、揉、团、搓等技能将大桥的细节表现得更形象。

3. 体验合作的乐趣。

活动重点：在感知操作中主动探究可以让大桥不塌的好方法。

活动难点：将大桥的细节展示完整。

活动准备：

1. 教具准备：大桥照片、陶泥、辅助工具、罩衣、之前制作的大桥。

2. 经验准备：幼儿有初步制作大桥的经验。

活动过程：

1. 照片及实物导入，发现问题（激发幼儿兴趣，找到大桥塌了的原因）。

（1）教师播放孩子们在琉璃河大桥拍的照片。

（2）师幼共同讨论之前制作的大桥为什么会塌。

提问：大桥为什么塌了？你有什么好方法可以让大桥不塌？

（3）师幼共同观察大桥的细节。

2. 幼儿操作，教师引导。

（1）教师提出要求。

①请幼儿自由结组，4 人为一组。

②引导幼儿分组后讨论怎样分工合作制作一个大桥。

（2）幼儿操作。

①幼儿运用搓、揉、捏、压、团、搓等技能制作出大桥的各个部分。

②边制作边商讨方法。

3. 相互分享，总结经验。

幼儿分享组内制作大桥的方法及经验，教师最后总结。

4. 活动延伸。

在活动中，幼儿发现很多关于造桥的科学经验，可将经验迁移到其他造桥活动中，探索使用不同材料造桥，使大桥不塌。

教师：张　思

活动六： 制作海报（艺术活动）

活动目标：

1. 了解海报的用途，将古桥作品展通知制成海报。

2. 引导幼儿用辅助材料丰富作品，培养大胆创新能力。

3. 乐于与同伴合作，体验合作的快乐。

活动重点：幼儿分组合作，将古桥作品展通知制成不同的海报。

活动难点：美化海报版面。

活动准备：多种美工材料、废旧材料。

活动过程：

1. 谈话活动，引出制作海报的主题。

师：我们制作了这么多漂亮的古桥，可以举办一场作品展，向大家展示一下。可以请谁来做观众？有什么好办法让大家知道我们要展示的消息呢？

2. 讨论设计海报。

（1）观察海报，了解海报的主要要素。

重点指导幼儿了解海报包含名称、人物、时间、地点等要素。

（2）讨论：可以怎么设计我们的海报？

3. 提出制作要求。

（1）小组商量，确定海报的内容。

（2）提出分工合作的要求。

（3）介绍制作的流程，利用成品材料和废旧材料。

（4）幼儿制作海报，教师重点指导能力弱的幼儿。

4. 介绍及评价海报。

（1）相互介绍，欣赏海报。

（2）讨论怎样展示海报。

5. 活动延伸。

幼儿了解了海报的用途及制作方法，可以将制作海报的活动延伸到各个区域活动中，如角色区、表演区，不仅达到宣传效果，而且提升幼儿能力。

教师：张　思

五、亮点分享

"我把古桥说给你听"主题活动，由最初的班级活动发展到影响全园的活动，意义非凡。此次活动内容根据幼儿的兴趣点及发展特点，幼儿自主策划并实施，实施过程中不断发现问题并解决问题，这是一个循序渐进的过程，幼儿在整个过程中收获满满。幼儿了解了家乡的古桥，萌发了爱家乡的情感并为之自豪，通过调查、搭建、举办"古桥作品展"活动，锻炼了幼儿的社会交往能力、语言表达能力、解决问题的能力、分工合作的能力等，同时增进了亲子关系。

这一主题带动了班级里多个区域活动及户外活动，开展主题下的区域活动非常适合幼儿的发展需要，且能集中提升幼儿经验。另外，本次活动之所以开展得有实效，其中最重要的原因就是家长的支持。从最初的亲子调查到实地参观，家长给予了我们最大的支持。家园合作开展主题活动，又会碰撞出更多的火花。

古往今来，琉璃河大桥承载了孩子爷爷奶奶、爸爸妈妈们的各种美好回忆，见证了琉璃河的发展。如今它又带给孩子们更多的智慧与希望，它与现今琉璃河湿地公园交相辉映，都诉说着我们的家乡正在越来越美！

》第二节 小脚丫走琉璃 感受家乡风情《

主题一：琉河娃娃爱琉河

班级：大班　　　教师：李蕾

一、主题由来

《纲要》中提出要充分利用社会资源，引导幼儿实际感受祖国文化的丰富与优秀，感受家乡的变化和发展，激发幼儿爱家乡、爱祖国的情感。

开学后，孩子们最津津乐道的就是假期出游的趣事。有的孩子说去石头很神奇的琉璃河古桥了；有的孩子说去牡丹园看恐龙展了。好玩的事情总是能引起孩子们的共鸣，在这热烈的讨论声中，以激发幼儿爱祖国、爱家乡情感的"琉河娃娃爱琉河"的主题悄然诞生了……

二、主题目标

1. 热爱家乡琉璃河，为自己是琉璃河人感到自豪。
2. 愿意融入集体，和朋友共同完成任务。
3. 愿意与他人讨论问题，敢于在众人面前表达自己。
4. 愿意用图画和符号表现事物或故事。
5. 能用简单的记录表、统计图等表示简单的数量关系。
6. 愿意和别人分享、交流自己喜爱的艺术作品和美感体验。
7. 能用多种工具、材料或不同的表现手法表达自己的感受和想法。

三、主题网络图

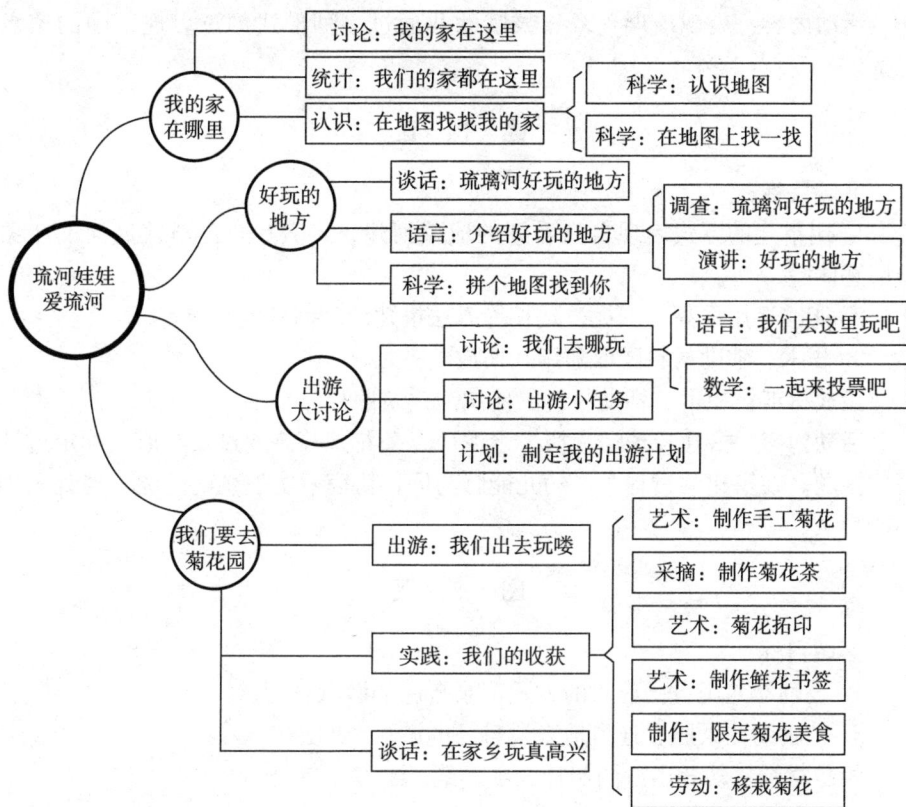

```
                          ┌─ 讨论：我的家在这里
            ┌─ 我的家 ────┤─ 统计：我们的家都在这里
            │   在哪里     └─ 认识：在地图找找我的家 ──┬─ 科学：认识地图
            │                                          └─ 科学：在地图上找一找
            │
            │              ┌─ 谈话：琉璃河好玩的地方
            │   好玩的     │                          ┌─ 调查：琉璃河好玩的地方
            ├─ 地方 ──────┤─ 语言：介绍好玩的地方 ───┤
   琉河娃娃  │              └─ 科学：拼个地图找到你      └─ 演讲：好玩的地方
   爱琉河 ──┤
            │                          ┌─ 讨论：我们去哪玩 ─┬─ 语言：我们去这里玩吧
            │   出游       │           │                     └─ 数学：一起来投票吧
            ├─ 大讨论 ────┤─ 讨论：出游小任务
            │              └─ 计划：制定我的出游计划
            │
            │                                        ┌─ 艺术：制作手工菊花
            │   我们要去   ┌─ 出游：我们出去玩喽      ├─ 采摘：制作菊花茶
            └─ 菊花园 ────┤                          ├─ 艺术：菊花拓印
                           ├─ 实践：我们的收获 ──────┼─ 艺术：制作鲜花书签
                           │                          ├─ 制作：限定菊花美食
                           └─ 谈话：在家乡玩真高兴    └─ 劳动：移栽菊花
```

四、主题实施

（一）环境创设与资源利用

美 工 区

区域目标：

1. 感知幼儿园周围的建筑、花草树木、人等，并能用自己喜欢的方式表现出来。

2. 利用废旧布上的花纹、废旧红绳、彩纸、报纸、纸屑等材料，用不同的表现手法表达自己对琉璃河的感受和大胆想象，创作自己心中的琉璃河。

3 大胆提供创意，为表演区制作演出道具。

4. 启发幼儿自主解决废旧物制作过程中的问题，鼓励幼儿运用多种材料进行创意制作。

投放材料： 大小不一的瓶盖、纸盒、瓶子、毛根、线头、各种硬果壳、卫生纸卷筒、剪刀、不同的胶笔、纸、橡皮泥、颜料等。

活动内容： 表现琉璃美景。鼓励幼儿通过多种形式创意表现眼中的家乡美景。

建 构 区

区域目标：

1. 用搭建的方式表现自己看到的琉璃河建筑，表达自己对琉璃河的印象与情感体验。

2. 能够运用堆高、围拢、延长等方法搭建琉璃河建筑。

3. 积木、辅助材料随取随用，摆放整齐。

投放材料： 积木、辅助材料、琉璃河建筑照片。

活动内容： 搭建琉璃河大桥、水泥厂、菊花园等。通过投票形式确定近期搭建主题。在搭建的过程中，幼儿能够与同伴协商解决发现的问题，遇到困难不断尝试。

图 书 区

区域目标：

1. 鼓励幼儿用自己喜欢的方式记录自己的游玩日记。

2. 鼓励幼儿大胆、连贯地表达自己的游玩趣闻。

投放材料： 幼儿出游的照片、纸、笔。

活动内容： 制作琉璃娃娃游玩册。

（二）教学设计

活动一： 我们的家在这里（数学活动）

活动目标：

1. 尝试用自己的方法记录、统计自己的家在哪里。

2. 用条形统计图的形式记录统计结果。

3. 体会统计成功的快乐，激发琉璃娃的自豪感。

活动重点： 尝试用各种方法统计小朋友的家庭住址。

活动难点： 对不同住址进行汇总。

活动准备：

1. 物质准备：统计图纸每组 1 份、水彩笔、每个小朋友的家庭住址、地图。

2. 经验准备：对条形统计图已有初步认识。

活动过程：

1. 开始部分。

导入：出示琉璃河局部地图，提出任务。

师：前段时间我们聊了小朋友的家都在哪里，小朋友们都把自己家的位置用自己的方式记录了下来。但是小朋友住在哪里的都有，你们能不能按照不同的村子整理出来呢？

2. 基础部分：利用自己的方法，统计在各个村居住的人数。

（1）小组合作完成统计。

师：现在请2个小朋友一组进行统计，要统计出住在同一个村的有多少人，并合作记录。

（2）介绍条形统计图的横坐标和纵坐标，开始统计。

师：小朋友们完成后可以检查自己的统计结果是否正确。

（3）交流分享统计结果。

师：小朋友们统计好了吗？现在我想请小朋友上前面来分享一下你们组统计出的立教村、平各庄村、庄头村都各有多少人，你们用了什么方法，有没有遇到什么问题，是怎么解决的。

（4）汇总哪个村住的小朋友最多，感受大家都住在琉璃河，激发幼儿对琉璃河的热爱之情。

师：小朋友们都用自己的方法统计了人数，每个方法都很棒。原来我们都是琉璃娃，我们都住在琉璃河。

3. 活动延伸。

将活动延伸到全园，统计全园幼儿都住在哪里，找出居住人数最多的村子。

教师：毛 静

活动二： 拼个地图找到你 (综合活动)

活动目标：

1. 能够根据提供的线索进行观察、分析，正确找到地图藏宝地点。

2. 尝试用科技产品和软件功能合作解决遇到的问题。

3. 愿意与同伴分工合作，体验在拼好的地图上找到自己家园的快乐。

活动重点：引导幼儿了解自己的家乡。

活动难点：幼儿用连贯、完整的话介绍自己喜欢的地方。

活动准备：

1. 物质准备：一体机、拼图碎片。

2. 经验准备：幼儿熟悉琉璃河环境，会使用相机的拍照功能和微信的一些基本功能，能够进行九宫格拼图。

活动过程：

1. 活动引入，激发幼儿兴趣。

（1）利用白板创设和朵拉去寻宝的情境，激发幼儿兴趣。

师：小朋友们，今天咱们大一班来了位老朋友，我们来看看是谁？

（2）播放《爱探险的朵拉》动画片片段，引出朵拉的任务。

师：朵拉来到了我们琉璃河，但是她把地图弄丢了，想请小朋友们一起找到丢失的地图，并在地图上找到我们的家。

2. 出示三条线索，发布任务。

线索一：纸条线索。幼儿根据纸条线索的提示，正确找到地图所在的地点。将找到的地图碎片使用相机拍摄下来并投放在电脑上。

线索二：图片线索。每组幼儿根据图片线索的提示，正确找到地图的位置。将找到的地图碎片使用相机拍摄下来并投放在电脑上。

线索三：平面图线索。每组幼儿根据平面图线索的提示，正确找到地图所在的地点。将找到的地图碎片使用相机拍摄下来并投放在电脑上。

3. 提出寻宝要求。

（1）每组 4～5 名幼儿，一人留在班内操作接收线索，对拼图碎片拍照并随时和其他幼儿沟通。其余幼儿根据线索寻宝。

（2）在楼道内轻声交谈、注意安全，不打扰其他班级活动。

（3）小组教师负责幼儿安全和发布线索。

（4）拍照幼儿要注意将拼图占满屏幕，以免在班内的幼儿无法拼图。

（5）每个小组的幼儿要一起行动，不能单独行动。

4. 开始寻找地图。

5. 拼图成功，在地图上找到自己的家并圈出来，体验成功的快乐。

（1）播放朵拉感谢小朋友的视频，体验成功的快乐。

（2）各小组分享寻找过程和感受。

6. 教师小结，活动结束。

7. 活动延伸。

将地图投放到科学区，尝试在拼好的地图中找到更多小朋友的家。

教师：李　蕾

活动三：　我的家乡真好玩（综合活动）

活动目标：

1. 简单了解快板的说唱艺术特点，感受快板独特的节奏韵律美。

2. 学习用"……像……"句式有节奏地朗诵快板，学习快板的简单用法。

3. 对民间曲艺感兴趣，萌发爱家乡的美好情感。

活动重点：用"……像……"句式朗诵快板。

活动难点：能够使用快板有节奏地表演。

活动准备：

1. 物质准备：快板若干、鼓1面、琉璃河各种风景的图片。

2. 经验准备：活动前请家长帮助幼儿丰富有关琉璃河风景的知识经验，熟悉比较闻名的景点。活动前请幼儿欣赏山东快板表演，初步感知快板的说唱艺术特点。

活动过程：

1. 播放视频，引发兴趣。

师幼交流，鼓励幼儿说一说快板儿歌和其他儿歌的不同。

2. 欣赏家乡的风景。

（1）与幼儿回顾琉璃河的美景，引导幼儿说说：这是什么地方？你去过吗？喜欢那里吗？为什么？

（2）鼓励幼儿大胆与周围的同伴进行交谈，引导幼儿用较完整的语句描述。

3. 说一说家乡真美丽。

（1）引发幼儿思考：这些风景图片藏着小秘密，你们发现了吗？（有的图片是同一个景区）

（2）鼓励幼儿大胆想象，学习用"……像……"句式描述图片中的景点。

（3）幼儿分组讨论，创作儿歌。

4. 快板表演：我的家乡真好玩。

（1）教师示范表演，请幼儿仔细观察教师的站姿、手势和表情。

（2）请幼儿表演，互相欣赏。

5. 活动延伸。

将快板投放到表演区，引导幼儿在活动区时多多练习，在六一活动中进行完整的表演。

教师：李 蕾

活动四： 我的出游计划书（综合活动）

活动目标：

1. 能结合自己的生活经验，与同伴共同制定出游计划，初步尝试安排自己的活动。

2. 能与同伴协商、讨论、分工，提高合作能力，并大胆讲述计划。

3. 感受与好朋友一起计划出游的快乐。

活动重点：能结合自己的生活经验，与同伴共同制定出游计划，初步尝试安排自己的活动。

活动难点：能与同伴协商、讨论、分工，提高合作能力，并大胆讲述计划。

活动准备：

1. 物质准备：空白计划表、笔等。

2. 经验准备：幼儿有过出游的经验。

活动过程：

1. 激发出游愿望。

师：咱们确定一起去菊花园了，要提前制定一个出行计划。

2. 制定计划，做好旅游准备。

（1）提问：我们去菊花园要准备些什么呢？计划做些什么呢？

（2）幼儿分组制定出游计划。

（3）幼儿介绍制定的出游计划。

3. 完善制定的出游计划。

根据各组制定的计划，大家进行补充，使各组的计划更加完善。

4. 活动延伸。

根据制定的计划表进行出游准备。

教师：张晓鹏

活动五：菊花拓印（艺术活动）

活动目标：

1. 学习在菊花上较均匀地涂色并印画的技能。

2. 提高初步表现美的能力和动手能力。

3. 感受拓印的乐趣和美感，提升自己作为琉璃人的自豪。

活动重点：在菊花上均匀地涂上颜色并尝试拓印。

活动难点：探索发现不同菊花拓印的美。

活动准备：各种形状的材料、红黄蓝绿色水粉颜料、抹布、铅画纸、颜料刷。

活动过程：

1. 出示菊花园里的菊花，引起幼儿兴趣。

师：菊花园里有这么多菊花，每一种菊花都不一样，我们一起来做菊花印画的游戏吧。该怎么印呢？让我们一起来动手试一试吧。

2. 引导幼儿探索用菊花拓印，展示作品并讨论。

提问：小朋友印得都很漂亮。这两个小朋友印出来的一样吗？请这两个小朋友讲一讲他们是怎么印的。（引导幼儿说出是用多种菊花拼凑印的）

3. 教师示范，巩固菊花拓印的方法。

4. 活动延伸。

将作品整理好，举办一次菊花作品展，感受琉璃河菊花的魅力。

教师：张宇菲

五、亮点分享

家乡是每个孩子成长过程中最重要的一个地方，孩子们在丰富的活动中亲身感受、操作探究、实践体验，了解家乡的文化，欣赏家乡风情，激发了爱祖国、爱家乡的美好情感，形成了乐于探究、善于表达的好品质。

"琉河娃娃爱琉河"主题活动是以孩子为主体的活动，整个过程都进行了积极的准备，从家乡琉璃河的景点说起，了解景点故事，之后表达自己的出行小故事；选出想去玩的地方，制定出行计划，回到幼儿园后进行交流分享，每个活动都是孩子们自己讨论确定的。菊花园的实践活动，既是参观活动的终点，也是发现家乡美的起点。

活动中，幼儿进一步认识了自己的家乡，感受到了家乡的美、家乡的好；学会了互相合作，发展了语言表达能力、动手能力以及观察能力；增强了解决问题的决心和勇气。活动中，家长参与积极、配合默契，始终给孩子们提供物质和精神支持，做孩子们坚强的后盾。

作为教师，我也在思考，在爱祖国、爱家乡的教育中，可以引导幼儿从熟悉的人文、自然与社会环境中入手，以孩子们身边的事为抓手，去了解与认识自己的家乡，关怀与认同家乡，萌发爱祖国、爱家乡的情感，愿意贡献自己的力量来保护家乡环境，激发幼儿身为中国人、身为琉璃河人的自豪感和幸福感。

主题二： 我的家乡琉璃河

班级：大班　　教师：李萌

一、主题由来

假期前，我和孩子们讨论假期去哪儿玩，孩子们都很积极地说自己的想法，有的说去湿地公园，有的说去大桥底下……于是利用这个契机，我们开展了"家乡摄影展"活动。假期回来后把孩子们的摄影作品进行展览，孩子们热情地向大家介绍自己拍的是哪里，讲述自己在假期发生的故事。在孩子们介绍拍摄作品时我问："你去的这个地方是什么时候建成的呀？""你能介绍一下这个桥的样子吗？"孩子们对我提出的问题回答不上来，但很想知道问题的答案。对于家乡，孩子们既熟悉又陌生，于是追随他们的兴趣、需要，结合大班幼儿的一些关键经验，我们开展了主题活动"我的家乡琉璃河"。

二、主题目标

1. 感受家乡的独特风景和历史文化，培养幼儿的民族自豪感。

2. 主动参与调查、访问、参观等实践活动，提高社会实践能力及与人合作的意识。

3. 能用自己的方式主动探究，通过参观等形式感受家乡的美，并尝试用多种形式创意表现家乡的美。

4. 在宣传家乡美景的过程中，能大胆表达自己在家乡的所见所闻，敢于大胆、自信地与人沟通。

5. 加深对家乡的喜爱，逐步萌发热爱家乡的美好情感，愿意为建设美好的家乡而努力。

三、主题网络图

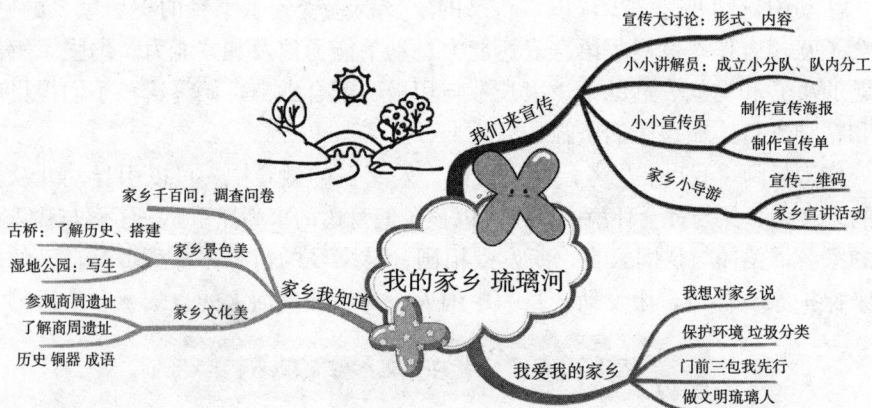

四、主题实施

（一）环境创设与资源利用

美 工 区

区域目标：

1. 能使用较丰富的色彩作画，并能塑造出物体的基本结构和主要特征。

2. 积极主动参加美术活动，大胆地表现自己的情感，体验创造的快乐。

3. 了解青铜器纹样丰富的种类，了解中国传统纹样与现代美学元素点线面的关联。

投放材料：颜料、各种桥的图片、荷花、马克笔、金属笔。

活动内容：

1. 水粉画——美丽的荷花。

2. 制作各种各样的桥。

3. 美丽的青铜器。

表 演 区

区域目标：

1. 能大胆表达所扮演角色的想法并与扮演的其他角色积极交流、相互沟通，尝试自己解决社交中的问题。

2. 能用以物代物的方法设计、制作简单的场景或道具，分工布置、整理场地。

投放材料：各种表演道具、节目单、自制成语图卡。

活动内容：

1. 表演商周时期的成语故事。

2. 演唱有关爱家乡爱祖国的歌曲。

建 筑 区

区域目标：

1. 尝试运用不同的材料进行建构，提升空间想象力、创造力和合作能力。

2. 幼儿之间能分享、分工合作，共同建构设计。

投放材料：若干积木、建筑工人的安全帽。

活动内容：利用各种积木搭建琉璃河古桥。

运 动 区

区域目标：

1. 掌握肩上挥臂投物的基本动作，投掷能有一定的目测力和准确度。

2. 积极主动地参与投掷游戏，在投掷比赛中感受投掷游戏的乐趣。

投放材料：壶、自制箭。

活动内容：

1. 投掷游戏。

2. 比赛活动"商周投壶大比拼"。

（二）教学设计

活动一： 我眼中的琉璃河（艺术活动）

活动目标：

1. 了解自己家乡的美丽和富饶，喜爱自己的家乡。

2. 能用绘画等方式表现自己心中想表达的事物。

3. 能大胆分享自己的绘画作品，积极讨论。

活动重难点：

能大胆分享自己的绘画作品，积极讨论。

活动准备：

1. 物质准备：家乡风景照片、纸、画笔。

2. 经验准备：幼儿游览过家乡的一些景点。

活动过程：

1. 出示家乡风景的照片，激发幼儿的兴趣。

提问：这是什么地方？这里离我们远吗？

（引出：这些地方都在我们的家乡）

2. 鼓励幼儿讲述自己的经历。

提问：你都去过家乡的哪些地方？那里有什么？（看到的、玩过的、听说过的等）你喜欢那里吗？为什么？

3. 请幼儿将自己对家乡印象最深刻的地方画下来，画出那里的典型特征。

提问：你这么喜欢的地方，想不想让更多的人知道？用什么方法可以让别人也能看到和了解呢？如果你想让别人一下子看出来这是哪里，画面里应该有什么？

4. 与大家分享自己画的家乡美景。

5. 活动延伸。

开展家乡美景作品展，以更多不同的形式展示家乡的美。

教师：李　萌

活动二：　走进商周遗址（综合活动）

活动目标：

1. 了解并掌握有关商周遗址的基础知识。

2. 愿意在遗址中探索和发现，能大胆表达自己的见闻。

3. 激发幼儿对历史文化的兴趣。

活动重难点：

愿意在遗址中探索和发现，能大胆表达自己的见闻。

活动准备：

1. 物质准备：纸、水彩笔、商周遗址参观记录表、有关商周遗址的图片和资料。

2. 经验准备：幼儿去过商周遗址，并填写了参观记录表。

活动过程：

1. 出示商周遗址大门口照片，引出主题。

2. 商周遗址大发现（引导幼儿大胆说出自己在遗址中的发现）。

（1）幼儿自主发言。

拿出自己的商周遗址参观记录表与大家分享。

提问：你在商周遗址中发现了哪些好看的艺术作品？（引导幼儿发现青铜器的美）你在商周遗址还发现了什么？（引导幼儿发现商周时期的成语和商周时期的礼仪）

（2）了解商周遗址的历史与文化。（教师出示并讲解商周遗址的图片和资料）

3. 商周遗址大分类。

（1）把所有发现贴到黑板上进行分类：历史类、成语类、艺术类、礼仪类。

（2）分四组，每组把自己类别的发现画出来进行整理。

（3）一起分享，制作成册《我的发现：商周遗址》。

4. 活动延伸。

开展调查采访实践活动，找寻更多关于商周遗址的趣闻，不断丰富记录册。

教师：李　萌

活动三：　制作宣传海报（综合活动）

活动目标：

1. 通过回顾海报的艺术特点，尝试按计划为特色景点做海报。

2. 乐意参与艺术创作，尝试用多种形式制作海报。

3. 能与同伴协商、分工合作完成制作任务，享受成功的快乐。

活动重难点：

能与同伴协商、分工合作完成制作任务，享受成功的快乐。

活动准备：

1. 物质准备：各种海报的宣传画、纸张、笔、颜料。

2. 经验准备：知道海报的艺术特点。

活动过程：

1. 前期知识的引入。

（1）请幼儿欣赏各种各样的海报，感受海报丰富的表现形式。

（2）教师与幼儿共同探讨海报的内容。

（3）老师先向幼儿介绍宣传海报的特点，提示幼儿宣传海报需要注意素材、文字和色彩的运用，如使用明亮的颜色、大号的文字，注重排版。

（4）为了让幼儿更好地理解宣传海报的制作方法，教师使用幻灯片展示海报。

2. 为宣传琉璃河的特色景点设计海报。

（1）教师引导幼儿进行分组，组员提出自己的想法，小组进行汇总整合。

（2）根据小组提供的创意，老师根据实际情况采集素材。

（3）小组制作海报，老师进行现场互动指导。

（4）制作时互相合作，先做完的小朋友可以帮助同组的伙伴一起制作。

3. 结束部分。

与同伴一起欣赏各组设计的海报。

师：说说你们是怎么制作海报的？

4. 活动延伸。

师幼共同点评海报。

教师：陈　杰

活动四：　我是小导游（综合活动）

活动目标：

1. 能够联系已有的知识经验，运用语言大胆、连贯地介绍家乡。

2. 大胆表达自己对家乡的了解和认识，激发爱家乡的情感。

3. 尝试学做小导游，体验小导游活动带来的成就感。

活动重难点：

引导幼儿联系已有的知识经验，运用语言大胆、连贯地介绍家乡。

活动准备：

1. 物质准备：家乡宣传画、导游旗、导游证、自制喇叭。

2. 经验准备：父母带孩子参观了家乡的主要景点、标志性建筑物，了解了家乡的特色与特点。

活动过程：

1. 情境导入。

播放课件《美丽的琉璃河》，激发幼儿对小导游的兴趣。

提问：你刚才看到了哪些地方？你最喜欢哪个地方？为什么？

小结：琉璃河的美景可真多啊，真是个好地方。

2. 通过宣传海报介绍琉璃河各个景点。

（1）老师在教室周围贴了琉璃河各个景点的宣传海报。

（2）教师向幼儿介绍"导游"这一职业。

提问：你认为小导游要做些什么？

小结两个条件，第一是去哪里（带客人去什么地方游览），第二是怎么说（到了景点后要想好怎么介绍景点，让客人喜欢那里）。

（3）引导幼儿从不同的角度介绍家乡琉璃河，激发幼儿爱家乡的情感。

3. 结合宣传海报，向游客介绍家乡的景点。

（1）幼儿学当小导游，介绍自己的家乡。

（2）教师与幼儿共同交流如何运用宣传海报更好地介绍琉璃河的特色景点。

4. 幼儿扮演导游和游客进行模仿游戏。

（1）每个景点选一名幼儿当小导游，并为其颁发导游证和导游旗。

（2）全班剩余幼儿扮演游客，由选出的小导游分别对各自负责的景点作简单的介绍。

（3）评选最佳小导游。

5. 活动延伸。

开展导游宣讲活动，将不同景点的导游词录制成视频发至家长群，并给幼儿园里的弟弟妹妹观看。

教师：陈 杰

活动五： 我爱我的家乡（综合活动）

活动目标：

1. 萌发爱家乡的情感，能用多种方式表达对家乡的爱。

2. 增强对家乡的自豪感和归属感。

3. 愿意为建设美好的家乡而努力。

活动重难点：萌发爱家乡的情感，能用多种方式表达对家乡的爱。

活动准备：

1. 物质准备：家乡宣传视频、《祖国祖国我爱你》的音乐视频、美丽的环境和被垃圾污染的环境照片、遵守交通规则与不遵守交通规则的视频。

2. 经验准备：幼儿了解家乡，有宣传家乡的经验。

活动过程：

1. 导入：观看幼儿制作的家乡宣传视频。

提问：我们宣传家乡的目的是什么？你爱自己的家乡吗？

2. 讨论怎么表达对家乡的爱。

（1）幼儿自由讨论发言。（制作礼物、说好听的话、诗歌）

（2）播放《祖国祖国我爱你》的音乐视频，引导幼儿以唱歌的方式歌颂对祖国的爱。

（3）出示美丽的环境和被垃圾污染的环境照片，引导幼儿用保护家乡、环境的方式表达对家乡的爱。

（4）播放遵守交通规则与不遵守交通规则的视频，引导幼儿用文明的行为表达对家乡的爱。

3. 爱家乡、爱行动。

（1）动员幼儿用行动表达对家乡的爱。

（2）商讨"爱行动"的内容。（垃圾分类、门前三包、创编诗歌、做文明琉璃河人、唱歌表演）

4. 活动延伸。

将幼儿商讨出的"爱行动"的内容做成计划表，鼓励幼儿行动起来。

教师：李　萌

活动六：　垃圾分类（社会活动）

活动目标：

1. 认识垃圾分类标志，尝试进行垃圾分类。

2. 了解垃圾分类的意义，懂得保护环境，节约资源。

3. 能积极讨论如何爱护家乡环境，知道保护家乡环境的重要性。

活动重难点：能积极讨论如何爱护家乡环境，知道保护家乡环境的重要性。

活动准备：

1. 物质准备：分类垃圾箱大挂图、垃圾分类图片。

2. 经验准备：幼儿之前讨论出爱家乡就要爱护家乡的环境。

活动过程：

1. 交流分享，说说生活中的垃圾。

师：每天我们的家里会产生许多垃圾，主要有废纸类、塑料类、金属类、玻璃类、织物类、厨余类、有毒有害类垃圾，这么多垃圾，你们平时是怎么处理的？

2. 商讨垃圾处理方法。

（1）认识垃圾分类标志。

（2）讨论垃圾分类方法。

3. 讨论如何保护家乡的环境。

（1）在家里做到垃圾分类，垃圾按类别投进村里相应的垃圾箱。

（2）制作保护环境的宣传单。

（3）执行"门前三包"，保护自家门口的环境。

4. 活动延伸。

师：小朋友们都已经了解了垃圾分类的知识，懂得要保护环境，让我们制作保护环境的视频，让更多的人参与垃圾分类吧！还可以评选出保护环境小卫士和宣传小先锋。

教师：李　萌

五、亮点分享

每个人对家乡都有着浓厚的情感，热爱家乡是一种美德。本次主题活动从幼儿的已有经验和探索需求入手，带幼儿从了解家乡的环境逐步拓展到发现家乡的美。通过调查、参观、收集、观察、介绍，进而设计、装饰、艺术创作、录制等多种形式引导幼儿感受家乡的环境美和文化美。结合大班幼儿自主性、主动性增强，不再愿意追随成人，而是更加愿意自己做主去做一些自己感兴趣的事情的年龄特点，在此次的爱家乡主题活动中，我为幼儿提供了更多自主选择、自主决策、自主计划与筹备、自主实践的机会。在筹备、计划和宣传等多种活动中，幼儿发挥了自己的主动性与计划性，遇到各种问题能够更加积极地面对，努力寻求多种解决问题的办法，并乐于尝试这些办法的适宜性与可实施性，遇事能够灵活调整。

本次主题活动的形式十分丰富，既有全班集体活动，又有小组活动；既有针对性的教学活动，又有比较自由的区域活动。教师带领幼儿一起创设丰富、全面的主题活动环境，根据主题活动目标设计了一系列教学活动，在教学活动中融入五大领域目标，充分挖掘家乡的文化。例如，通过绘画与制作充分认识及了解青铜器的历史、作用、造型美与色彩美。通过观察青铜器，小朋友们一起感受了青铜器富有美感的独特造型，通过自己的创作对传统文化有了更加深刻的认识。在欣赏过程中，小朋友们可以了解到青铜器纹样丰富的种类，了解中国传统纹样与现代美学元素点线面的关联。在画面的色彩表现上，我们用青绿色系的马克笔表现青铜器的色彩，并用金属笔绘画，体现出了复古感和金属感。学习商周时期的成语故事，比如善始善终、同甘共苦，孩子们了解了成语的意思，并能用故事演绎出来，最后联系生活中能表达出成语意思的事在表演区表演，激发了孩子们学习成语的兴趣。在了解商周时期古老的文化时，孩子们发现了"投壶"是商周时期人们玩的小游戏，便利用自己制作的箭和壶进行投掷游戏。通过讨论如何爱家乡，一起学习爱家乡、爱祖国的歌曲，引导幼儿学习垃圾分类，保护环境。

通过以上一系列活动，幼儿不但对家乡有了更加深刻和全面的认识与了解，也对家乡有了更加积极的情感体验，越来越热爱自己美丽的家乡了。

》第三节 小脚丫走琉璃 探秘家乡村名《

主题一：平各庄的"星星之火"

班级：大班　　教师：刘家伊

一、主题由来

每个人都对家乡有着浓厚的情感，热爱家乡是一种美德，对于孩子来说，家乡的意识正在逐渐形成。

为了激发孩子热爱家乡的情感，我们班开展了关于爱家乡的系列主题活动。在一次谈论美丽家乡的活动中，我和孩子畅谈了家乡的名胜古迹和美丽风光。由于孩子们都来自琉璃河周边的村子，因此结合孩子所在村子的历史，我和孩子们展开了讨论。孩子们在他们感兴趣的话题中，逐渐萌发了热爱家乡的情感，初步建立起归属感，形成了稳定的性格，养成一颗感恩的心。

二、主题目标

1. 能说出自己家所在村庄的名称，认识了解村子的特色。

2. 调查自己所在村庄的历史故事以及村落趣事，并大胆用完整的话介绍自己的村子。

3. 探究使用各种废旧材料进行大胆创作，在探究中提高解决问题的能力。

4. 探索村庄的红色资源，通过讲故事、唱红歌等活动宣传家乡。

5. 愿意用绘画等多种方式表达自己对家乡的热爱。

三、主题网络图

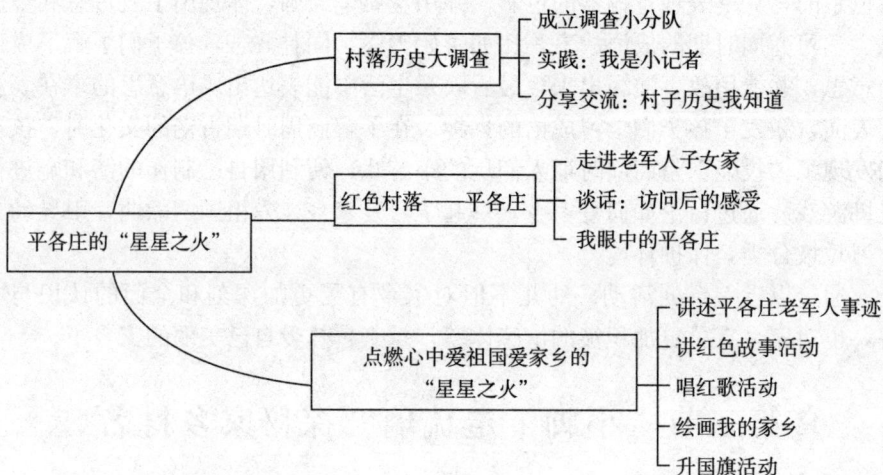

```
                              ┌── 成立调查小分队
                 村落历史大调查 ──┼── 实践：我是小记者
                              └── 分享交流：村子历史我知道

                              ┌── 走进老军人子女家
平各庄的     红色村落——平各庄 ──┼── 谈话：访问后的感受
"星星之火"                      └── 我眼中的平各庄

                              ┌── 讲述平各庄老军人事迹
                              ├── 讲红色故事活动
         点燃心中爱祖国爱家乡的 ──┼── 唱红歌活动
             "星星之火"          ├── 绘画我的家乡
                              └── 升国旗活动
```

四、主题实施

（一）环境创设与资源利用

图 书 区

区域目标：愿意用讲故事的方式宣传家乡，表达爱祖国爱家乡的情感。

投放材料：红色故事图书、《我家村子的小历史》册子。

活动内容：讲述红色故事，讲述《我家村子的小历史》册子。

建　构　区

区域目标：能用各种废旧材料和积木搭建自己的家乡。
投放材料：积木和各种废旧材料。
活动内容：搭建家乡的建筑物。

益　智　区

区域目标：认识中国地图，知道自己的家所在的位置。
投放材料：中国地图和中国拼图。
活动内容：认识地图，了解祖国的地貌。

表　演　区

区域目标：愿意用唱红歌、表演等方式表达爱祖国爱家乡的情感。
投放材料：红色歌曲音乐。
活动内容：根据音乐进行演唱表演。

科　学　区

区域目标：知道旗杆的升旗原理，尝试用各种材料制作旗杆。
投放材料：各种废旧材料。
活动内容：探索制作国旗杆。

美　工　区

区域目标：大胆利用各种材料进行我的家乡儿童画以及水粉画等艺术创作。
投放材料：各种绘画材料。
活动内容：绘画我的家乡。

资源利用

园内资源：利用班级积木和废旧材料搭建自己家乡的建筑。利用园内红色故事图书激发幼儿爱祖国爱家乡的情感。
家长资源：带领孩子到村子里调查、了解村子的历史；和孩子共同讲述红色故事。
社会资源：走进村委会，由村主任带领幼儿参观村子的发展历程展板，讲述关于村子的历史。

（二）教学设计

活动一： 村落历史我知道（语言活动）

活动目标：

1. 了解村子的历史和文化，增强对家乡的认同感。

2. 知道村子的突出事迹，感受村子独特的风土人情。

3. 培养幼儿的表达能力和合作意识。

活动重难点：了解家乡的历史和文化，培养幼儿对家乡的认同感。

活动准备：

1. 物质准备：水彩笔、A4纸、订书器、夹子、胶条等多种装订工具。

2. 经验准备：调查过自己家村子的历史。

活动过程：

1. 谈话导入。

（1）请幼儿分享对自己所在村子的历史的调查结果。

（2）幼儿讲述平各庄村、祖村、兴礼村、福兴村的历史小故事。

2. 按村分组，绘画制作《我们村子的历史》小书。

（1）幼儿分组讨论小书里每一页的内容，协商分工。

（2）幼儿绘制《我们村子的历史》小书，教师巡回指导。

3. 请制作好小书的小组展示和讲述村子的历史故事。

4. 幼儿讨论交流：对各组的小书印象最深的是什么？

小结：平各庄老牛人的事迹。

5. 师幼共同将小书装订成册。

6. 活动延伸。

将幼儿制作的小书投放到班级图书区供幼儿随时阅读，并不断增加新的内容。

教师：任剑南

活动二： 我眼中的平各庄（艺术活动）

活动目标：

1. 乐意用多种形式大胆地表现，体验创作的乐趣。

2. 愿意与同伴分享所见所闻，表达对平各庄村子的认识。

3. 通过了解平各庄的发展变化，激发幼儿爱家乡的情感。

活动重点：愿意与同伴分享所见所闻，表达对平各庄村子的认识。

活动难点：乐意用多种形式大胆地表现，体验创作的乐趣。

活动准备：

1. 物质准备：活动室内所有适宜制作的材料。

2. 经验准备：了解平各庄村子的历史和文化。

活动过程：

1. 谈话导入。

师：请说一说关于平各庄的趣闻趣事，你对平各庄印象最深的是什么？

（幼儿讲述平鬼庄的村名历史，讨论关于平鬼庄和平各庄这两个村名的来历故事）

2. 出示平各庄不同地方的照片，激发幼儿表达对平各庄的认识。（早市、大操场、红军家庭、人多车多的道路等）

3. 用自己喜欢的形式将眼中的平各庄表现出来。

（1）幼儿说一说自己眼中的平各庄是什么样子的。

（2）幼儿自选适宜的材料，进行大胆创作（立体搭建、拼摆、绘画、剪纸等形式）。

4. 幼儿相互分享、交流作品。

5. 师幼共同点评。

6. 活动延伸。

将幼儿的作品以照片的形式制作成电子相册，打印后放到活动区中，便于幼儿随时欣赏，也将照片发至班级群内，供家长们欣赏。

教师：任剑南

活动三： 红星歌（音乐律动）

活动目标：

1. 欣赏歌曲，感受歌曲不同的演唱情绪，熟悉旋律及旋律间的对比变化。

2. 尝试进行简单的律动表演。

3. 了解小红军的英勇事迹，学习他们勇敢无畏的精神。

活动重点： 欣赏歌曲，感受歌曲不同的演唱情绪，熟悉旋律及旋律间的对比变化。

活动难点： 尝试进行简单的律动表演。

活动准备：

1. 物质准备：《红星歌》音乐、《红星歌》视频（电影剪辑片段）。

2. 经验准备：幼儿听过故事《闪闪的红星》。

活动过程：

1. 听故事引出活动。

（1）播放故事《闪闪的红星》视频，幼儿倾听并回顾故事内容。

（2）有一首歌讲的也是这个故事，歌曲的名字叫《红星歌》，让我们一起来听一听。

2. 欣赏歌曲。

（1）播放音乐，幼儿倾听。

（2）幼儿表达对歌曲的感受。

（3）请幼儿根据音乐的变化尝试给歌曲划分段落。

（4）小结：这首歌的第一、三部分雄壮、有力，第二部分缓慢、抒情。

（5）再次欣赏歌曲，感受歌曲力度与情绪的变化。

（6）分段欣赏歌曲，理解歌词内容。

3. 尝试律动表演。

（1）欣赏歌曲，尝试用不同的肢体语言表示歌曲在速度与情绪上的变化。

（2）幼儿根据歌词意思及歌曲的旋律自主创编律动动作。

（3）针对歌曲旋律，教师进行指导。

（4）完整听歌曲，师幼共同律动。

小结：红星代表着共产党，也代表着不怕牺牲、乐于奉献、机智勇敢、顽强奋斗的精神。

4. 活动延伸。

学唱歌曲《红星歌》，可以在表演区中进行歌曲表演和律动表演。

教师：孟思雯

活动四： 我的家乡（艺术活动）

活动目标：

1. 能够用多种艺术形式创造性地表达家乡风景的美。

2. 了解家乡的历史和文化，知道家乡的名胜古迹，了解家乡的风土人情。

3. 在活动中感受家乡的美，增强对家乡的认同感和自豪感。

活动重点：了解家乡的历史和文化，知道家乡的名胜古迹，了解家乡的风土人情。

活动难点：能够用多种艺术形式创造性地表达家乡风景的美。

活动准备：

1. 物质准备：水粉颜料、水粉纸、水彩笔、A4 纸、轻体泥、黄泥等泥工材料。

2. 经验准备：知道家乡的地理位置、名胜古迹；知道家乡的历史和文化。

活动过程：

1. 谈话导入。

师：在抗日战争时期，琉璃河地区的村民为了守护我们的家园，和日本人抗争做出了很大的牺牲，如果不是他们奋力守护我们的家园，就没有我们现在的美好生活。我们的家乡这么美，你还知道我们的家乡有什么美丽的地方吗？

2. 照片欣赏。

幼儿讨论琉璃河大桥、琉璃河湿地公园、西周燕都遗址博物馆等琉璃河地区的美丽风景。

3. 幼儿分组制作。

（1）幼儿自主选择材料。

（2）幼儿分组进行绘画、泥工制作。

（3）教师巡回指导。

4. 幼儿展示作品，并进行分享交流。

5. 活动延伸。

利用离园环节将幼儿的作品进行展出，让幼儿向家长介绍自己的作品。

教师：张静欣

活动五：　国旗升起来了！（科学活动）

活动目标：

1. 知道旗杆的构成，了解国旗升上去的原理。

2. 能够通过观察，大胆猜测、敢于尝试，探究制作能让国旗动起来的旗杆。

3. 体验与同伴合作解决问题的喜悦和成就感。

活动重点： 知道旗杆都由什么构成，了解国旗升上去的原理。

活动难点： 能够通过观察，大胆猜测、敢于尝试，探究制作能让国旗动起来的旗杆。

活动准备：

1. 物质准备：幼儿园旗杆的图片、旗杆顶端图片、硬纸板、剪刀、胶、细绳、小号国旗等。

2. 经验准备：在幼儿园参加过升旗仪式。

活动过程：

1. 问题导入。

建构区小朋友分享遇到的问题——做的国旗只能固定在上面，不能动。

2. 看一看，想一想。

（1）观看升国旗的视频，发现升国旗的原理。

（2）幼儿交流分享制作可升降旗杆的方法。

3. 试一试，做一做。

（1）幼儿分组进行尝试，验证方法是否可行。

（2）幼儿分享验证结果。

小结：国旗杆的最上面有一个小轮子，可以让绳子在上面滑动，把国旗挂在绳子上，拽动绳子就可以升上去了。

4. 幼儿再次尝试。

5. 作品展示。

小组展示制作成果，相互评一评、改一改。

6. 活动延伸。

将能动的旗杆投放到建构区，幼儿在建构区自主体验升旗仪式，尊重国旗，萌生爱国之情。

教师：孟思雯

五、亮点分享

孩子们就像祖国的星星之火，代表着祖国未来的美好和希望，孩子们对祖国的心也像星星之火，虽然一点点的火构不成燎原之势，但爱国卫国的火种一旦被点燃，必将照亮祖国的每一片土地。习近平总书记在讲话中说过："要把加强青少年的爱国主义教育摆在更加突出的位置，把爱我中华的种子埋入每个孩子的心灵深处。"

作为教师的我也在思考，跟随幼儿兴趣开展的活动之所以能够顺利进行，那是因为这次活动围绕的是孩子的实际生活，从孩子所住的村子出发，从了解村子的历史到对平各庄村进行寻访，再到对平各庄村老军人的子女进行探访（如上图），再到回到班级开展的一系列活动，孩子们的兴趣始终高昂，我也跟随着孩子们的兴趣和爱国热情收获颇多。通过这次活动的开展，我想说，如今的中国不再有鬼子，如今的平各庄村也不再有鬼子。平各庄的星星之火已经闪光，祖国的未来也已经闪光！我会继续和幼儿探讨周边村子的历史，并追寻爱国的火苗，让"星星之火"遍布琉璃河的每一个村庄，让爱国的种子在琉璃河生根、发芽，茁壮成长！

主题二： 趣味村名

班级：大班　　教师：任晴

一、主题由来

每日离园前，我们班都会组织一场"趣事我来说"活动，由小朋友将自己听到或看到的趣闻趣事分享给大家。一天，班上一名女孩为大家讲述了一个关于立教村的故事，听故事的小朋友都被深深地吸引了，后来在提问环节，很多孩子都对"立教村"村名的由来很感兴趣。追随幼儿兴趣，我们开展了"趣味村名"主题活动。

二、主题目标

1. 喜欢欣赏村落美丽的景象，愿意用艺术形式表现出来。
2. 知道自己生活的村落名称及其来历，并愿意向其他人讲述。
3. 通过实践活动的方式，锻炼和培养幼儿的探究能力和社会交往能力。
4. 萌发爱家乡的情感，为自己作为一个琉璃河人感到高兴和自豪。
5. 愿意守护自己的家乡，做一名守护家乡小卫士。

三、主题网络图

实践：公园志愿服务小队
宣传：护花小使者
艺术：提示标牌
语言：你来讲，我来猜
体育游戏：大风吹
益智：琉璃河地图拼图

守护家乡小卫士
村名大作战

趣味村名

村落历史我知道
走进琉璃河的村落

谈话：我的家在这里
调查：村名的秘密
艺术：美丽的家乡
艺术、构建：我设计的大牌楼

云游琉璃河
亲子实践：参观村落
社会：我来打卡

趣味村名我来讲
语言：村落趣事
实践：村委广播站

四、主题实施

（一）环境创设与资源利用

建 构 区

区域目标：

1. 用搭建的方式将自己的家展示给小朋友们，表达自己爱家乡的情感。
2. 学会多种搭建方式。
3. 体验与同伴合作的快乐。

投放材料： 幼儿积木、自制长板、奶粉桶、彩色纸杯、幼儿自制村名名牌。

活动内容： 利用叠高、平铺、架空、围拢等搭建方法合作搭建"我们家的大别墅""村口大牌楼"等村落特色。

美 工 区

区域目标：

1. 通过多种绘画材料及多种绘画方式将自己的家乡绘画出来，表达热爱家乡的情感。

2. 学会利用废旧纸盒和颜料进行村牌的设计及制作。

3. 以分组的形式制作护花提示牌，分别放到村里的小公园和路边观赏花丛中，对他人起到提示作用。

投放材料：水粉纸、水粉颜料、丙烯颜料、卡纸、轻体泥等主材；废旧纸盒、毛根、瓶盖、吸管等辅材。

活动内容：利用班级废旧材料制作村子名牌，投放到建构区使用。根据村子的特色，绘画美丽的家乡。

图 书 区

区域目标：

1. 通过讲一讲、画一画的形式把村子里的故事展示给大家。

2. 以拼图的形式让幼儿认识和了解更多的村落名称。

3. 通过向他人展示村子里的故事，萌发爱家乡的情感。

投放材料：幼儿收集的故事、卡纸、水彩笔、油画棒、打孔器、剪刀、彩绳、拼图。

活动内容：幼儿通过绘画连环画的方式制作《村子里的那些事儿》小书，绘制《琉璃河地图》，并将地图做成拼图投放到益智区中。

（二）教学设计

活动一： 我来打卡（社会活动）

活动目标：

1. 初步了解地图的用途及使用方法。

2. 学会用地图打卡的形式进行参观记录。

3. 愿意与小朋友分享自己打卡的村落。

活动重点：学会用地图打卡的形式进行参观记录。

活动难点：了解地图的用途及使用方法。

活动准备：琉璃河大地图1张、琉璃河小地图若干、水彩笔。

活动过程：

1. 开始部分。

提问：请小朋友说一说爸爸妈妈带你参观的村落有哪些？村落特点是什么？

2. 出示大地图。

（1）讲解地图。

为幼儿讲解地图的用途，熟悉村落布局及名称。

（2）教师示范打卡。

老师将自己去过的村落标记在地图上。

3. 幼儿操作。

请小朋友用水彩笔在小地图上打卡标记。

4. 打卡分享。

幼儿将自己打卡的地图与其他小朋友进行分享，并说一说自己的参观感受。

5. 活动延伸。

幼儿将打卡地图带回家，由家长继续带领幼儿打卡参观其他村落。

教师：任 晴

活动二： 趣味村名我来猜（语言活动）

活动目标：

1. 能够用清楚、完整的语言描述事物的主要特征。

2. 尝试依据信息进行推理和判断，说出答案。

3. 愿意遵守游戏规则，体验与同伴共同猜谜的快乐。

活动重点： 幼儿能够清楚、完整地描述事物的主要特征。

活动难点： 根据提供的信息进行推理和判断，说出正确答案。

活动准备：

1. 物质准备：游戏玩法图示、记分牌、村落建筑图 PPT。

2. 经验准备：有猜谜经验。

活动过程：

1. 开始部分。

（1）由猜谜游戏引出活动。

（2）出示游戏玩法图示，幼儿看图，讨论游戏规则。

（3）教师总结并讲游戏规则：一个小朋友猜，其他人提供关于谜底的信息，但是不能直接说出答案。猜谜的人不能看图片，其余小朋友看图片用语言描述图片上的事物，直到猜谜人猜出。

2. 基本部分：幼儿尝试游戏，了解规则。

（1）初次尝试游戏，理解游戏规则。

①教师邀请一名幼儿，并为其戴上眼罩。

②教师播放 PPT，展示村落中标志性建筑的图片。

③待全体幼儿看清后，关闭图片，并将猜谜人的眼罩摘下来。

提示：不能直接说出答案。待幼儿完成此轮游戏后，教师帮助幼儿梳理描述事物特征的方法。

（2）再次游戏，细化规则。

播放 PPT，展示不同村落标志性建筑的图片，再次进行游戏。游戏结束后，教师帮助幼儿进行梳理。

（3）分组游戏。

游戏中强调规则，清晰说出标志性建筑的主要特征。

①介绍游戏玩法，明确规则。

分两组进行游戏，先答对加 1 分，违反规则减 1 分。

②分组竞赛。

3. 结束部分：归纳与提升。

师：在猜谜过程中，为了让小朋友更快地猜出来，我们要具体描述图片上的内容。

4. 活动延伸。

将图片打印出来投放到图书区，幼儿可以根据自己的需求进行猜谜游戏。

教师：张　淼

活动三：　村子里的护花小使者（社会活动）

活动目标：

1. 知道花草树木被肆意砍伐、破坏的现状。

2. 可以行动起来保护花草树木。

3. 愿意成为保护花草树木的好孩子并向村民做好宣传。

活动重点：学会保护花草树木。

活动难点：做一名保护花草树木的好孩子，愿意向他人宣传保护花草树木的方法。

活动准备：PPT 图片。

活动过程：

1. 开始部分：通过图片导入，激发幼儿保护花草树木的欲望。

出示 PPT 图片，请孩子观察图片后发言。

提问：这是哪里？你发现了什么？为什么会有这样的情况呢？

通过观察绿色植被覆盖越来越少的图片，思考植物的作用。

2. 通过观察图片，讲述植物的作用。

播放 PPT，幼儿观察思考，并说说植物的作用有哪些。

3. 讨论保护花草树木的好办法。

小结：大家都是爱护花草树木的好孩子，想让我们的村子更美。在日常生活中，我们也要自觉地保护花草树木，并向村民们做好宣传保护花草树木的工作。

4. 活动延伸。

在美工区制作保护环境的宣传海报，贴到公园的门口进行宣传。

教师：张　淼

活动四： 制作提示标牌（艺术活动）

活动目标：

1. 学会利用多种方式制作提示标牌。

2. 通过制作提示标牌，萌生保护环境的愿望。

3. 体验与同伴合作的快乐。

活动重点： 通过制作提示标牌，萌生保护环境的愿望。

活动难点： 学会利用多种方式制作提示标牌。

活动准备： PPT、大纸、勾边笔、水粉颜料、油画棒、彩色卡纸、剪刀、胶棒、KT 板、胶带等。

活动过程：

1. 开始部分。

（1）导入：播放 PPT，观看村子里美丽的花草树木图片。

提问：请问小朋友们看到了什么？你有什么感受？

（2）播放 PPT，观看部分花草被破坏的图片以及花草哭诉的动画。

提问：当你看到美丽的花草被破坏后，有什么想法？我们应该怎样做？

（3）教师总结：我们应该爱护花草树木，保护环境。可以通过制作提示标牌来进行宣传和提示。

2. 提出制作要求。

（1）师：请你说一说，你想制作一个什么样子的提示牌？用到的工具大概都有哪些？

（2）请想法相似的小朋友进行分组合作。

（3）提出制作要求，提示幼儿安全使用工具，必要时请老师帮忙。

3. 分组制作。

（1）请到材料台挑选自己需要的材料以及工具。

（2）幼儿分组自由创作（教师巡回指导）。

4. 作品展示及分享。

请做好提示标牌的组展示并分享本组的想法及创意。

5. 活动延伸。

放学后，请家长带领幼儿到公园及村内布置提示标牌。

教师：任　晴

活动五：　大风吹（健康活动）

活动目标：

1. 巩固幼儿对村名以及村貌的认识。

2. 锻炼幼儿快速反应能力。

3. 体验体育游戏的快乐。

活动重点： 巩固幼儿对村名以及村貌的认识。

活动难点： 听提示语快速反应。

活动准备： 知道琉璃河内村落的名称以及相应村子的村貌、村名挂牌。

活动过程：

1. 开始部分。

（1）热身游戏："村名"三个字（由传统游戏"三个字"改编）。

玩法：游戏分为抓捕者和逃跑者，抓捕者在抓捕的过程中只要用身体碰触到逃跑者，逃跑者即出局。逃跑者可以在任何时候喊出三个字的村名，进入防护状态。该状态时，逃跑者不能移动和说话，同时抓捕者也不能抓人。逃跑者想要解除这个状态，必须由还能够活动的其他逃跑者接触身体。抓捕者在抓捕到所有逃跑者或者所有逃跑者都进入防护状态之后获得胜利。

（2）请小朋友说一说刚刚自己在热身游戏的时候都说了哪些村名。

2. 新游戏"大风吹"。

（1）"大风吹"游戏。

讲解"大风吹"游戏玩法，并尝试游戏。以此类句式进行几轮游戏，使幼儿熟悉基本游戏规则。

（2）改编游戏"大风吹"。

规则讲解：请小朋友选择自己喜欢的村名牌子挂在胸前。从挂上牌子开始，你就代表这个村子。当听到老师说"吹××村"的时候，挂××村牌子的小朋友就要做相应的指令。（进行 3～5 轮游戏）

（3）升级改编游戏"大风吹"。

规则讲解：当听到"吹村子里有××的做××"的时候，请代表相应村落的小朋友做相应指令。例如，"吹村子里有大牌楼的跳三下"，则代表村里有大牌楼的村子的小朋友跳三下。

（4）请幼儿作为游戏中的"大风"进行发号施令。

提示：请小朋友们集中注意力仔细听。（途中允许幼儿相互交换村牌）

3. 整理活动。

请幼儿将牌子放回原处，然后跟随教师进行放松活动。请小朋友边做放松活动边说一说自己今天的游戏感受。

教师：任　晴

五、亮点分享

"趣味村名"这个主题活动在孩子们的共同探索中开展得十分顺利。活动主要以孩子们自主探究的形式进行，他们以实践探究的形式发现，以演讲的形式诉说，以艺术创作的形式宣传。

1. 走进立教，探秘村名。

孩子们一起走进了立教村，在本村的家长志愿者的带领下找到了村里几位比较年长的爷爷奶奶，并向他们了解立教村的由来。孩子们用自己的方式记录了下来。通过进村参观和听爷爷奶奶的讲述，孩子们进一步了解了"立教村"村名的由来和这里的标志性建筑物。参观结束后，孩子们怀着激动的心情回到了幼儿园，立刻将自己了解到的故事和所见所闻画到了记录本上。为下一步"趣味村名我来讲"演讲活动做准备。

2. "云游"琉璃河。

"老师，进村儿探秘真好玩，我还想去别的村儿！"顺应孩子们的兴趣点，我们制订了第二次"进村"的计划。由于村落比较多，孩子们想到了分组的方法，由家长带领幼儿共同分组进行。大家信心满满地开始了任务分配，并带着相应的任务回到了家中。但是这次调查并没有想象得那么顺利。周一来到幼儿园后，有些小朋友表现出了沮丧的情绪，通过聊天我了解到，他们周末并没有成功进到相应的村子里进行调查活动，因为爸爸妈妈需要工作或是爷爷奶奶不方便，导致活动没有正常进行。了解了事情的原委后，孩子们不但没有相互埋怨，还非常积极地为没有完成任务的小朋友想起了办法，最后通过讨论以及其他老师的支招，我们确定了最终方案，那就是"云游"琉璃河。由爸爸妈妈在空闲时间，带领幼儿进行互联网"云游"，并且记录下有用的材料。再通过与进村小朋友收集的信息相整合，得到最后的结果。这次"云游"完成后，孩子们都非常兴奋，同时对自己的成果感到非常自豪。

3. 守护家乡小卫士。

孩子们在了解了自己村的村名的由来后非常开心，也提出了更多的问题。其中提到的最多的就是"怎么样才能让我们的村落一直这么美丽干净呢?"紧接着，孩子们以这个问题为出发点，组建了"公园志愿服务小队"和"护花小使者"。他们设计并制作了爱护花草树木的提示标牌，将标牌插到了公园中和花坛里。每天晚饭后，都会有小朋友到公园里进行值守和爱护环境的宣传。甚至有些家长反映，孩子去海洋馆和动物园玩的时候，也会进行爱护环境的宣传呢！

第五章

艺 术 之 美

　　《指南》在艺术领域前言部分明确指出：艺术是人类感受美、表现美和创造美的重要形式，也是表达自己对周围世界的认识和情绪态度的独特方式。幼儿艺术领域学习的关键在于充分创造条件和机会，在大自然和社会文化生活中萌发幼儿对美的感受和体验，丰富其想象力和创造力，引导幼儿学会用心灵去感受和发现美，用自己的方式去表现和创造美。

　　艺术领域活动内容很广，既包括音乐领域又包括美术领域。本章艺术之美主要以美术领域的游戏活动为切入点，结合琉璃河地区深厚的历史文化底蕴，深入挖掘中华民族独具特色的艺术表现形式，根据幼儿的年龄特点、学习特点，从色彩中的艺术、泥塑中的魅力、拓印中的乐趣三个方面开展艺术领域活动，目的是让幼儿感受中华传统艺术文化的魅力，从中感受美、欣赏美、创造美。我们尊重幼儿的独特想法和创造，支持幼儿主动构建经验的创作过程，使幼儿初步具有用"美术语言"创造可视形象的能力，并与多领域结合，让幼儿在艺术活动的熏陶中，不断健全人格，提升能力，形成良好的学习品质和行为习惯，从而获得全面发展。

　　色彩中的艺术主要包含国画和扎染两项活动，彰显了中华民族独具特色的绘画艺术和古老独特的染色工艺。在中班开展扎染活动，让幼儿感知色彩的变化，体验传统工艺的独特匠心。在大班开展国画活动，在感知扎染色彩的基础上，进一步体验中国传统绘画艺术的魅力，晕、染、浓、淡勾勒出幼儿心中美好的画面。

　　泥塑是我国传统民间艺术，泥塑中的魅力集中体现了幼儿在玩泥活动中的成长变化。玩泥是幼儿的天性，各年龄班开设泥工区域活动。小班阶段充分体验陶泥的特性，进行简单塑型。中班阶段主要以泥工技能为切入点进行造型创作，如泥条盘筑造型、泥板造型、手捏造型等。大班阶段以想象创造为主要目标，进行综合性的造型。

　　拓印中的乐趣，主要反映了幼儿对中国悠久历史文化的探究。以小印章引

165

入活动，到运用阴刻、阳刻的技能自制模板，探索拓印的神秘感，从中体验拓印的乐趣，感受中国悠久的历史文化积淀。

本章的各项艺术活动主要在区域活动中开展，当幼儿需要学习新的技能或出现普遍的问题时，辅以集体教育活动的形式来解决。在区域活动中，创设邀请式环境，营造良好的游戏氛围，激发幼儿游戏的兴趣与欲望。活动内容一是以班级大主题活动为引领，带动区域活动的内容。如运动会主题活动，带动泥工区制作奖杯、奖牌，带动扎染区扎染画布，制作服装、服饰等。二是结合班级日常需要来带动活动内容。我园的泥工作品最终都通过窑炉烧制成了陶器或瓷器，能够真正地运用在幼儿的生活中。如通过泥工区域自制的五子棋、象棋等开设玩棋区，为自然角制作花盆、花瓶；为国画区制作笔架、笔筒、调色盘等。利用画国画的手法制作风筝，用扎染的布制作降落伞等，增加户外游戏活动的材料与乐趣。独特的区域活动已形成园所一道靓丽的风景线。

各项艺术活动给幼儿带来了愉快的情绪体验和成功的自豪感，对幼儿产生了深远的影响。

一是给了幼儿更多的想象创作空间。国画艺术造型简单，扎染艺术晕色丰富，变化自然，艺术效果吸引幼儿，泥塑艺术造型丰富，释放天性，拓印带有神秘的未知色彩。幼儿结合自己的生活经验，丰富想象，大胆创作，用这些不同的艺术形式表达童真童趣，产生独特的艺术效果。

二是感受到中国艺术文化的独特魅力。幼儿园里开展国画、扎染、泥塑、拓印等游戏活动，不是为了让幼儿掌握多么精湛的艺术技能，创作出多么逼真的艺术作品，而是在这些游戏中让幼儿体验到中华民族独具特色的艺术文化魅力，让这些独特的艺术表现形式在幼儿园中发挥最大的教育价值，得到更好的传承与发展。

三是促进幼儿多种能力的发展。我园的艺术活动不仅仅是艺术活动，它们与科学领域、语言领域、社会领域、健康领域等多领域结合，促进幼儿多种能力的提升。如在泥工活动中，与科学领域结合，用天平称重量，分出一样多的泥，用测量的方法制作出一样高的鼎的四条腿等，提高了幼儿的数学能力、主动探究能力、发现问题、解决问题的能力。幼儿大胆介绍自己的作品，相互交流，促进了幼儿语言表达能力的提升。同时，观察能力、自主学习能力、想象力、创造力、合作交往能力等都在此过程中得到了很好的锻炼与提升。

四是培养幼儿良好的学习品质。幼儿在艺术游戏活动中找到了自信，勇于创作，大胆表达。幼儿对创作感兴趣，专注于自己的作品创作，形成了专注执着、认真做事的工作态度。无论是国画作品，还是扎染、泥工、拓印作品，创作完成后都需要后期的进一步维护，才能得到完美的作品，后期的维护工作培养了幼儿的责任心与任务意识。

五是调整幼儿的身心状态。玩泥是幼儿的天性，幼儿喜欢泥塑的千变万化，无拘无束。当幼儿沉浸在玩泥的游戏中时，比较躁动的孩子会变得安静、专注，不爱表达的孩子会变得自信，敢于表达。

》第一节　色彩中的艺术《

主题一：　有趣的扎染

班级：大班　　教师：李吉

一、主题由来

有一天，一位小朋友穿了一件扎染的衣服，班上的小朋友都对这件衣服产生了兴趣，纷纷提问"这个衣服怎么和平时见到的不太一样啊""这个颜色是怎么来的呀？"小朋友对这件衣服有了很大的兴趣，经常去这个小朋友旁边看一看、摸一摸。于是我们便开始了扎染的探索之旅。

二、主题目标

1. 学会简单的扎染方法，尝试在不同的扎染作品上表现各种图案，领略扎染工艺的特色，提高欣赏美、表现美的能力。

2. 乐意主动与自己的伙伴协商解决问题，感受与他人合作的重要性，并在过程中保持良好心情。

3. 能主动探究用不同方法扎染出不同样式的花纹。

4. 能发现不同颜色混合后的色彩变化并记录下来。

5. 增强手指灵活性并提高手部精细动作的能力。

三、主题网络图

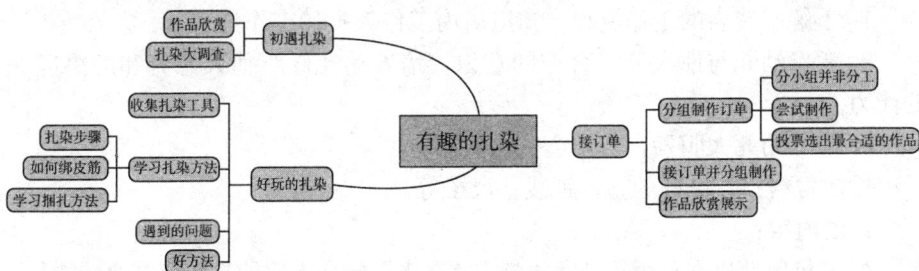

四、主题实施

（一）环境创设与资源利用

美 工 区

区域目标：

1. 能大胆进行活动，感受不同折叠、染的方法产生的不同效果。

2. 探索用多种染布的方法进行扎染。

3. 积极参与扎染活动，体验成功的快乐。

投放材料： 皮筋、白布、染料、积木、冰棍棍、一次性手套、珠子等。

活动内容：

1. 彩色染坊：幼儿用多种扎染方法创造性地扎染并把在扎染时遇到的问题和好方法画下来。

2. 幼儿用各种染料和扎染方法为角色区提供布料。

3. 植物染：利用科学区小朋友制作的染料进行扎染。

科 学 区

区域目标：

1. 幼儿能主动探索两种或三种颜色混色后的变化并做记录。

2. 尝试用多种植物或果皮制作染料。

3. 体验自己动手解决问题的成就感。

投放材料： 试管、各种颜色的颜料、记录纸、植物或果皮。

活动内容：

1. 混色游戏：幼儿通过混色得到他们想要的颜色并做记录。

2. 染料制作：利用自然界的植物和果皮提取色素制作植物染的颜料。

角 色 区

区域目标：

1. 了解服装店的工作流程，知道店内工作人员的工作内容。

2. 激发幼儿与他人分工合作的意识，培养幼儿倾听他人意见和解决问题的能力。

3. 锻炼幼儿大胆发言与社会交往的能力。

投放材料： 扎染好的布、针线、尺子等。

活动内容：

1. 扎染服装店：利用扎染完的布为"客人"制作衣服或桌布等需要的物品。

2. 记录美好瞬间：幼儿穿上自己喜欢的扎染图案的衣服进行拍照。

表 演 区

区域目标：

1. 学会与同伴协商选择服装、设计表演形式、布置场地。

2. 积极参与表演活动并大胆表现自己。

投放材料：扎染衣服成品、音乐等。

活动内容：服装秀。幼儿穿着自己制作的衣服走秀或表演。

图 书 区

区域目标：

1. 能够根据图书内容和种类给图书分类，并制作标记。

2. 知道爱护图书的方法，看完后根据标志放回原处。

3. 幼儿能协商并合作完成小书的制作。

投放材料：扎染的相关图书、自制小书（照片）。

活动内容：

1. 扎染大阅读：幼儿一起观看图书，并了解扎染的相关知识和技巧。

2. 制作《扎染趣事》小书。

资源利用

1. 家长和幼儿一起收集废旧材料、扎染的布、白衣服、扎染的相关图书等。

2. 家长和幼儿一起通过网络或询问他人来了解扎染的相关知识，解决在活动过程中遇到的一些问题。

（二）教学设计

活动一： 初遇扎染（欣赏活动）

活动目标：

1. 感知扎染艺术给人带来的愉悦心情。

2. 在欣赏的过程中能手脑并用，乐意并大胆表达自己的想法。

3. 激发幼儿的探索欲望，提高审美想象力和创造力。

活动重点：欣赏扎染作品，激发幼儿的探索欲望。

活动难点：欣赏作品后，能大胆表达自己的想法。

活动准备：和家长一起收集的各种各样的扎染作品实物、照片。

活动过程：

1. 出示扎染作品照片，感受作品风格，大胆表达自己的认识，激发幼儿兴趣。

（1）出示扎染作品照片，请幼儿欣赏。

（2）提问：

①看完这些照片，你的心情是什么样的？说一说自己的想法和感受。（鼓

励幼儿大胆说出自己的想法和心情)

②你们看到的这些作品照片是什么样子的?(引导幼儿发现扎染的颜色、花纹等的特点)

提示:为幼儿提供自由交流的平台,让幼儿自由表达自己的审美感受,此刻幼儿的审美感受是零散的。

2. 出示扎染作品实物,请幼儿欣赏。

(1)介绍自己收集的扎染作品,说一说作品由来和选择这件作品的原因。

(2)幼儿可选一件自己喜欢的包、衣服、围巾等试穿和试戴,并说一说为什么喜欢这件。(如花纹、形状、颜色等)

提示:帮助幼儿梳理审美经验,尊重幼儿的个性化体验,用看得见摸得着的实物进行欣赏、解读图案造型等元素,鼓励幼儿大胆表达审美感受。

3. 活动延伸。

尝试自己设计花纹并动手扎染。

教师:李 吉

活动二: 扎染的秘密(综合活动)

活动目标:

1. 了解扎染的基本过程和方法,尝试用多种方法进行扎染。

2. 积极参与观察和讨论,大胆表达自己的感受和问题。

3. 感受与同伴和老师互动及成功的快乐。

活动重点:掌握扎染的过程和多种方法。

活动难点:幼儿能用皮筋捆扎的方法扎染。

活动准备:扎染过程视频、白布、扎染颜料、工具。

活动过程:

1. 观看视频,请幼儿说一说自己看到的画面。

(1)请幼儿欣赏扎染过程的视频并思考问题:

①视频中你看到了什么?(激发幼儿兴趣,认真观看视频)

②说一说扎染的制作过程和需要的材料。(鼓励幼儿大胆想象并发言)

(2)教师小结并帮助幼儿记录扎染需要的材料。

2. 扎染初体验。

(1)教师帮助幼儿提炼并演示扎染过程,请幼儿去尝试。(鼓励幼儿大胆尝试扎染)

幼儿第一次尝试,教师和幼儿一起发现问题,并找到解决办法。

(2)进行第二次尝试,幼儿分享好方法,教师进行总结并和幼儿一起解决问题,如教幼儿绑皮筋、折叠方法,利用餐前时间去练习等。

（3）第三次尝试。

①幼儿用皮筋、夹子、筷子等工具互相配合完成一个作品。

②幼儿将染好的布装到透明袋子里做好标记，准备第二天晒出去。

3. 活动延伸。

（1）将作品进行分享并放到美工区供幼儿继续探索。

（2）和幼儿一起讨论这些布除了挂起来，还有没有其他的用处。

教师：李　吉

活动三：　颜色大变身（科学活动）

活动目标：

1. 乐于探索两种或三种颜色混合后产生的新变化并记录下来。

2. 在探索颜色混色的过程中提高观察能力及动手操作能力。

3. 乐于和同伴分享自己的发现并体验玩色的乐趣。

活动重点： 探索两种或三种颜色混合后产生的新变化并记录下来。

活动难点： 通过混色感知两三种颜色混色后发生的变化。

活动准备： 颜料、试管、记录纸。

活动过程：

1. 谈话引入。

（1）提问：美工区扎染颜料单一又少，我们怎样做可以让颜色多一些呢？
（引导幼儿大胆想象并说出将现有颜色混在一起）

（2）讨论和总结混色的方法和注意事项。（鼓励幼儿大胆发言）

2. 猜想并尝试。

（1）幼儿根据已有经验猜想两种颜色或三种颜色混合后会得到什么颜色。
（鼓励幼儿大胆猜想）

（2）操作实验：幼儿尝试将两种或三种颜色混色，验证自己的猜想并记录下来。

3. 分享自己的混色结果。

请幼儿上前来分享一下自己的混色结果，说出什么颜色和什么颜色在一起变成了什么颜色。

4. 活动延伸。

把混色用的工具和颜料投放到科学区，混完的颜色投放到美工区。

教师：李　吉

活动四：　扎染订单（综合活动）

活动目标：

1. 会使用常见的画图工具制作扎染订单图。

2. 能够使用简单的符号和表格来记录扎染订单内容。

3. 体验同伴之间合作完成一件事情的快乐。

活动重点：幼儿用多种形式设计自己组的订单。

活动难点：同伴之间相互合作完成订单。

活动准备：服装订单照片、纸、笔、尺子等画图工具。

活动过程：

1. 教师提出问题并和幼儿一起讨论。

（1）提问：这么多小客人需要扎染布，我们怎么记得住？（根据已有经验引导幼儿说出制作订单）

（2）幼儿根据已有经验说一说订单的内容。

2. 设计扎染订单内容。

出示服装订单照片，请幼儿说一说自己看到的订单里都有什么内容。（鼓励幼儿大胆说出自己的想法）

教师小结：帮助幼儿梳理总结并记录到黑板上。

3. 分组制作订单。

（1）教师提出要求。

①幼儿分好组以后进行组内分工，明确好谁是画表格的、谁是画内容的、谁是与客人沟通的。

②提示幼儿不会写字可以用画画的方式表示。

（2）幼儿绘制订单。

①边绘制边商量方案。（通过实际操作验证方法是否可行）

②有分工有合作，每个人都有自己的工作。

4. 相互分享自己组的订单。

每组请一到两名幼儿说一说自己组制作的订单，并去试验一下自己的订单有没有问题，及时解决并改正问题。（学会倾听他人意见并改正）

5. 活动延伸。

和幼儿一起创设一个小区域——订单区。幼儿带着订单去其他班询问需要的扎染布。

教师：李 吉

活动五： 制作餐厅工作服（综合活动）

活动目标：

1. 根据已有经验选择所需布料并尝试自己绘制设计图。

2. 乐于在众人面前表达自己的想法，并认真倾听他人意见。

3. 在充分感知与操作的过程中能按小组计划实施，体验合作完成一件物品的自豪感。

活动重点：发现扎染布的多种用处并制作相应物品。

活动难点：与同伴合作完成一件物品。

活动准备：扎染过的大小不一的布、幼儿剪刀、别针、尺子等。

活动过程：

1. 谈话讨论并分组。（鼓励幼儿按自己的意愿选择小组并分工）

（1）提问：

①小餐厅马上就要开业了，请说一说还需要准备什么东西？（引导幼儿说出服装和帽子等物品）

②用什么材料制作？（引导幼儿用已有的材料——扎染过的布去制作）

（2）根据讨论结果进行分组，然后进行组内分工。（围裙组两个、工作服组两个、帽子组两个、零钱包组两个）

（3）和幼儿一起讨论组里每个人的工作。（鼓励幼儿大胆表达）

①请幼儿选择自己想做的衣服或物品并加入该组，提示幼儿4人为一组。

②引导幼儿分组后商讨怎样分工合作，共同完成一件物品。

提示：教师帮幼儿一起梳理工作并记录下来。

2. 幼儿开始操作。

（1）绘制设计图。分好工后，小组开始绘制设计图。（鼓励幼儿大声说出自己的想法）

（2）开始制作。提示幼儿需要废旧材料可以自己在班里找。（鼓励幼儿在小组合作中积极发言并倾听他人意见和建议）

3. 分享作品环节。

每组请一名幼儿来介绍自己组制作的衣服或物品。

4. 活动延伸。

把自己组制作的衣服、帽子、围巾等投放到"小餐厅"。

教师：李　吉

五、亮点分享

在有趣的扎染主题活动中，幼儿积极参与、大胆尝试，一块纯白的布，经过孩子们浸泡、折叠、捆扎、上色等工序焕然一新，孩子们从中也获得了成功的喜悦和自豪感。

缝制围裙：在缝制围裙的过程中，孩子们积极讨论方案并尝试制作，在失败后会及时找出问题所在和解决的方法。在制作过程中分工明确，每个人都努力完成自己的工作。

六一亲子活动：此次活动充分利用家长资源，请家长带来白色半袖和帆布

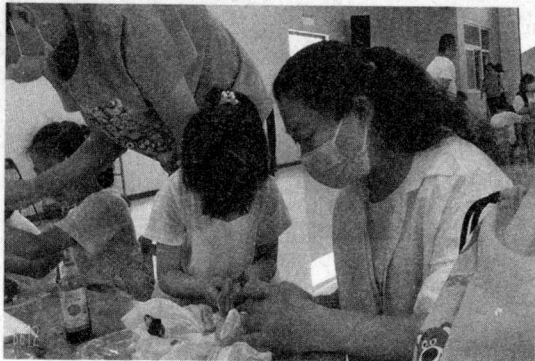

包。在家长和小朋友的动手操作下，这些物品焕然一新，也变得独一无二。整个活动激发了幼儿和家长感受美和表现美的能力。在锻炼幼儿动手动脑能力的同时，增进了幼儿与家长、老师与家长之间的关系。

主题二： 水墨之旅

班级：大班　　教师：薛小娥

一、主题由来

水墨画是我国民族文化的一大瑰宝，它源远流长，历史悠久，有着深厚的文化底蕴。水墨画以生动简练的造型、变化丰富的用笔、酣畅淋漓的墨色及奇妙的色彩变化等特殊风格，吸引着孩子们的兴趣。因此我力争通过水墨画教育这个载体，在幼儿园开展水墨画教学，在孩子们身上传承水墨画这一民族精髓；培养幼儿发现、感受和表现水墨画的独特魅力；激发幼儿的审美情趣；促进他们心理品质的整体和谐发展。

二、主题目标

1. 了解并喜欢水墨画，尝试运用水墨画的工具、材料进行创作，感受和体验水墨画中的主要特点与变化无穷的意境美。

2. 在欣赏各类水墨画作品和图书时，大胆地交流自己对水墨画的感受和发现，如多墨少彩、留白、印章、题字等。

3. 能够在自制水墨画工具的过程中发现问题、解决问题，提高科学探究能力。

4. 能够大胆尝试水墨画的各种绘画方法，在自主、合作学习中体验到成功的喜悦。

5. 通过水墨创作，萌生爱家人、爱朋友、爱家乡、爱祖国的情感。

三、主题网络图

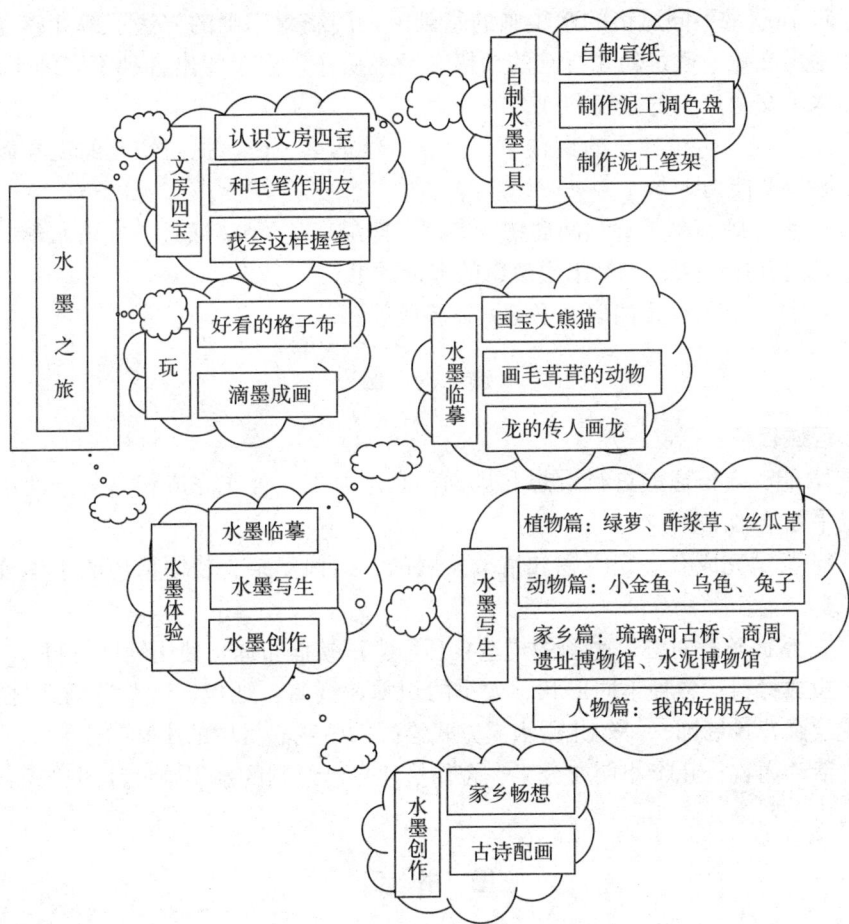

四、主题实施

（一）环境创设与资源利用

美 工 区

区域目标：

1. 认识文房四宝以及其他水墨画工具。
2. 了解水墨画的基本用笔以及用墨方法。
3. 尝试运用水墨画的技法完成水墨绘画作品。
4. 感受传统水墨画的趣味性，体会创作的快乐。

投放材料：文房四宝、水墨画图书、自制水墨画图片台历、水墨画颜料、画毡、罩衣、调色盘、笔洗、笔架。

活动内容：

1. 在欣赏不同风格的水墨画的基础上，用滴墨印画的方法了解并感受中国的水墨文化。通过幼儿自己的领悟和动手操作，亲手印出各种不同的画面，感受水墨交融产生的意境和神奇。

2. 水墨写生植物角的铜钱草、插花、丝瓜草……，提高幼儿的观察能力和手眼协调能力。

3. 水墨画临摹毛茸茸的动物（老虎、熊猫、兔子），通过一支清水笔、一支墨笔的叠加使用，感受水墨晕染的神奇效果。

4. 自主绘画水墨团扇、书签，体验成就感。

建 构 区

区域目标：

1. 能够在搭建前进行设想和规划，通过分工、合作完成较为复杂的小学布局平面绘画工程。

2. 尝试完成有一定主题和情节发展的、结构复杂、装饰精巧的小学校园建筑群。

3. 掌握整齐对称、平衡的构造技巧，尝试整体布局，使用辅助材料。

投放材料：各种不同形状、大小的积木，纸筒、纸板、汽车等辅助材料，水墨绘画背景墙饰——幼儿用水墨方式绘画的"我心目中的小学"。

活动内容：几个小朋友分工、合作搭建自己绘制的水墨画设计图"我心目中的小学"。

图 书 区

区域目标：

1. 喜欢阅读关于水墨画的图书。

2. 能够和同伴一起分享、交流自己在书中的感受与发现。

3. 尝试用正确的握笔姿势书写毛笔字。

投放材料：水墨画图书，水墨画故事书《小蝌蚪找妈妈》《鹿铃》，春联，方形纸，万次书写画毡。

活动内容：

1. 欣赏水墨画图书，开阔视野，增加关于水墨绘画的知识，提升审美能力。

2. 通过"我的名字、好朋友的名字""汉字宝宝""有趣的甲骨文""福字""春联"等书写活动，提高握笔、控笔能力。

科 学 区

区域目标：

1. 尝试探究用废旧纸张自制宣纸的方法。

2. 能够在造纸过程中合作、协商；将制作过程进行记录，积极地与同伴进行分享、交流。

3. 体验造纸活动的乐趣。

投放材料： 大整理箱、废旧纸张、水瓶、铁纱网、搅拌棒。

活动内容： 探究自制宣纸，并将做好的宣纸进行风干，供美工区的小朋友进行水墨绘画。

泥 工 区

区域目标：

1. 尝试用不同的泥设计制作水墨画工具材料。

2. 能够在设计前与同伴合作绘制图纸，制作中随时调整方法并填写记录。

投放材料： 投放各种泥——黄泥、陶泥、白瓷泥。

活动内容： 探究用不同的泥制作水墨画工具，如笔洗、调色盘、笔架等。

资源利用

亲子共同收集各种各样的水墨画图书、图片、物品等，带到幼儿园进行分享；带领幼儿参观水墨画展，了解一些著名的水墨画大师及其故事；在家中为幼儿创设水墨绘画环境；幼儿园在"六一"儿童节举办亲子水墨绘画活动等。

（二）教学设计

活动一： 文房四宝（社会活动）

活动目标：

1. 初步了解文房四宝。

2. 对水墨画产生兴趣，感受水墨画的美感。

3. 体验用墨、毛笔作画的快乐。

活动重点： 初步了解文房四宝。

活动难点： 掌握用墨条在砚台上平稳研出墨汁的方法。

活动准备： 中国字画、文房四宝视频、水墨画、用文房四宝作画视频、毛笔、清水、墨汁、宣纸、毛巾。

活动过程：

1. 认识中国书画。

（1）请孩子们欣赏几幅独特的字画。

提问：你们知道这些字画叫什么吗？

（2）中国书画材料是我们中国人发明的，写出或画出这些漂亮的中国书画需要哪些材料？

2. 了解文房四宝。

（1）认识文房四宝。

师：我们刚刚看到的材料叫做笔墨纸砚。笔墨纸砚在一起有一个很好听的名字叫文房四宝，它是我们中国人发明的。

（2）播放文房四宝视频，幼儿观看。

（3）毛笔上的毛是用什么做的？（用动物的毛做成的笔头有兔毫、狼毫、羊毫、兼毫等，用竹子做成笔杆）

（4）幼儿分组体验宣纸与普通纸的不同。

提问：宣纸和我们普通的画纸有什么不同？（宣纸薄薄的、软软的、轻轻的，有很强的吸水性）

（5）墨是什么颜色的？都有什么样子的？（有瓶装的墨汁和墨条）用墨条怎样磨出墨汁？（墨条是一根黑色的小棒，跟它的好朋友砚台一起才能磨出黑的墨汁）

（6）砚台是用什么做的？用来干什么？（石头做的，用来研墨）

3. 大家来体验。

幼儿分组自由体验用墨条磨墨汁（放轻音乐），并说一说自己研墨过程中的发现。

小结：在研墨的过程中，要想研出墨汁，需要用转圈或转"八"字的方法，并且要有耐心，还要注意卫生，尽量不要将墨汁溅到身上。

教师：薛小娀

活动二：滴墨成画（艺术活动）

活动目标：

1. 尝试用滴墨印画的方法创作水墨画。

2. 初步感受中国的水墨文化，对水墨画感兴趣。

活动重点：尝试用滴墨印画的方法创作水墨画。

活动难点：将浸湿的宣纸从水中轻轻拎起，并尽量别弄破宣纸。

活动准备：2008 年北京奥运会开幕式视频片段、水盆、墨汁、砚台、毛笔、宣纸、课件、毛巾。

活动过程：

1. 了解滴墨作画的方法。

（1）师：在 2008 年北京奥运会开幕式中有一个节目叫"画卷"，他们用手臂代替毛笔，向全世界的人们展示了一幅精彩的水墨画。我们一起来欣赏一下。（播放奥运会开幕式视频片段）

（2）请幼儿讨论如何用墨留下画面。

小结：把墨滴在水里，让它流动，把纸放在水面，拿出来就是一幅好看的水墨画。

2. 学习创造滴墨印画。

（1）教师示范。

讲明作画步骤：①滴墨；②轻摇，使之流动（不能摇匀）；③将纸放入水面；④把纸轻轻提出来。

（2）幼儿操作。

每组桌子上放一个大塑料整理箱，装好适量的水，供幼儿滴墨，并在地上铺好报纸，幼儿完成滴墨作品后放在上面。

3. 作品展示。

老师和幼儿一起点评作品，说一说自己喜欢哪幅作品，为什么。引导幼儿学会用鼓励的话语、欣赏的眼光品评同伴的作品。

4. 活动延伸。

在科学区投放牛奶、清水、胶水，让幼儿猜测是什么东西，然后进行试验：如果把墨汁滴入牛奶和胶水里，发生的扩散现象跟在清水里是不是一样的。

教师：薛小娥

活动三：　制作调色盘（泥工活动）

活动目标：

1. 尝试分组用泥制作水墨工具——调色盘。

2. 能够在制作中提出问题，并积极合作想办法解决问题。

3. 体验水墨活动的乐趣。

活动重点： 尝试分组用泥制作水墨工具——调色盘。

活动难点： 能够在制作过程中解决调色盘有裂口的问题。

活动准备： 各种泥（黄泥、陶泥、红泥）。

活动过程：

1. 讨论：我们制作什么样子的调色盘呢？

孩子们在第一次分组制作时都不约而同地想到了做盘子造型的调色盘，有三角形的、圆形的，还有方形的，等晾干后涂上漂亮的釉料等待烧制，过了几天，烧制完成的调色盘被孩子们拿到了美工区开始使用，这时新的问题出现了。

2. 发现问题，解决问题。

（1）调色盘裂口了是怎么回事？调色盘太小，毛笔放不下，怎样再做大一些，更好看一些？

（2）怎样解决有裂口的问题呢？

结合之前陶泥制作的经验，幼儿总结出了好方法：泥要使劲摔，有的幼儿说可以用手指反复抹，有的幼儿说在晾晒时，时刻关注细纹，及时抹泥浆。通过实践，孩子们的好方法解决了裂口的问题。

（3）调色盘的制作调整。

在幼儿的已知经验中，水墨画的调色盘是圆形的，造型单一。在第二次活动时增加了大量的感受与欣赏环节，于是幼儿在第二次制作时不仅把调色盘做出了优美的造型，还有的小朋友做出了一次可以放好几个颜料的调色盘。

3. 活动延伸。

幼儿将制作调色盘的经验延伸到制作笔洗和笔筒等工具。

教师：李 鑫

活动四： 画国宝大熊猫（水墨绘画活动）

活动目标：

1. 能够在了解熊猫基本特点的基础上，用毛笔画熊猫。

2. 尝试调制淡墨和浓墨的方法，画出熊猫的简单动作以及有关的情节。

3. 体验水墨作画的乐趣。

活动重点： 能够在了解熊猫基本特点的基础上，用毛笔画熊猫。

活动难点： 探索用毛笔蘸墨及用水调制出淡墨和浓墨的方法。

活动准备：

1. 物质准备：熊猫的毛绒玩具、幼儿作画用的毛笔、墨、水墨画颜料、水桶等用具。

2. 经验准备：观看过有关熊猫的活动视频。

活动过程：

1. 游戏导入。

（1）谜语导入大熊猫。

（2）教师播放熊猫的视频，请幼儿观察大熊猫的身体特征和活动特点。

2. 欣赏讨论。

（1）师：大熊猫长的什么样子？

启发幼儿讲述熊猫的基本特征和身体结构。

（2）提问：熊猫都会做什么运动？（睡觉、爬树、吃竹子、玩皮球、和妈妈一起玩）

教师用毛绒玩具演示熊猫的动作变化，引导幼儿观察熊猫不同的姿态。

3. 讨论画法步骤。

（1）请个别幼儿上来试画大熊猫，大家欣赏讨论。

（2）大熊猫身体的不同部位，用淡墨还是浓墨？像什么形状？先画什么？再画什么？

（3）教师和幼儿共同完成范画。

（4）熊猫画好后，可以蘸绿色颜料添画些竹子、小草。

4. 幼儿创作，教师指导。

师：刚才我们欣赏了这么多大熊猫，有吃东西的，有睡觉的，有坐在地上的，有趴在树上的。现在请你用水墨画来给你喜欢的熊猫画个像。

鼓励幼儿大胆作画，教师要对幼儿的运笔着色进行指导。提醒幼儿注意合理构图，画出各种自己喜欢的熊猫动作。

5. 活动延伸。

举办"可爱的小熊猫"作品展览会，让幼儿互相欣赏作品。

教师：薛小娥

活动五：　兔年画兔（水墨画写生）

活动目标：

1. 能够仔细观察，掌握小兔子的形态特征。

2. 尝试用水墨绘画的方式表现小兔子的不同姿势。

3. 萌发喜欢小动物、愿意亲近小动物的情感。

活动重点：尝试用水墨绘画的方式表现小兔子。

活动难点：用水墨画的形式表现兔子的不同形态。

活动准备：动物小兔、提前让幼儿在活动区角准备好给小兔子的礼物、音乐、水墨画工具。

活动过程：

1. 观察、讨论小兔子。

（1）请幼儿观察小兔子，说一说它长的什么样子。

（2）和幼儿一起用蔬菜喂小兔子，并观察讨论小兔子的运动方式。

（3）通过讨论、谈话让幼儿知道兔子的生活习性。

（4）一起欣赏几幅水墨绘画兔子图片。

师：这几幅小兔子水墨画漂亮吗？你喜欢哪一幅？如果我们来画兔子，怎么画？

小结：我们要根据小兔子身体各部位的形状来画小兔，它的头可以简化成一个小圆，它的身体像一个椭圆形……

2. 讨论如何画小兔。

（1）请一个幼儿在纸上用水墨画小兔，大家一起讨论绘画顺序、方法。

（2）师幼共同绘画小兔。

3. 小朋友都来画小兔，教师巡视指导。

4. 评价欣赏幼儿作品。

提问：你喜欢谁的作品，为什么？

5. 活动结束。

师：今天我们和小兔在一起真高兴。接下来我们将小兔送去外面草地上吃青草，结束活动。

6. 活动延伸。

在饲养区继续饲养小兔，以便幼儿观察小兔的不同姿势，在活动区更好地进行兔子的水墨写生。

教师：薛小娥

活动六：　琉璃河石桥（水墨创作）

活动目标：

1. 欣赏不同的有关桥的水墨画，并能够大胆地用水墨方式画琉璃河石桥。

2. 能用皴画法表现石桥的沧桑感。

3. 感受到家乡琉璃河石桥的美。

活动重点：能够大胆地用水墨方式画琉璃河石桥。

活动难点：尝试用皴画法表现古桥的沧桑感。

活动准备：幼儿和家长共同收集不同的桥、有关桥的水墨画等相关图片，墨、毛笔、宣纸等材料，桥的课件。

活动过程：

1. 欣赏不同的桥。

提问：请看一看不同桥的图片，你发现了什么？

小结：没错，这些桥都有自己独特的地方，太平桥是用砖块堆叠而成的，跨海大桥则是在海上建造的桥。

2. 出示有关桥的水墨画，引导幼儿欣赏。

（1）请你们观察水墨画中的桥，与我们平时画的画有什么不同？

幼儿自主讨论，并请个别幼儿说一说。

（2）讲解运用皴画法画古桥砖块的方法步骤，幼儿尝试练习。

3. 观看琉璃河古桥视频并绘画。

（1）幼儿自主绘画，教师指导。

（2）幼儿自主将作品展示在展板上，大家交流评价。

4. 活动延伸。

有条件的幼儿可以在家长的带领下，去琉璃河古桥进行水墨写生。

教师：薛小娥

五、亮点分享

1. 激发兴趣，让孩子们认识文房四宝，用有趣的儿歌引导孩子们养成正确的握笔姿势。

2. 定期欣赏大师的优秀水墨画作品，提升幼儿审美境界，创设积极的水墨绘画环境，激发幼儿想象创作的欲望。

3. 选择接近幼儿生活、幼儿感兴趣的题材；大力开展水墨画写生活动，提高幼儿观察能力。

4. 注重给孩子创设积极、有趣的水墨画情景。发掘水墨画中有趣的技法，如泼墨法、皴纸法、湿画等，多多鼓励、表扬，使幼儿在绘画时获得自信，体验到成功的喜悦。

5. 取得家长支持，事半功倍。请家长为幼儿在家里准备一套水墨画工具材料，使幼儿在家里也能想画就画。

6. 开办亲子画展，调动家长积极性，为亲子搭建展示才能的平台。

幼儿园定期举办全园画展，给亲子创设了表达和展示才能的机会。利用我园大厅、走廊等布置展示幼儿的作品，让孩子们体验到成功感和自豪感。

7. 建立水墨画活动的良好常规。

叶圣陶先生曾说："什么是教学，简单一句话，就是要养成良好的学习习惯。"工具材料的合理摆放、收拾、整理，使幼儿取放自如，养成良好的学习习惯，形成良好个性。

通过水墨画主题活动的开展，幼儿增强了合作意识、语言表达能力、科学探究能力等，从感性和直观的角度，开阔了视野，增长了关于水墨画的知识，提高了鉴赏美的能力，唤起了对艺术世界的兴趣，潜移默化地感受到国韵之美。

》第二节　泥塑中的魅力《

主题一：我们的恐龙世界

班级：中班　　教师：许苏

一、主题由来

幼儿升入中班，开始学会有意识地分享自己喜欢的物品。为了满足幼儿的分享欲，本学期初，孩子们带来了很多自己喜欢的图书，与班里的小朋友们一起分享阅读，其中一本立体的恐龙造型书一下子吸引了孩子们的围观，各种各样的恐龙造型让孩子们叽叽喳喳议论个不停，每个小朋友都在自豪地介绍家里有哪些恐龙模型，以此获得同伴们的共鸣。恩旭小朋友在泥工区摆弄起来，利用整个区域游戏时间制作了一只惟妙惟肖的三角龙。大家围着恩旭连连发出惊叹声。就这样，孩子们一下子提起了兴趣，纷纷用陶泥捏制出自己喜欢的恐龙，孩子们的恐龙之旅就这样开启了。

二、主题目标

1. 能够运用工具进行泥工创作，提高想象创造能力。

2. 在创作过程中能够发现问题，尝试解决问题，养成良好的学习品质。

3. 能够分工合作进行艺术创作。

4. 能够主动探究不同的捏泥方法，促进手部小肌肉的灵活发展，提高艺术表现力。

5. 能够用完整清晰的语言表达自己的需要和想法。

三、主题网络图

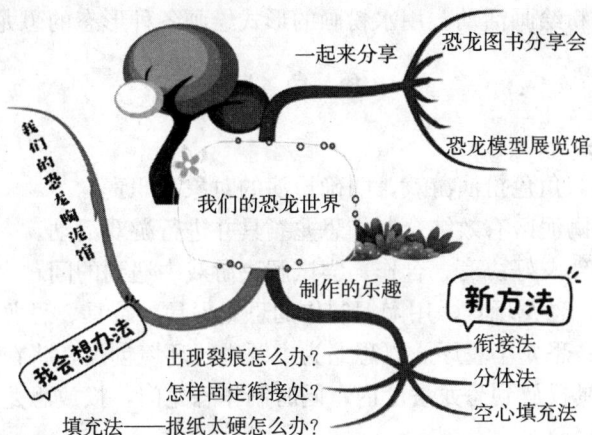

四、主题实施

（一）环境创设与资源利用

泥 工 区

区域目标：

1. 能够使用多种工具进行艺术创作。

2. 乐于尝试运用不同的捏泥方法进行创作。

3. 体验陶泥活动的乐趣，培养幼儿之间的合作意识。

投放材料： 陶泥、泥工工具、纸筒、报纸、木板等。

活动内容：

1. 利用衔接法、分体法、空心法等捏泥技能创作各种形态的恐龙。

2. 利用废旧材料制作恐龙背景展台。

3. 在恐龙造型的基础上，设计恐龙印章、笔筒、花盆等实用的文创作品。

美 工 区

区域目标：

1. 喜欢利用废旧材料进行艺术创作并解决实际问题。

2. 能够利用水粉画的形式绘画恐龙。

3. 乐于与同伴一起创作，提高表现美的能力。

投放材料： 纸箱、报纸、水粉纸、毛笔、水粉颜料等。

活动内容：

1. 利用废旧材料制作恐龙背景展台。

2. 开展水粉绘画活动。用水粉画的形式绘画各种形态的恐龙。

角 色 区

区域目标：

1. 愿意参与角色扮演游戏，明确扮演的对象和职责。

2. 能够与陶泥区有效结合制作恐龙餐具并进行游戏活动。

3. 能与同伴友好协商、合作，尝试解决游戏中遇到的问题。

投放材料： 恐龙玩具、用陶泥制作的恐龙餐具、茶具、恐龙门等。

活动内容： 恐龙小餐厅。以恐龙为主题进行环境创设，将在陶泥区制作的恐龙餐具和茶具投放到恐龙餐厅内，同时制作恐龙门，投放恐龙玩具，从而增添气氛。

（二）教学设计

活动一： 认识恐龙世界（绘画活动）

活动目标：

1. 初步了解有关恐龙的知识。

2. 能用多种艺术形式创作恐龙的艺术作品。

3. 体验自主、独立进行艺术创作的乐趣。

活动重点： 能画出自己喜欢的恐龙的基本形态。

活动难点： 利用多种艺术形式创作恐龙作品。

活动准备：

1. 教具准备：恐龙挂图、立体恐龙玩具、有关恐龙的视频、背景音乐。

2. 学具准备：绘画纸、水彩笔、油画棒。

活动过程：

1. 课前准备活动。

播放恐龙的声音，吸引幼儿的注意力，引起幼儿的兴趣。

2. 集体活动。

（1）创设情境：出示立体恐龙教具，引起幼儿的兴趣。

（2）欣赏恐龙挂图，观察恐龙的外形特征，交流讨论恐龙的种类及生活习性。

①请幼儿一起说一说自己认识的恐龙有哪些特征和习性。

②观看有关恐龙的视频，引导幼儿进一步了解不同恐龙的特征。

③让幼儿说一说不同恐龙的特征。

3. 欣赏各种各样的恐龙图片，引发幼儿各种创想。

4. 创作部分：幼儿作画，教师指导。

（1）引导幼儿根据恐龙的特征来作画。

（2）启发幼儿添加与主题有关的背景，丰富画面内容。

（3）教师指导，鼓励幼儿大胆创作，关注个体差异。

5. 作品评价、展示。

请幼儿介绍自己的作品并进行展示。教师提出鼓励及表扬。

6. 活动延伸。

让班级幼儿将自己绘制的恐龙图画制作成册，可以通过家园共育的方式让幼儿回家查阅自己绘制的恐龙有哪些习性、生活方式，同样以绘画的形式进行展示，与自己绘制的恐龙图画装订成册，在图书区进行欣赏、分享。

教师：卢晓童

活动二： 用空心法创作恐龙（艺术活动）

活动目标：

1. 能够通过比较发现实心与空心的不同，并尝试进行艺术创作。

2. 在活动过程中能够利用空心法进行艺术创作。

3. 体验泥工活动的乐趣。

活动重点： 重点指导幼儿发现空心法比较省泥。

活动难点： 使用空心法捏制恐龙。

活动准备： 恐龙制作视频、陶泥、泥工工具。

活动过程：

1. 开始部分。

出示班里实心及空心的陶泥恐龙，引发幼儿讨论两者有何不同。

（1）请幼儿自由发言（如空心的省泥、比实心的轻等）。

（2）观看一段幼儿在泥工区用空心法制作材料的视频，引导幼儿发现视频中用泥板包住捏制而成的恐龙，教师引出空心法。

2. 基本部分。

（1）幼儿选择班级内的恐龙模型进行泥工制作。

（2）选择一个自己喜欢的恐龙，用陶泥来塑造它的形象。

①先将一整块泥压成泥板。

②将一张报纸揉成纸球放在泥板里，用泥板完全包住纸球，做成恐龙身体。

③再捏制恐龙的腿部、头部、尾部，然后与恐龙身体用泥浆衔接到一起。

（3）教师巡回指导。（教师重点指导幼儿基本技能）

3. 结束部分。

幼儿互相分享自己的作品。

4. 活动延伸。

在区域活动中和幼儿一起收集、准备各种能够用于空心法制作的材料，继续进行陶泥（空心法）创作活动。

教师：许　苏

活动三：　恐龙化石（综合活动）

活动目标：

1. 了解一些考古知识。

2. 尝试用泥浆制作陶泥化石。

3. 感受合作制作化石的乐趣。

活动重点： 了解考古的相关知识。

活动难点： 尝试用多种形式制作化石。

活动准备： PPT 一份、陶泥、泥工工具、恐龙模型、辅助材料等。

活动过程：

1. 欣赏幼儿一起制作的恐龙作品，导入活动。

欣赏幼儿用石头、泥工等制作的恐龙。

2. 出示专家考古及幼儿玩考古材料的照片及视频。

（1）教师播放幼儿及专家考古的视频，引起幼儿的兴趣。

（2）讨论恐龙化石的组成部分：头颈、胸腔、脊椎骨、尾巴、四肢。

3. 教师示范。

（1）小组讨论怎么做，需要哪些材料。

（2）教师简单演示一种方法：先将陶泥用水泡开，用手将泥搅碎，变成类似胶水的黏稠度，然后准备一个器皿，将恐龙模型放在器皿里，将白泥倒入盛放恐龙的器皿里，放在阴凉处阴干。

4. 幼儿操作，探究多种制作方法。

幼儿两人一组合作制作（指导重点：如何分工制作）。

5. 活动延伸。

将幼儿制作好的恐龙化石晾干后投放在科学区，在区域活动中幼儿可以自主选择喜欢的化石进行考古研究。

教师：卢晓童

活动四：　恐龙茶具（艺术活动）

活动目标：

1. 运用已有经验，借助恐龙的造型创作文创产品。

2. 能够运用工具制作茶壶的壶嘴。

3. 体验用自己的作品布置环境带来的成就感。

活动重点： 借助恐龙的造型创作文创产品。

活动难点： 制作茶壶嘴。

活动准备： 陶泥、泥工工具等。

活动过程：

1. 导入活动。

让幼儿讨论餐厅缺少哪些用品（幼儿思考并讲述）。

2. 出示各种各样动物茶具的图片。

（1）幼儿欣赏各种茶具的图片（幼儿自由讲述）。

（2）重点引导幼儿观察造型及壶嘴的样子。

3. 制作恐龙茶壶。

（1）引导幼儿进行创意制作。

重点指导：壶嘴的制作。要让水从茶壶里流出来，壶嘴必须是空心的。

（2）幼儿分组制作成套的茶具（教师重点关注幼儿分工合作情况）。

4. 幼儿介绍小组的作品。

5. 活动延伸。

将幼儿制作好的茶具阴干，随时关注是否需要修补。在烧制完成后投放在班级里的恐龙餐厅，供幼儿游戏使用。

教师：许　苏

活动五： 恐龙小印章（艺术活动）

活动目标：

1. 欣赏印章，了解印章的结构特点。

2. 利用阴刻、阳刻的方法进行恐龙小印章的设计制作。

3. 体验制作印章的乐趣。

活动重点： 制作恐龙小印章。

活动难点： 用阳刻的方法制作印章。

活动准备： 各种印章的模型，陶泥，适合幼儿操作的泥工工具，海绵，收集的各种玩具印章，如数字印章、动物图案印章等。

活动过程：

1. 欣赏各种各样的小印章。

（1）提供阴刻、阳刻的数字印章、动物图案印章及印泥等，让幼儿印印、看看、玩玩，发现阴刻、阳刻的不同。

（2）引导幼儿观察阴刻、阳刻的制作方法。

2. 尝试自制恐龙印章。

（1）讨论制作印章的材料及工具，设计恐龙造型。

（2）幼儿自主选择用阴刻或阳刻的方法制作印章。

（3）教师重点指导阳刻的方法。

3. 分享自制的恐龙印章。

（1）请幼儿说一说用了什么方法制作，制作过程中遇到了什么问题，是如何解决的。

（2）教师小结刻印章的方法。

4. 活动延伸。

将幼儿制作好的印章投放在班内水粉画区域，提供印章印泥，方便幼儿进行印画。

教师：许　苏

活动六： 恐龙兽首（艺术活动）

活动目标：

1. 了解兽首的历史文化。

2. 能够创作出底座大小、高度一致的恐龙兽首。

3. 体验到创作完成后的成就感。

活动重点： 了解兽首的相关知识。

活动难点： 创作底座、高度一致的兽首。

活动准备：

1. 物质准备：PPT、木板、泥工工具、尺子、陶泥等。

2. 经验准备：事先了解过十二生肖兽首。

活动过程：

1. 导入环节。

（1）教师将一些带有十二生肖特征的图案张贴在黑板上，简单介绍有关十二生肖的知识。

（2）引导幼儿讨论怎样将班级的恐龙做成类似十二兽首的样子。让幼儿观察班级内恐龙的特征、形态和习性，引导幼儿发挥想象力。

2. 制作环节。

（1）教师提出问题：如何制作底座大小、高度一致的兽首？（尺子测量、制作模具等方法）

（2）教师适时地演示制作过程，让幼儿小组合作，提供差异化的指导。

（3）鼓励幼儿表现出自己的创意。

3. 展示环节。

（1）教师鼓励幼儿为自己的作品取名字，并邀请幼儿向其他小朋友介绍自己的作品。

（2）引导幼儿对展示的作品进行评价，鼓励他们多欣赏分享。

（3）教师合理调节幼儿的情绪，对于展示作品中的差异、缺陷，也要善于积极引导和鼓励。

4. 总结环节。

（1）教师引导幼儿回顾本次活动中学到的知识和技能。

（2）指出幼儿在制作过程中表现出来的好创意。

5. 活动延伸。

在活动结束后，和幼儿一起说一说做了哪些恐龙的兽首，并制定计划，在陶泥区继续制作多样的恐龙兽首。

教师：许　苏

五、亮点分享

在进行泥工创作的时候，幼儿喜欢一比一还原恐龙模型的样子，所以捏制的恐龙泥工作品普遍偏小，针对这个问题，我们将模型的比例加大，在为幼儿提供更大的恐龙模型的同时，引导幼儿在创作的过程中调整比例。

幼儿在掌握了基础的捏制方法之后，也开启了新的塑形方法。恩旭小朋友是最开始在泥工创作中将一块泥分成三部分，在整体身体中将恐龙的两只腿分出来的，这样恐龙的整体身体线条更流畅自然。于是我抓住本次教育契机，在过渡环节中让恩旭分享了他的捏制方法，以便其他幼儿在泥工活动中得到新的经验，也在新的方法中体会到陶泥的乐趣和创作的成就感。

幼儿有了相对丰富的玩泥经验后，新的问题又随之出现。在玩泥的过程中，幼儿经常会提出由于自己的作品大，导致泥不够用、作品完成度不高的问题。于是我们展开了新的讨论：怎样能够使恐龙变大又能够节省一些陶泥？

　　首先我抛出问题："恐龙的哪些部位用泥最多？"孩子们一致同意恐龙的肚子是用泥最多的地方，于是我们一起讨论哪些东西能够代替恐龙的肚子又不影响后期的烧制。幼儿了解到纸制品不会影响后期陶泥的烧制，于是我们收集了报纸、纸筒等纸制品让幼儿进行操作，找到了新的捏泥方法，这样既节省了陶泥，又让作品完成度更高，捏制的恐龙更大。

　　通过本次主题活动的开展，幼儿不仅在技能技巧上有了较强的提高，小肌肉的灵活性发展也很好。孩子们在艺术活动中不断地发现问题、解决问题、敢于创新、研究探讨，大胆地进行艺术创作，充分发挥自己的想象力，学到了很多新的制作方法。同时，在活动中孩子们乐于分享，将自己的新发现、新的艺术作品与同伴交流，与同伴之间形成了良好有爱的关系，也让彼此成为互相学习的对象。

主题二：　探秘博物馆

班级：大班　　教师：齐彩云

一、主题由来

　　"乐源"课程以燕都文化为载体，支持幼儿聚焦真问题、真实践、真想法、真作用。本学期以探秘博物馆为契机，采用"走出去、引进来"的模式，让幼儿在实践活动中快速成长。幼儿、家长、教师相互合作、取长补短，增强民族自信心与自豪感。

二、主题目标

1. 培养幼儿善于发现、勇敢探索的精神品质。
2. 热爱家乡，因为自己是琉璃河娃娃而感到骄傲与自豪。
3. 愿意大胆表述自己的想法。
4. 善于合作，共同商讨并解决问题。
5. 懂得珍惜粮食、文明用餐。
6. 发挥家长、社区资源优势，实现教育资源共享。

三、主题网络图

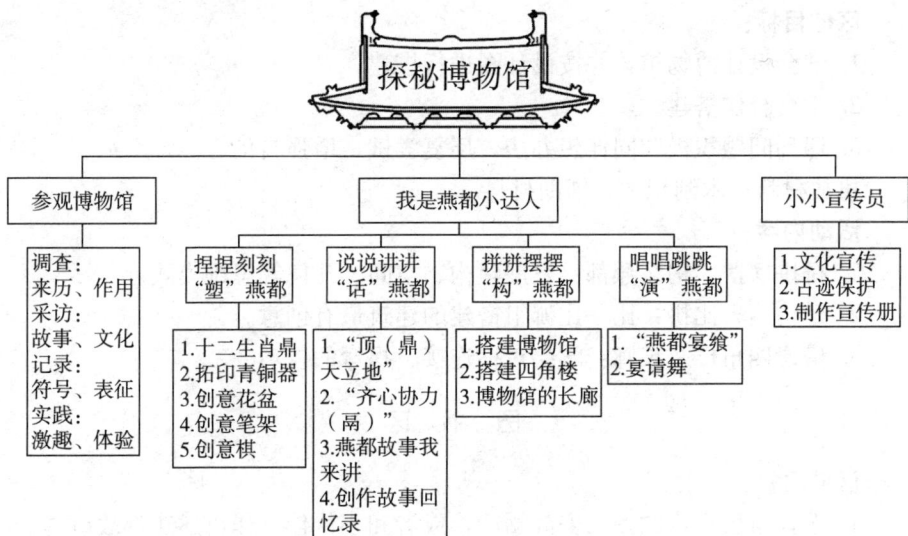

```
探秘博物馆
├── 参观博物馆
│     调查：来历、作用
│     采访：
│     故事、文化
│     记录：
│     符号、表征
│     实践：
│     激趣、体验
├── 我是燕都小达人
│     ├── 捏捏刻刻"塑"燕都
│     │     1.十二生肖鼎
│     │     2.拓印青铜器
│     │     3.创意花盆
│     │     4.创意笔架
│     │     5.创意棋
│     ├── 说说讲讲"话"燕都
│     │     1."顶（鼎）天立地"
│     │     2."齐心协力（鬲）"
│     │     3.燕都故事我来讲
│     │     4.创作故事回忆录
│     ├── 拼拼摆摆"构"燕都
│     │     1.搭建博物馆
│     │     2.搭建四角楼
│     │     3.博物馆的长廊
│     └── 唱唱跳跳"演"燕都
│           1."燕都宴飨"
│           2.宴请舞
└── 小小宣传员
      1.文化宣传
      2.古迹保护
      3.制作宣传册
```

四、主题实施

（一）环境创设与资源利用

美 工 区

区域目标：

1. 能够自由选择多种材料、工具，大胆表现自己感兴趣的事物。

2. 能整合已有经验，富有创意地创作泥工作品。

3. 乐意充分感知与操作，体验小组合作的乐趣，分享成功的喜悦。

投放材料： 软陶、硬陶、案板、报纸、空瓶子、吹塑纸板、刷子、泥工工具等。

活动内容：

1. 捏捏刻刻"塑"燕都：利用硬陶泥、软陶泥等材料，水墨、油画等形式，将馆内听来的、看来的、感受来的灵感付诸实践，创作"十二生肖鼎"。

2. 拓印青铜器：利用吹塑纸板、泥板拓印自己设计的青铜器具。

3. 自制小印章。

4. 创意无限、物有所用：利用陶泥制作生活中需要的东西，例如花瓶、花盆、笔架、笔筒、调色盘甚至是棋区用的棋子。

建 构 区

区域目标：

1. 学会设计博物馆，并按设计图进行搭建。

2. 学会合作搭建。

3. 遇到问题积极和同伴想办法，反复尝试，增强自信心。

投放材料： 木制积木、辅助材料。

活动内容：

1. 拼拼摆摆"构"燕都：发展建构、空间、几何等思维模式。

2. 建构达人比拼：比一比哪组搭建的建筑最有创意。

3. 搭建四角楼及长廊：学会对称连接、拐弯的技巧。

图 书 区

区域目标：

1. 选择自己喜欢的图书安静阅读，或者和小伙伴合作讲述燕都故事。

2. 通过故事盒、手偶等形式发展语言表达能力，培养幼儿大胆想象和倾听的好习惯。

3. 尝试用自己喜欢的方式记录故事内容，在众人面前大声、勇敢讲述。

投放材料： 书、手偶、泥塑故事盒、成语小故事等。

活动内容：

1. 说说讲讲"话"燕都：用自制的故事盒讲述燕都故事。

2. 制作回忆录，同伴间相互学习。

3. 制作宣传、保护家乡的博物馆宣传手册。

展 览 区

区域目标：

1. 喜欢招揽客人，热情讲解。

2. 勇敢、大声宣传家乡的博物馆。

3. 尝试用自己喜欢的方式记录内容，发现问题。

投放材料： 陶泥、宣传册、流程图、二维码讲解故事。

活动内容：

1. 展览馆里"讲"燕都：宣传家乡的博物馆。

2. 引导客人参与制作小印章。

3. 角色扮演小导游。

（二）教学设计

活动一：　我的参观计划（社会活动）

活动目标：

1. 能结合自己的生活经验，尝试安排自己的活动，学会初步制定计划。

2. 通过讨论、协商等方法明确参观博物馆前要做的准备工作，用相应的符号记录下来，在众人面前大胆介绍自己的想法。

3. 鼓励幼儿安排自己的活动，从中获得满足感和自豪感。

活动重点：合理安排自己的参观计划。

活动难点：相互协商达成一致。

活动准备：

1. 物质准备：绘画纸、彩笔。

2. 经验准备：有外出游玩提前做准备的经验。

活动过程：

1. 教师以谈话引入活动，引起兴趣。

师：参观博物馆要做许多的准备，准备工作可不是一件简单的事情，一定要考虑周到。这次由你们做主人，自己来制定一份秋游计划。

2. 引导幼儿讨论参观计划的内容及方法。

（1）需要做哪些准备？

（2）什么时间出发？

（3）怎么去？

（4）去了要做哪些事情？

（5）考虑带的东西和注意的问题。

师：我们用一些简单的符号来表示相关的内容，比比看谁想得最全面、最详细，是个出色的计划师。

3. 幼儿填写"我的参观计划表"，教师巡回指导。

（1）请小朋友说一说自己的参观计划表，将自己想到的内容一一表述清楚。

（2）分类整理，提升经验，投票选出最好的解决方案，制定出最完美的计划表。

4. 活动延伸。

完善计划表，按照计划准备自己的参观物品。

教师：齐彩云

活动二： 我的花瓶长高了（艺术活动）

活动目标：

1. 能够在制作花瓶的过程中，运用多种方法制作出长短一致、粗细均匀的泥条。

2. 乐意充分感知与操作，体验小组合作的乐趣，分享成功的喜悦。

3. 善于发现泥条盘筑过程中遇到的问题并敢于尝试解决问题。

活动重点： 在感知操作中主动探究出可以让花瓶长高的好方法。

活动难点： 每一组小朋友做出的泥条粗细均匀。

活动准备：

1. 物质准备：孩子活动视频、陶泥、辅助工具、罩衣、实物花瓶。

2. 经验准备：幼儿有初步尝试泥条盘筑的经验。

活动过程：

1. 视频导入，发现问题。（激发幼儿兴趣，找到花瓶倒了的原因）

（1）教师播放孩子们制作花瓶时花瓶倒了的视频。

教师提问：

①视频里发生了什么？（引导幼儿自己发现问题）

②花瓶为什么倒了？（鼓励幼儿勇敢猜想并说出原因）

③你有什么好方法可以让花瓶不倒？（鼓励幼儿开动脑筋想出好方法）

（2）总结：幼儿说，教师帮助梳理好方法并在黑板做记录。

2. 幼儿操作，教师引导。（鼓励幼儿大胆尝试各种好方法）

（1）提出要求。

①请幼儿找到自己的好朋友，4人为一组。

②引导幼儿分组以后讨论怎样分工合作共同完成一个大花瓶。

③选择想要挑战的花瓶开始挑战。（教师准备好不同高度的实物花瓶，孩子们自主选择，作为自制花瓶的对比）

（2）幼儿操作。

①幼儿运用搓、揉、捏、压、团等综合技能制作泥条，进行泥条盘筑花瓶。（引导幼儿采用多种方法将泥条做的长短一致、粗细均匀）

②边制作边商讨方法。（大胆说出自己的想法后，通过实际操作验证方法是否可行）

3. 相互分享，总结经验。（引导幼儿大胆在众人面前分享好方法）

（1）成功了，梳理好方法并分享成功经验。（教师帮助梳理并在黑板做好记录）

（2）失败了，勇敢说出问题，请大家帮助想出解决办法，正确面对挫折。

（引导幼儿互相帮助，共同解决问题）

4. 活动延伸。

（1）鼓励幼儿大胆、自信地向朋友介绍自己制作的花瓶，增加自豪感。

（2）回忆花瓶制作的流程，说出下一步是给自己制作的花瓶穿上艳丽的衣服（上色），激发幼儿持续创作花瓶的兴趣。

教师：齐彩云

活动三：　泥塑奖杯（艺术活动）

活动目标：

1. 回顾调查表，了解瓷泥的特性并制作奖杯。

2. 分组制作，在制作时能够共同商量，体验合作的乐趣。

3. 喜欢泥工活动，并能够积极使用泥工解决生活中的问题。

活动准备：PPT、白瓷泥、陶泥、工具。

活动重点：分组制作。

活动难点：在制作时能够协商一致并记录问题。

活动过程：

1. 欣赏活动导入。

出示 PPT，讨论都有什么样子的奖杯，为什么这样设计。

鼓励幼儿大胆发言，提升幼儿的经验。

2. 谈论奖杯的设计与材料。

（1）分组讨论想做什么样子的奖杯，为什么这样设计。

（2）提示制作过程中的要求。

（3）提问：陶泥和白瓷泥有什么区别？（与幼儿共同讨论使用哪种泥，提高幼儿的分析与总结能力）

陶泥比较硬，有韧性，适合更大的塑型；白瓷泥较软，做大的高的东西容易坍塌，晾干后可以上釉，色彩漂亮，上釉烤制后不会吸水渗透。

3. 制作奖杯。

（1）幼儿操作：根据泥的特性，自选材料大胆尝试。自由分组边制作边商讨方法。（大胆说出自己的想法后，通过实际操作验证方法是否可行）

（2）教师巡回指导：提示幼儿随时记录发现的问题并大胆尝试，不怕失败。

教师总结：请幼儿按小组分享分工是否明确、制作的方法和创新造型。针对发现的问题请大家帮助想出办法，激发下一步尝试的欲望。

4. 活动延伸。

装饰制作完成的奖杯，将制作的奖杯颁发给评选出的小达人。

教师：齐彩云

活动四： 我的 "十二生肖鼎" 制作计划（社会活动）

活动目标：

1. 通过讨论，与同伴共同制定"十二生肖鼎"制作计划表。

2. 运用图表的形式表达自己的活动安排。

3. 在协商、讨论、分工等过程中提高伙伴间的相互合作能力。

活动重点： 分工合作制定"十二生肖鼎"制作计划表。

活动准备： 小组计划表格、笔等。

活动过程：

1. 大讨论。

师：这么多鼎，我们如何分工？你有什么好方法？

2. 出示"十二生肖鼎"设计图。

（1）小朋友介绍"十二生肖鼎"设计图。

（2）讨论"十二生肖鼎"制作计划。

（3）分组讨论，提供计划表格，说明表格的用法。请幼儿说一说想怎样分工。

3. 分组讨论并制作计划表格。

（1）幼儿自由组队，讨论本组"十二生肖鼎"的设计方案。

（2）每组负责两个生肖动物。

（3）教师观察幼儿分工情况。

（4）幼儿运用图表表现本组的分工情况。

4. 交流分享。

（1）每组派出代表交流本组的计划表，主要介绍本组对"十二生肖鼎"设计的想法和分工情况，其他组员进行补充。

（2）教师帮助梳理全班计划表（十二个鼎分配在 6 个小组）。

5. 活动延伸。

大组选好以后，孩子们通过学习到的方法，制作本组细致的计划表。

教师：齐彩云

活动五： 合作初体验（艺术活动）

活动目标：

1. 乐意按小组计划实施，分工明确，感受小组内部合作、组与组之间合作能够提升效率。

2. 善于发现制鼎过程中遇到的问题，敢于和同伴协商解决问题。

3 乐意充分感知与操作，初步感受全班合作的成就感。

活动重点： 体验小组间合作的乐趣。

活动难点： 全班合作。

活动准备：

1. 物质准备：陶泥、陶泥工具、设计图。

2. 经验准备：幼儿有初步制作小鼎的经验。

活动过程：

1. 大讨论。

（1）分组。

①提问：一个鼎如何分组？分为几组？

②出示讨论结果：分为 4 组，装饰组、鼎腿组、鼎耳组、鼎身组。

③将计划图拆分，分发到各组。

（2）教师总结，帮助梳理并在黑板上做记录。

2. 幼儿操作，教师引导。（鼓励幼儿分工明确）

（1）教师提出要求。

①引导幼儿分组以后讨论怎样分工合作完成。

②有需要辅助材料的自己寻找。

（2）幼儿操作。

①幼儿运用搓、揉、捏、压、团等技能制作。（引导幼儿尝试多种方法）

②边制作边商讨方法。（大胆说出自己的想法后，通过实际操作验证方法是否可行）

③保证每个人都有事情做，用最短的时间完成最多的事情。

3. 相互分享，总结经验。（引导幼儿大胆在众人面前分享好方法）

（1）成功了，梳理好方法并分享成功经验。（教师帮助梳理并在黑板上做好记录）

（2）失败了，勇敢说出问题，请大家帮助想出解决办法，正确面对挫折。（引导幼儿互相帮助，共同解决问题）

4. 活动延伸。

多人合作，继续完成主题下其他鼎的创作。

教师：朱春月

活动六： 我是小导游（社会活动）

活动目标：

1. 能够运用已有经验，用连贯的语言介绍西周遗址博物馆中的一部分内容。

2. 乐意在集体面前表达自己的想法，并能认真倾听同伴的讲述。

3. 增加对中华优秀传统文化的兴趣，增强对家乡的热爱之情。

活动重点：能够根据自己的前期经验，组织语言介绍西周遗址博物馆中的文物。

活动难点：敢于在集体面前当小导游，能够从文物的名称、主要特征及意义几方面进行介绍。

活动准备：

1. 物质准备：导游工作时的视频。

2. 经验准备：参观过西周遗址博物馆。

活动过程：

1. 了解导游的工作内容。

（1）观看西周遗址博物馆中导游向游客进行介绍的视频。

（2）提问：她是谁？她在哪儿？她在干什么？视频中的导游分别介绍了这个文物的哪些内容？

（3）小结：导游介绍了这件文物的名称、主要特征和意义。

2. 试做小导游。

（1）激发幼儿想成为导游的欲望。

师：怎样能成为一名合格的小导游呢？让我们一起来试一试吧。

（2）幼儿分组选择一张文物图片，根据自己的前期经验，说一说它们的名称、主要特征及意义，进行小组交流。

（3）教师巡视，及时根据幼儿的需要查阅资料。

（4）鼓励小组同伴之间相互补充要介绍的内容。

3. 我是小导游。

（1）请每组一名幼儿来前面当小导游，为大家介绍文物。

（2）每名导游介绍完成后，教师可引导幼儿对他的表现进行评价，重点从介绍的内容是否包括文物名称、主要特征和意义，语言连贯性及声音等方面进行评价。

（3）教师小结，引导幼儿感受中华传统文化的博大精深，感受古人制作工艺品的精湛技艺。

4. 活动延伸。

再次参观西周遗址博物馆，请幼儿担当小导游，自信、大方地把自己所了解的知识以导游身份介绍给弟弟妹妹。

教师：谢　芳

五、亮点分享

"探秘博物馆"主题活动形式新颖，采用"走出去、引进来"的模式，聚焦真问题、真活动、真探究、真作用，让幼儿在实践活动中快速成长。

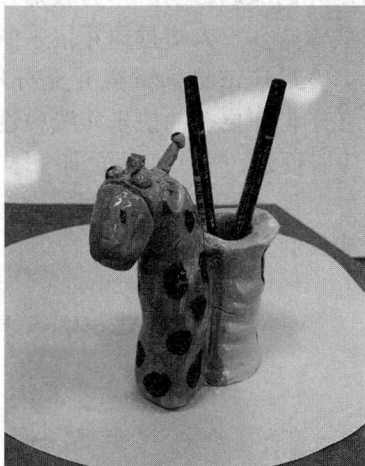

　　于孩子而言，从探秘、发现问题、解决问题、勇敢创新、大胆实践到文化传承，孩子们充分感受到了家乡历史文化的博大精深，千年古城的气势宏博，魅力燕都的风貌神韵，以及北京城的变迁发展。孩子们赋予作品主题美和创造美，在玩泥过程中渐渐地形成了坚持不懈、敢于创新的班风。他们给创作的鼎取了好听的名字，创编了好听的故事。他们在制作过程中有分工、有合作、有争吵、有谦让，也会将活动过程的点点滴滴用回忆录的方式记录下来。展览会的时候，孩子们拿出回忆录，滔滔不绝地为客人讲述。孩子们共同完成全班代表作，他们还给作品起了一个很好听的名字"齐心协力（鬲）"，也寓意我们班的孩子像这个鬲一样，心往一处想、劲往一处使，齐心协力共渡难关。他们也会通过陶泥制作解决实际生活中遇到的问题，例如自制笔筒、花盆、笔架、棋子等。

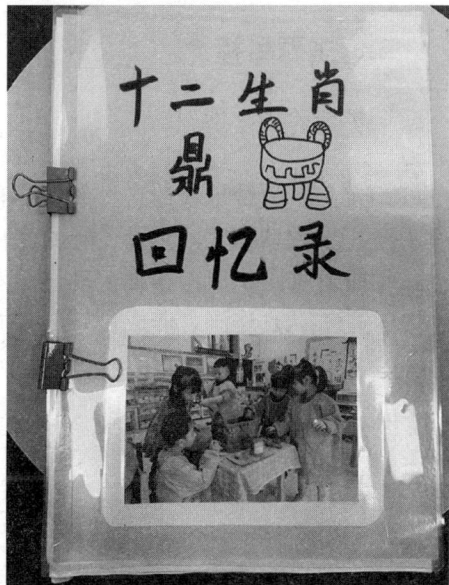

　　于老师而言，深入挖掘周边教育资源，带领孩子们开拓视野，丰富教育内容，从活动中充分感受到西周燕都遗址文化带来的巨大能量，让孩子们将从馆内听来的、看来的、亲身体验来的灵感都付诸实践，加入自己的理解，形象地再现了燕都

文化对幼儿的深远影响。作为教师，我善于捕捉契机和孩子一同探索、共同成长。我深知乡土人情是幼儿快乐的源泉，也是孩子们打开求学之门的另一扇窗户，今后应该更加重视并充分地加以挖掘、开发和利用，注入新的生机，让孩子们在更多的快乐实践中愉快成长，绽放精彩。

于家长而言，本次活动面向全体家长开放，家长和孩子们一起开启了博物馆的奇妙旅程，在重温家乡典故、感受历史文化之余，更感觉到陪伴孩子一起学习、成长的无限快乐与惊喜。

》第三节　拓印中的乐趣《

主题一：　拓印物语

班级：小班　　教师：穆春静

一、主题由来

小班幼儿喜欢颜色，喜欢涂鸦。但由于缺乏生活经验，进行美术活动创作的方法单一。拓印画能给小班幼儿带来无穷乐趣，正可以弥补这些作画技巧的不足。拓印活动可以开放幼儿的双手，幼儿通过使用各种材料作画，充分了解、体验多种多样的拓印工具的外形及名称，感受拓印画的多样性与艺术美，体验拓印画艺术创作的乐趣，体验成功的快乐。

二、主题目标

1. 能够运用多种形式进行拓印活动，提高动手能力，培养幼儿表现美的能力。

2. 能口齿清楚地表达自己的需要和想法。

3. 能够主动探究，感受色彩的变化，发现不同的拓印方法。

4. 能够促进小肌肉精细化动作的发展。

5. 能够认真作画，养成良好的收放习惯。

三、主题网络图

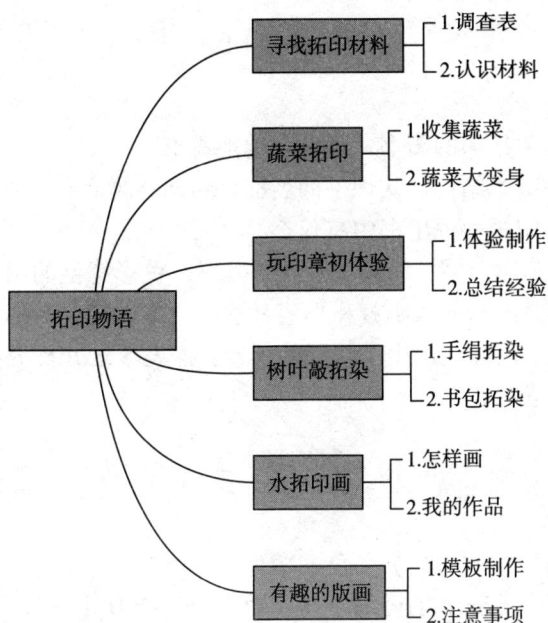

```
                          ┌──────────┐      ┌─ 1.调查表
                       ┌──┤ 寻找拓印材料 ├──┤
                       │  └──────────┘      └─ 2.认识材料
                       │  ┌──────────┐      ┌─ 1.收集蔬菜
                       ├──┤  蔬菜拓印  ├──┤
                       │  └──────────┘      └─ 2.蔬菜大变身
                       │  ┌──────────┐      ┌─ 1.体验制作
            ┌──────┐   ├──┤ 玩印章初体验 ├──┤
            │ 拓印物语 ├──┤  └──────────┘      └─ 2.总结经验
            └──────┘   │  ┌──────────┐      ┌─ 1.手绢拓染
                       ├──┤  树叶敲拓染 ├──┤
                       │  └──────────┘      └─ 2.书包拓染
                       │  ┌──────────┐      ┌─ 1.怎样画
                       ├──┤  水拓印画  ├──┤
                       │  └──────────┘      └─ 2.我的作品
                       │  ┌──────────┐      ┌─ 1.模板制作
                       └──┤ 有趣的版画 ├──┤
                          └──────────┘      └─ 2.注意事项
```

四、主题实施

（一）环境创设与资源利用

美 工 区

区域目标：

1. 体验拓印画艺术创作的乐趣，体验成功的快乐。

2. 通过多种形式印画，感受这种特殊画法的乐趣，丰富幼儿的想象力。

3. 培养幼儿认真作画并保持画面整洁、干净的良好习惯。

投放材料：多种蔬菜根、颜料若干、棉花若干、盘子 18 个、篮子 6 个、瓶盖、纸若干、手帕、硬币等。

活动内容：

1. 蔬菜拓印。运用各种蔬菜进行拓印活动，大胆进行艺术创作。

2. 树叶敲拓染。将颜料涂在叶子的反面，上面有许多纹理，更容易印出来，利用树叶叶脉进行艺术创作。

3. 水拓印画。水拓画色彩、形状的变化，带动幼儿们展开了无限想象，通过滴一滴、划一划、画一画、印一印，变成一幅幅神奇、五彩斑斓的图画。

4. 有趣的版画。根据小班幼儿的年龄特点，我们从简单的拓鱼开始，逐渐加深图案的复杂性，慢慢感受传统文化的美。

5. 利用光源原理以及阳刻模板进行拓印。

图 书 区

区域目标：

1. 喜欢看有关拓印的图书，能有兴趣地看书。

2. 知道书的基本结构，认识书的名称、封面、封底。

3. 能根据拓印画面说出书中有什么。

投放材料： 拓印图书、绘画工具、工具书、色彩鲜艳的图书。

活动内容： 通过阅读《小黄和小蓝》这一绘本，幼儿对小蓝和小黄为什么紧紧拥抱在一起变成绿色产生了浓厚的兴趣，激发了幼儿探究的兴趣，于是拓展到对三原色的了解。

科 学 区

区域目标：

1. 感受颜料滴入水中之后颜色的变化。

2. 激发对科学小试验的爱好，培养动手操作能力。

投放材料： 瓶子、各色颜料、工具筐等。

活动内容： 颜色变变变。通过实验去探究黄色和蓝色混在一起会变成什么颜色，黄色和红色混合在一起会变成什么颜色。

（二）教学设计

活动一： 有趣的手指画（绘画活动）

活动目标：

1. 能自主、大胆用色，学习用手指点画的方法画小花小草。

2. 培养幼儿的观察、操作、表达能力，提高幼儿的审美。

3. 在点画活动中，体验手指点画以及蝴蝶找花的乐趣。

活动重点： 用手指点画的方法作画。

活动难点： 用手指点画组合图案。

活动准备： 各色颜料、抹布、大张白纸。

活动过程：

1. 出示手指点画，谈话导入，激发幼儿兴趣。

师：说一说图上有什么？这些画与我们之前的图画一样吗？你知道它是用什么画的吗？

2. 讲解作画方法。

（1）教师出示白纸，启发幼儿想一想，说一说："没有笔，怎样给大地添画小花和小草？"

（2）重点了解手指点画的过程：手指蘸颜料在空白的地方画小草。

3. 幼儿作画。

鼓励幼儿大胆画出小花小草，教师巡回指导，适当帮助有困难的幼儿。

4. 展示作品。

请幼儿将画好的小花小草送到花园里，引导幼儿相互欣赏，并扮演小蝴蝶在"花丛中"飞舞。

5. 活动延伸。

将幼儿作品放在图书区，幼儿进行讲述。

教师：穆春静

活动二： 美丽的春天（蔬菜印画）

活动目标：

1. 能大胆尝试用不同蔬菜拓印花纹。

2. 了解春天的主要特征，感受春天的色彩美。

3. 体验拓印活动的乐趣。

活动准备：适合拓印的蔬菜根（莲藕、柿子椒、芹菜根、白菜根等）、装有颜料的盘子、抹布、绿色的布。

活动过程：

1. 活动导入。

（1）谈话导入。

师：春天来了，天气变暖和了，你们的身边有什么变化吗？

（2）观看春天的景色图片。

教师：那我们来看看图片，请认真观察，说一说春天是什么样的。

（3）观看小朋友使用蔬菜进行拓印的图片。

师：这个小朋友在干什么？他使用的是什么材料？是怎么变出这些小花的呢？

（4）教师出示拓印材料和颜料，请幼儿大胆发言，说说自己的想法。

2. 幼儿动手操作。

（1）明确要求和方法。

①先选择一个自己喜欢的蔬菜，抓住上面，在自己喜欢的颜色盒中蘸一下，然后在自己想印的地方按一下，再把蔬菜拿起来就完成了。

②如果想拓印别的形状的小花，可以换一个蔬菜根蘸颜色。

（2）幼儿自主拓印，教师巡回指导。

师：老师这里有一大块绿草地，请你用这些材料帮我把这块绿草地变漂亮好吗？

3. 活动结束：作品欣赏。

师：来讲讲自己的作品吧。你印出了什么？用了哪些颜色？用了什么材料？

4. 活动延伸。

可以将材料投放到美工区进行创作。

教师：宋晓苒

活动三： 光源下的小动物（科学活动）

活动目标：

1. 能够借助光源照射拓印出画的形状。

2. 初步了解影子产生的原理。

3. 初步体验两人合作的乐趣。

活动重点： 能够拓印光源照射出来的形状。

活动准备： 油画棒、白纸。

活动过程：

1. 谜语导入，引发幼儿的兴趣。

（1）人人有个好朋友，乌黑身体乌黑头，灯前日下跟你走，却是哑巴不开口。（影子）

（2）师：今天老师给你们带来一个好朋友（出示光源拓印图片），怎样把这个好朋友留下来呢？

2. 画小动物轮廓。

（1）两个小朋友合作把小动物留在纸上。一个小朋友把小动物图纸拿在光源下照射图案，另一个小朋友拓印出小动物的轮廓。

（2）幼儿两两一组进行绘画，教师巡回指导。

3. 将小动物添画完整。

师：小朋友们已经把小动物的轮廓拓出来了，下面我们给它添画完整，让它更加漂亮吧。

幼儿自主添加。

4. 欣赏交流作品，教师总结。

（1）请幼儿分享自己的作品。

（2）幼儿之间交流自己拓印出来的是什么小动物。

5. 活动延伸。

将这些小动物图纸投放到科学区进行探究。

教师：穆春静

活动四： 植物敲拓染（艺术活动）

活动目标：
1. 通过观察了解树叶的奇妙以及树叶的外形和叶脉的不同之处。
2. 在捣一捣、敲一敲中发现植物的颜色痕迹，并进行创意拓印。

活动准备： 各种新鲜的树叶、白布、敲击工具。

活动过程：
1. 谈话导入：如何留住植物的颜色。

师：树叶掉落下来很快就会凋谢，怎样才能留住它们漂亮时候的颜色呢？

教师小结：古时候的布，刚做好的时候也是没有颜色的，后来人们用染色的形式给布染上了很漂亮的颜色。用什么方法可以将树叶的颜色也染到白布上呢？

2. 分组活动。

（1）幼儿分组选取不同的树叶进行加工。

（2）教师巡回指导。

幼儿用锤子来敲树叶，用石头来研磨树叶，用木条来捣碎树叶。在孩子们的合作下，白布上出现了各种树叶的颜色。

教师小结：我们把树叶的颜色敲到布上去吧，敲得重一点，这样颜色才能敲出来。

3. 作品分享。

在植物与布的碰撞中，我们完整而清晰地留下了植物原本的形态，孩子们互相欣赏彼此的作品。

教师：宋晓苒

活动五： 水拓扇子（艺术活动）

活动目标：
1. 了解水拓画是中国民间传统的文化工艺。
2. 感受水拓画的形式美与创作的多样性。
3. 了解丰富多彩的水拓纹样，运用多种方式、材料进行水拓画创作。

活动准备： 画梳、画盘、画针、滴管、颜料、画纸。

活动过程：
1. 认识水拓画工具。

师：水拓需要用到的工具小朋友们都认识了吗？它们都叫什么名字？都有哪些功能呢？

2. 学习制作水拓画。

（1）将画粉放入温热的水中搅拌开，制作画液。

（2）选择滴入颜色的工具——画针和滴管，将颜色直接挤入画液中。

（3）绘画工具及方式：画梳有序拨动，画针有序无序拨动。

（4）附上画纸，轻轻拿起，制作完成。

3. 展示作品，分享感受。

教师：穆春静

活动六： 硬币捉迷藏（综合活动）

活动目标：

1. 能够主动探究拓印的方法，并能够在老师的引导下表达出来。

2. 能够控制用笔力度、幅度，拓印出清晰的作品。

3. 感受拓印神奇变化的乐趣。

活动重点： 探究硬币拓印的方法。

活动难点： 拓印出清晰的图案。

活动准备： 硬币、铅笔、油画棒、白纸、大幅背景纸。

活动过程：

1. 出示许多硬币，幼儿自由玩硬币。

（1）教师提问：

硬币是什么形状的？

说一说，你看到的花纹都有什么？

摸一摸，上面的花纹，有什么感觉？

想一想，如何把硬币上的花纹印在纸上？

（2）请幼儿自由回答，并用幼儿说出的方法进行演示。

2. 幼儿探究用铅笔或油画棒把硬币上的花纹印在纸上。

（1）幼儿初探索。

①幼儿每人一套材料（硬币、白纸、铅笔或油画棒），自主探索拓印方法。

②教师观察幼儿活动情况，提示幼儿大胆尝试。

③收集较好的作品展示，引导幼儿说出拓印的方法。（将白纸盖在硬币上，用笔轻轻地涂硬币上的纸，花纹就出来了）

（2）幼儿再次尝试。

①提示幼儿把纸按住，要轻轻地涂色。感受花纹逐渐显现的神奇变化。

②引导幼儿把印好的图案剪下来，粘贴在大画纸上，形成一幅拓印作品。

3. 作品展示。

幼儿欣赏自己的作品，感受拓印的乐趣。

4. 活动延伸。

（1）将材料投放到活动区，幼儿可以继续拓印。

（2）给拓印作品添画，形成新的艺术作品。

教师：马俊影

五、亮点分享

根据幼儿的年龄特点、能力发展水平和兴趣点，班级开展"拓印物语"主题活动。让幼儿在玩中学、做中学，感受非凡技艺，弘扬非遗文化。3岁幼儿的思维具有明显的直觉行动性，对周围事物的认知往往源于最直接、最具体的日常生活情境，因此孩子们尝试了多种拓印形式。本次活动以润物细无声的方式，将中华优秀传统文化根植于幼儿心中，既激发了他们探索拓印技艺奥秘的兴趣，使其萌生了对中华优秀传统文化的认同感和民族自豪感，又帮助幼儿从小树立文化自信，让中华优秀传统文化在幼儿心中生根开花。

主题二： 探秘印刷术

班级：大班　　教师：王晓琪

一、主题由来

印刷术一直从古流传至今，发生了一次又一次的变革，小朋友们对印刷术的发展过程以及发展现状都充满了好奇，并开始思考在没有高科技的古代，人类是怎么印刷的。经过调查，幼儿了解到了四大发明中的活字印刷，于是孩子们开始尝试用陶泥制版并试着印刷，进而制作属于自己的印章。为了深入培养孩子对中华优秀传统文化的兴趣，加强对孩子的传统文化教育，从小培养孩子们的爱国主义情感，我们借着孩子们这股浓厚的兴趣，发挥家长资源优势，开展了"探秘印刷术"主题活动。

二、主题目标

1. 了解中国的传统文化和四大发明之一——印刷术的由来。

2. 能够发挥想象力和创造力，用陶泥雕刻的方法制作拓印模板，并体验各种印刷方式。

3. 能够用完整的语言表达自己的需求和想法。

4. 能够团结合作，共同完成班级内的事。

5. 激发幼儿身为中国人的自豪感。

三、主题网络图

四、主题实施

（一）环境创设与资源利用

泥 工 区

活动目标：

1. 能够使用陶泥和白泥等材料，运用雕刻的方法创作泥工作品。

2. 发挥想象力和创造力进行创作。

投放材料： 黄陶泥、白瓷泥、泥工雕刻工具、泥浆。

活动内容：

1. 我的小印章：使用黄泥和白泥雕刻印章。

2. 制作奖杯和奖牌：能够用立体塑型和雕刻的方法为评选班级达人制作具有创造性的奖杯和奖牌。

美 工 区

活动目标：

1. 能够利用水墨画的技法进行艺术创作。

2. 能够运用多种方法进行拓印和印刷。

投放材料： 吹塑板、油墨、水粉、宣纸、刷子、印刷模板。

活动内容：

1. 有趣的印刷：运用阴刻和阳刻的模板进行版画印刷及活字印刷。

2. 好看的水墨画：根据季节，利用水墨画的方式开展实物写生，并结合印刷术为水墨画进行印章落款。

图 书 区

活动目标：

1. 能够专注地阅读图书，对图书和生活中的符号感兴趣，知道文字表示一定的意义。

2. 对阅读感兴趣，具有良好的阅读习惯。

3. 能够说出所阅读的幼儿文学作品的主要内容，了解中国的历史文化。

投放材料：有关中国传统文化的书、阅读打卡记录表、创编故事的自制小书。

活动内容：

1. 快乐图书节：借助 4 月图书节开展每天的阅读打卡活动。

2. 好书推荐：向幼儿介绍有关传统文化的图书，引导幼儿自主阅读。

益 智 区

活动目标：

1. 能够专注地操作拼图玩具，对自制拼图感兴趣。

2. 感受中国的博大，体会作为中国人的自豪感。

投放材料：中国地图的拼图、自制印刷术流程图的拼图。

活动内容：

1. 自制拼图：借助印刷术流程图制作拼图。

2. 拼图大比拼：通过计算玩拼图的时间，确定谁是拼图大比拼的冠军。

资源利用

地域资源：带领幼儿参观燕都遗址博物馆，感受琉璃河深厚的文化底蕴，体现"鼎天鬲地"的人文精神。

（二）教学设计

活动一：聊聊印刷术（语言活动）

活动目标：

1. 用自己的方式收集信息来了解印刷术。

2. 能够清楚地表达自己的想法。

3. 体验自己收集信息并验证的自豪感。

活动准备：印刷术大调查的记录表。

活动过程：

1. 导入。

用谈话的方式导入古代的印刷术。

2. 出示印刷术调查表。

（1）出示调查表，幼儿介绍自己的调查结果。

（2）分组聊一聊自己的调查结果，看看有什么不一样的地方。

（3）验证调查结果是否正确。

3. 幼儿讨论印刷术的演变过程。

（1）了解印刷术的演变过程。

（2）知道中国的四大发明都有哪些。

4. 活动延伸。

自制印刷术流程图拼图。

教师：王晓琪

活动二： 探秘印刷术（社会活动）

活动目标：

1. 了解活字印刷术是中国的伟大发明。

2. 动手操作，体验印刷术的完整过程。

3. 进一步感受中国人民的智慧，为身为中国人而感到自豪和骄傲。

活动准备：介绍印刷术的故事书、活字印刷术的印刷视频、印刷模具、硬纸板、水粉颜料。

活动过程：

1. 导入。

（1）故事导入，引起幼儿对印刷术的兴趣和惊叹。

（2）提问：书本是如何制作出来的？

（3）幼儿进行讨论。

2. 出示印刷模具，了解印刷术的由来。

（1）讲述毕昇发明活字印刷术的故事，播放介绍活字印刷术的印刷过程和原理的视频。

（2）回顾印刷的过程。

3. 印刷初体验。

（1）利用模具初步体验印刷术。

（2）与同伴互相分享自己的印刷作品。

4. 活动延伸。

利用陶泥制作印刷模板。

教师：王占英

活动三：　我的小印章（综合活动）

活动目标：

1. 能够发现自己制作的印章存在的问题。

2. 能够主动探究并解决印出来的字是反的问题。

3. 体验小组合作的乐趣，分享成功的喜悦。

活动准备： 纸、马克笔。

活动过程：

1. 导入。

（1）播放班内小朋友用自己制作的小印章盖章的视频，发现问题。

（2）提问：印出来的字为什么是反的？

（3）幼儿自主分组讨论并记录。

2. 出示幼儿的记录纸，发现问题并解决问题。

（1）幼儿分组讨论如何解决印出来的字是反的问题。

（2）介绍本组的好方法。

（3）验证哪种方法更快更方便。

3. 运用新的方法刻制印章。

（1）用黑色马克笔在纸上写出自己的名字，然后将纸翻过来看。

（2）按照纸背后的印记在印章上进行篆刻。

4. 出示印好的图案，大家共同试验新方法。

5. 活动延伸。

用新方法刻制属于自己的名字印章。

教师：王晓琪

活动四：　有趣的拓印（综合活动）

活动目标：

1. 能够发现拓印过程中存在的问题。

2. 能够主动探究解决问题。

3. 愿意共同合作验证方法是否适合。

活动准备： 颜料、刷子、宣纸、拓印包、喷壶、照片。

活动过程：

1. 导入，出示幼儿拓印不清楚的照片和拓印清楚的照片。

（1）提问：为什么有的印出来清楚，有的不清楚？

（2）幼儿自主讨论并回答。

2. 实验操作，验证哪种方法最适合拓印。

（1）材料的选择：黄陶泥、白瓷泥。

（2）工具的选择：拓印包、刷子、手按压。用喷壶将模板喷湿。

3.根据实验操作得出结论。

（1）幼儿得出结论：白瓷泥更适合拓印，用拓印包进行拓印更清楚。

（2）幼儿分组尝试用总结出来的方法进行拓印。

4.活动延伸。

制作拓印版画。

教师：王占英

活动五： 怎样让印章印得更清楚（综合活动）

活动目标：

1.能够发现自己制作的印章存在的问题。

2.能够主动探究解决印面不平整的问题。

3.体验小组合作的乐趣，分享成功的喜悦。

活动重点： 在感知操作中主动探究出印章印得更清晰的好方法。

活动难点： 找到多种让印章印得更清晰的方法。

活动准备：

1.物质准备：PPT、印章印刷不清晰的作品。

2.经验准备：幼儿有初步捏泥的经验。

活动过程：

1.发现问题。

（1）观看视频。（幼儿操作印章印得不清晰的视频）

提问：为什么印得不清楚？你有什么好方法可以印清楚？

（2）欣赏PPT，观察印章的印面，大胆猜测印章印得不清晰的原因。

2.幼儿操作，教师引导。（鼓励幼儿大胆尝试各种好方法）

（1）教师提出要求：分组以后讨论怎样分工合作完成；需要辅助材料时自己寻找。

（2）幼儿操作。幼儿运用打磨、刮、搓、抹平等技能进行操作，边制作边商讨方法。

3.相互分享，总结经验。（引导幼儿大胆在众人面前分享好方法）

（1）成功了，梳理好方法并分享成功经验。

（2）失败了，勇敢说出问题，请大家帮助想出解决办法。

4.活动延伸。

利用幼儿梳理的经验，在泥工区继续完善自己的小印章。

教师：王晓琪

活动六： 伟大的四大发明（综合活动）

活动目标：

1. 初步了解我国古代造纸术、指南针、火药和活字印刷的发明，知道这些发明创造对人类的作用。

2. 为我国古代的发明创造感到自豪和骄傲，初步萌发创造发明的愿望。

活动准备：

1. 物质准备：纸、指南针、火药、活字印刷术的发明图片、PPT。

2. 经验准备：在区角中投放了相关的材料。

活动过程：

1. 了解纸是如何发明出来的。

（1）提问：我们写字画画需要用什么？

（2）引导幼儿观看图片，了解纸张是如何被创造发明出来的。

（3）通过 PPT 观赏各种纸制品，说说它们的名字，是用什么做成的。

（4）讨论：纸的发明给人们带来什么好处？

2. 了解指南针是如何发明出来的。

（1）出示 PPT，引导幼儿观察：这是什么？ 有什么用？

（2）轮船在大海上怎么辨别方向？解放军在大山里行军时如何辨别方向？

（3）讨论：还有哪些地方会用到指南针？（引导幼儿根据自己的经验谈）指南针是如何被发明出来的？

（4）出示图片，让幼儿了解指南针是如何发明出来的。

3. 了解火药是如何发明出来的。

（1）提问：在过春节的时候，你们最喜欢做什么？（放鞭炮）你是怎样放鞭炮的？点火以后会怎么样？为什么会爆炸？

（2）出示图片，引导幼儿观察，了解火药是如何发明的。

（3）现在人们用火药来做什么？（引导幼儿自由结伴讨论，如烟花、爆竹、枪里的子弹、炮弹等）

4. 了解活字印刷是如何发明出来的。

5. 引导幼儿谈谈现代人的发明创造，激发幼儿创造发明的愿望。

6. 活动延伸。

用自己喜欢的方式记录下自己想成为什么样了不起的人。

教师：王占英

五、亮点分享

"探秘印刷术"本是一次班级主题活动，在孩子们的不懈坚持下，成功动员全园幼儿参与，也在这样的活动中让更多的人了解到了中国的传统文化。通过本次的主题活动，幼儿初步体验共同合作以及分享经验的乐趣，通过探索了解古代的印刷术，发现刻印的相关知识，并尝试解决探究中的问题。在本次活动中，重点以幼儿为主，例如幼儿在活动中的发现、遇到的问题、幼儿探索的过程以及幼儿在活动中得到了哪些发展等，重点放在幼儿在刻印的过程中的发展，关注活动的过程，做到幼儿是游戏的主人，同时发展幼儿的能力。

在开展活动过程中，我会根据孩子们的兴趣去开展活动，也会根据孩子在刻印的过程中出现的问题和亮点去总结，并设计开展相应的活动。例如，发现孩子们玩完泥以后泥工区很乱，就会去和孩子商量怎样把泥工区整理干净，鼓励幼儿想办法，引导幼儿学会分类和规划。又如，发现幼儿刻印出现问题时，就以问题来引导孩子去发现刻印的技能技巧，并带领孩子去实验，在操作中感知学习。在活动开展中，主要引导幼儿主动发现和探索，在玩和探索的过程中得到发展。

通过本次主题活动的开展，我发现主题的选择要使幼儿感兴趣，并且贴近幼儿的生活。活动以幼儿为本位，把幼儿在活动过程中的发现、亮点、问题、解决问题的方法作为重点。而我们教师要做的是有一双会观察的眼睛和一颗会发现的心，做孩子活动中的观察者、引导者，在孩子有问题的时候去引导和启发，而不是直接告诉孩子，要让孩子自己去探索和感知、尝试和解决问题，适当的时候帮助孩子进行总结和提升。在活动中，孩子们深刻体会到团体合作的乐趣，能积极、大胆地与同伴进行交流和讨论，感受并传承中国文化。

第六章

成 长 感 悟

课程故事： 会"变身"的大蒜——
娃娃喜迎腊八节

"小孩儿小孩儿你别馋，过了腊八就是年"。哼起这句家喻户晓的儿歌，我们就知道快要过年了。腊八节拉开了春节的序幕，从这一天起，年味就从家家户户开始蔓延。临近年关，面对小班的这群孩子们，传统节日活动的开展也是一件让老师"头痛"的事情。要想孩子们通过活动了解过年的习俗，就必须知道孩子们的兴趣，从他们的角度出发，生成真正让他们感兴趣的活动。小班幼儿对世界的认识是感性的、具体的、形象的，认识需要依靠动作来完成，所以这个活动最好是让孩子们亲自去尝试制作、去体验。

马上就是腊八了，这天我带孩子们了解了腊八节的由来和习俗。活动结束后，为了让孩子们更具体地了解，我还为他们准备了腊八粥和腊八蒜。我将两种食物分别放在小碗里，请孩子们去看一看、闻一闻，自由讨论。出乎我意料的是，孩子们似乎对腊八蒜更感兴趣，大部分孩子围在腊八蒜面前叽叽喳喳地说着。"这是蒜吗？""不是，我们家的蒜是白色的。""是蒜，老师刚才说了是腊八蒜。""咦？大蒜可辣了，我可不爱吃，但是我爸爸爱吃大蒜。""为什么这个蒜是绿色的？"……他们的讨论声把所有的孩子都吸引了过来。是啊，对于孩子们来说，蒜泡在醋里慢慢变绿的过程，不就是一场有趣的魔法表演吗？那不如就开展一次泡腊八蒜的活动，孩子们既能观察探索大蒜变绿的过程，又能在年夜饭上和家人一起吃到自己亲手做的腊八蒜、腊八醋，既感受了传统节日的气氛，又体验了动手的乐趣。于是我提出了问题，"大蒜明明是白色的，为什么腊八蒜里的大蒜会变身呢？"一听到"变身"二字，小朋友们更加好奇了。"为什么大蒜会变身？我们家的蒜能变成腊八蒜吗？那是怎么做的？"孩子们带着疑问在家里和爸爸妈妈查资料。同时我也在班级群里和家长进行了沟通与说明，为后面制作腊八蒜做准备。

第二天，孩子们带着空瓶子、米醋和大蒜来到了幼儿园。他们迫不及待地分享着："腊八醋就是把蒜放到醋里面，蒜会从白白的变成绿色的……我奶奶说了，要把蒜一颗一颗剥出来放到醋里面，它就会变色……"就这样，大蒜变身记终于开始了。一个个剥蒜小能手立即行动起来，有的将蒜掰成单瓣，再逐个去皮，有的用指甲抠来抠去，将大蒜仔仔细细剥好再洗净。接下来，小朋友把剥好的大蒜放进干净的空瓶子，再倒醋将大蒜一个个淹没，盖上瓶盖儿密封好，就算完成腊八蒜的制作了。刚刚泡好，就有小朋友问："什么时候可以吃呀？什么时候才能变绿呢？"我和孩子们说："要是想吃到好吃的腊八蒜和腊八醋，还需要我们每天来看看它们，和它们说说话。它们听到我们的声音以后，就会慢慢地变成绿色，等所有的大蒜都变成绿色，他就变身完成啦。到时候，我们大家就可以一起尝一尝自己动手制作的腊八蒜了。"

本次活动从一开始的不知从何入手到课程的生成，完全是在孩子们的讨论中确定的。依照小班幼儿的年龄特点——思维依靠行动、动作发展迅速，要想让孩子们更直观地感受传统节日的氛围，应该从他们的兴趣点入手，开展操作性强、趣味性强的活动。在这次活动中，孩子们都投入其中，学会了剥蒜的方法，知道了怎样制作腊八醋、腊八蒜。孩子们的好奇心是引领其进行探索最好的引路者。

教师：王敬松

课程故事：激发原动力，师幼共成长

我园的"乐源"课程以燕都文化为载体，通过泥工活动支持幼儿主动探索、快乐实践，提高各项能力。在带领班级幼儿共同实施园本课程阶段，我遇到了问题：幼儿在中班阶段掌握了泥工的基本技能，到了大班该如何突破呢？教师应该如何支持幼儿把想法变成现实呢？刚开始我找不到方向，很茫然，但在这次活动中我找到了方向。

"李老师快来，您快看球球，他们组捏的恐龙笔架好棒啊！"只见球球笔直地站在人群中和小朋友们介绍着他们组的得意之作："我们组的笔架是恐龙的造型，牙齿和刺可以挂笔，手和脚能当笔托，肚子是用报纸揉成球再包上泥，是中空的，希望你们能投我们一票，谢谢大家！"声音洪亮，语言组织清晰，把恐龙笔架制作的过程、方法和功能介绍得很详细，得到了小朋友的掌声，作品也在小朋友们的投票中脱颖而出成了第一名。孩子们自信的力量让我不禁想起此系列活动带给幼儿的成长，我欣慰地笑了。

事情的起点是一天区域分享环节，美工区的小朋友说："我们画国画的毛笔没有地方放怎么办呀？"其他小朋友帮忙想办法："要不买一个笔架吧""咱们能不能自己做一个笔架？"我突然意识到这是一个很好的教育契机，立马问道："我们应该怎么做呢？""我们用陶泥做一个笔架！"

孩子们有了想法，我便趁热打铁支持幼儿把想法变为现实，开始了第一次小组设计制作笔架。但是在制作的过程中，孩子们发现分工不够明确、制作的笔架太低了等问题。阳阳说道："我们应该设计一个计划表。"我追问："在计划表里怎么知道谁负责干什么呢？"小朋友们听到后思考了一会儿说："那就画上谁负责什么，制作时就能看到了。"分工的问题解决了，那笔架太低怎么办？"可以制作的时候用毛笔在旁边测量，那样就能做到想要的高度了。"在我一次次的追问中，幼儿发现问题、解决问题的能力得到了很大的提高。

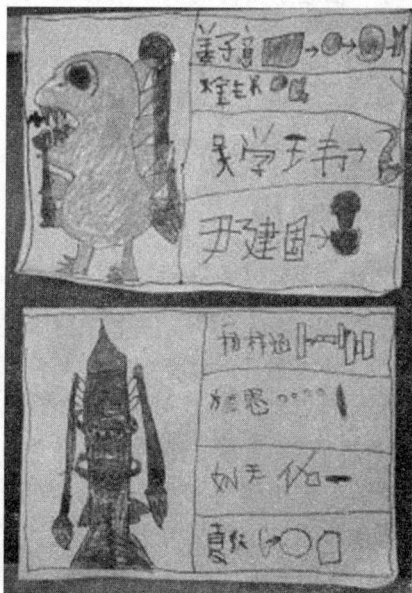

一组幼儿做的大树形状的笔架激发了其他幼儿的兴趣，他们也想制作不一样的笔架。创意是本系列活动的重点，也是最难的一个阶段，如何支持幼儿发散思维，想出更多的创意呢？首先我制作了调查表，让幼儿收集了很多笔架的照片，共同欣赏、讨论。重点讨论的是制作者的创意，即为什么这样设计？是由哪些元素进行关联组合的？我们身边的东西有没有能够组合关联的？孩子们开始联想到大树、高楼、霸王龙、火箭等。想象是现实的外延，幼儿的创意离不开已知经验的积累。欣赏后，我带领幼儿共同分析，是带领幼儿突破现实的过程。

幼儿提出用投票的方式选出最好的一个笔架，于是出现了开头的一幕。通过看别人的作品，幼儿了解到不仅造型可以创意，使用方法也可以一物多用。其他组的小朋友们也没有气馁，说下次也要做出多功能的笔架。烧制后，我们把四个笔架投放到美工区，孩子们使用自己制作的笔架，自信地笑着跳着，这份成就感为后期的泥工活动奠定了基础。

幼儿在这一过程中增强了合作意识、语言表达能力、数学能力等，我在幼儿掌握了陶泥的特性和基本制作方法的基础上，通过大量的谈话、欣赏、计划为幼儿下一步解决问题打下基础，多领域的知识结合提升了幼儿大胆发现问题并大胆解决问题的能力，孩子们制作的泥工作品物尽其用，大大增加了幼儿的成就感。这使我意识到，课程实施过程中要认真思考，支持幼儿主动探索、快乐实践，要高度尊重幼儿想法，结合生活和体验，找到幼儿的兴趣点激发原动力，站在幼儿的角度正向支持幼儿主动思考，把想象变为现实，培养幼儿发现问题、解决问题的能力，提升想象力和创造能力。

教师：李　鑫

经验总结："乐源"课程引领下
本土资源的有效利用

好奇心是人的天性，求知是人的本能。幼小的孩子可以说个个好奇、好问、好探究。好奇心和探究欲是学习的原动力和内驱力，它不仅能提高认识活动的积极性和主动性，还能使认识活动成为一件快乐的事。幼儿的一日生活、与幼儿有关的社会生活及幼儿的游戏都是重要的活动资源。我园地处琉璃河地区，此处有着北京"城之源"的美誉，有着著名的西周燕都遗址，有着见证历史繁华的琉璃河大石桥，还有环境优美的湿地公园，更有勤劳勇敢、朴实无华的琉璃河人民。我园"乐源"课程根据儿童的天性和兴趣，遵循《纲要》和《指南》精神，支持幼儿主动探索、快乐实践，尊重幼儿的生活和体验，注重培养幼儿文明、自信、正直、勇敢、乐学的品质。

一、明确活动主体，幼儿是活动的主人

树立"让孩子像科学家那样思考"的理念。谁有活动的选择权？是幼儿，幼儿有权选择自己的探究内容、怎样探究、和谁探究、是否需要帮助，等等。在主题活动中，我们要培养幼儿主动学习的能力，灵活运用"四个凡是"的方法组织活动：凡是孩子能自己说的一定让孩子自己说；凡是孩子自己能做的一

定让孩子自己做；凡是孩子能自己想的一定让孩子自己想；凡是孩子想自己表达的一定尊重孩子的表达方式。

在陶行知生活教育理论中，生活就是教育。他告诉我们，教育要面向现实生活，才能显示成效。因此，幼儿园活动的内容必须来自幼儿的生活，凡是幼儿感兴趣的，能够帮助幼儿拓展已有经验和视野的，对他们来说都是有价值的主题内容。教师们不要"想当然"，不要"我以为"，不要"套路"孩子们，要让孩子们去想、去做、去尝试成功和不成功。在与孩子们的相处中，生成本班孩子的主题活动内容，我们总要问：这个主题符合本年龄段幼儿的特点吗？幼儿感兴趣吗？它是建立在幼儿已有经验的基础上，又具有一定的挑战性吗？它能提供给幼儿多种形式的表达、表现机会吗？它是否能延伸出丰富有、有意识的系列活动？它能与当地、当时的社会实际、幼儿园实际相契合吗？在用这些问题审视后，班级主题活动内容就确定了。

二、地域资源让孩子们感受家乡的美好

走进社区、走向社会，也是孩子们生活的一部分。《纲要》中指出："教育内容要贴近幼儿生活，要充分利用自然环境和社区教育资源，扩展幼儿生活和学习空间。"我园地处房山区琉璃河镇，这里有悠久的历史与丰厚的人文底蕴。根据地域资源，我们生成了琉河娃娃爱琉河、商周遗址大揭秘、古韵石桥、美丽的湿地公园、我身边的早市、小公园秋游等主题内容。孩子们在家长的带领下参观商周遗址，畅游小公园，探秘大石桥等。在这些主题活动中，幼儿亲近了社区，走向了社会，加深了对家乡历史文化的了解，增加了爱祖国爱家乡的情感。

三、利用幼儿园自然资源丰富主题教育活动内容

我园地处农村，孩子们身边有很多唾手可得的自然资源，我们带孩子走进自然环境去认识春、夏、秋、冬四季的特点，认识田野中有趣的动物昆虫等。我们还充分利用幼儿园空地，开辟了一个种植园，种植了各种瓜果蔬菜等，让孩子们及时观察，大大增加了孩子对大自然的亲切感，培养了孩子对周围环境与生活的浓厚兴趣。在与这些自然资源的互动中，我们形成了很多主题活动，如"春姐姐，亲亲我""玉米总动员""丝瓜妙趣多""风来了""秋天里我们的故事""我的芽芽时代""呀！小豆豆"，等等。在这些活动中，教师们用"让孩子像科学家那样思考""自己知道却也要装作不知道"的思维方式，支持着孩子们的每一个想法，陪伴着孩子们的每一次试误、每一次成功。下面以"丝瓜妙趣多"主题活动为例进行说明。

幼儿：老师，幼儿园的丝瓜那么长了，咱们把它摘下来吧！

师：你在家里采摘过吗？怎么摘丝瓜呢？

幼儿：我摘过草莓，我摘过豆角，我摘过黄瓜……师：你们请小朋友说一说怎样摘幼儿园里的丝瓜？

赵浩翔：可以开电动汽车。需要一把刀子、一辆小推车。

周子易：可以拴一根绳子爬上去，需要剪子。

王硕：可以开电动车来，还可以拿家里的梯子。

张艺菲：可以拿垫子一层层摞起来。

刘滢：需要盆子，装丝瓜用。

师：需要什么工具？你想和哪个小伙伴一起摘？大家怎样分工？

幼儿大胆讲述自己的想法并填写记录表。

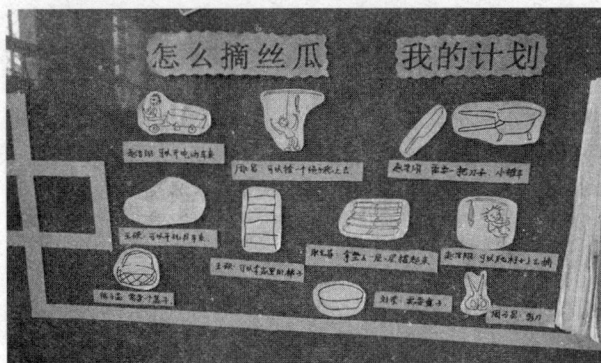

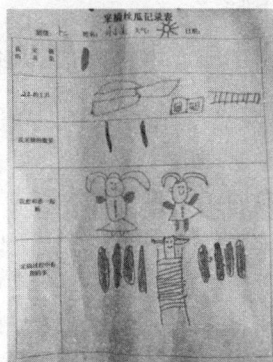

在后面的采摘活动中，孩子们发现很多问题，如工具要自己筹备，有的还需要自制，在摘丝瓜的过程中还要不断调整自己的站位，接丝瓜的容器位置也需要不断调整，工具有的用了一下就坏了。当时班里老师就问我："游老师，这时候怎么办？"我告诉她看看孩子们会怎么办。接下来，孩子们成功地解决了各种我们以为的难题，他们以为这是乐趣，却也是一种成长。

四、传统节日背景下的活动让孩子们感受民族文化的丰富

我国有很多的传统节日和重要节日，如春节、元宵节、端午节、中秋节、劳动节、儿童节、国庆节等，于是我们生成了"浓情端午""中秋月儿圆""给爷爷奶奶过重阳""我是劳动小能手""快乐的六一""五星红旗，我为你骄傲"等一系列主题活动。比如在"给爷爷奶奶过重阳"主题中，因为各种原因，我们不能邀请爷爷奶奶来参加亲子活动，我就开展了视频直播活动"大声说出我的爱"，鼓励孩子给爷爷奶奶表演节目，送出自己亲手制作的手工制品，和爷爷奶奶一起玩民间小游戏等多个环节，引导孩子关心与爱护老人，培养孩子们的感恩之心。

总之，让孩子们的学习从生活中来，到生活中去，让孩子们的已有经验在生活实践活动中获得有效的提升，回归生活的本来面目，让孩子们的创造性不断提升。正如陶行知先生所说的："教育不通过生活是没有用的，需要生活的教育，用生活来教育，为生活而教育。为生活需要生活的教育，教育与生活是分不开的。"在幼儿的一日活动中，教师要善于捕捉教育契机，创设适宜的探究氛围，建构积极有效的师幼互动，努力使幼儿的态度、情感、求知欲、学习愿望都保持良好的状态，使活动的全过程真正成为促进幼儿主动学习、主动发展的过程。

教师：游良姗

经验总结：用音乐表现传统儿歌的教学策略

音乐不仅是一门听觉艺术，更是一门表现艺术。优美动听的音乐旋律，能陶冶人们的情操，给人以美的感受；诗情画意的音乐意境，是形成想象力、创造力的基础；富有表现力的音乐旋律，是感受音乐、表现音乐的前提。幼儿期是可塑性很强的关键期，因此，我们必须从小培养幼儿的音乐感受力。

著名的音乐教育家达尔克罗兹曾经在其重要著作中说："音乐教育的终极结果在于培养儿童歌唱及欣赏的审美情感。欣赏是艺术中最令人神往和欣慰的，我们可以在其中体验人类创造音乐的共同情感。"对于孩子们来说，音乐有着极强的感染力，是孩子们生活中经常接触的。

音乐是美的，但音乐也是抽象的艺术。儿歌是中文独有的一种文体，有特殊的格式及韵律。如何帮助幼儿感受音乐儿歌的魅力呢？

一、营造欣赏的氛围

良好的欣赏氛围有助于幼儿想象力、创造力的发挥，能鼓励、帮助他们在音乐欣赏活动中大胆地尝试唱儿歌词、用动作表现儿歌词，在音乐中感受儿歌，感受、体验我国传统的艺术形式，音乐与儿歌的碰撞，会让孩子们更快地爱上儿歌，在音乐中展开自由的想象和表现。

为幼儿创设欣赏音乐儿歌的环境指的是两方面的准备。

（一）物质及音乐环境的准备

创设与音乐儿歌相匹配的环境。创设音乐儿歌的环境就是再现音乐所描绘的意境，使幼儿如闻其声、如见其人、如临其境，自然而然地进入音乐的情境中。如小班音乐欣赏"游戏歌"，课前教师可以描绘小虫虫爬的可爱景象，再通过 PPT 展示虫虫的不同动作，形式生动活泼，生活气息浓，幼儿边游戏边唱和谐优美的歌谣。此情此景配上教师慈爱的目光，恰当的体态，伴随着音乐，向孩子们传递教师对音乐儿歌含义的诠释。孩子们处在如此梦幻般的情景中，自然能够发挥想象力，在音乐中理解儿歌、感受儿歌、演唱儿歌、表现儿歌、爱上儿歌，体验音乐儿歌词本身所表达的意境和情感，达到在幼儿阶段传承传统文化的目的。

（二）做好欣赏音乐儿歌词前的心理准备

我们要了解欣赏音乐儿歌词的目的，它是欣赏儿歌词活动获得较好效果的重要前提。在听音乐儿歌前排除一切干扰，要用形象化的语言、图片和有关教具等辅助手段，唤起幼儿听音乐的兴趣，巧妙地把幼儿的注意力吸引到音乐儿歌上来。例如，在欣赏传统儿歌《打麦谣》的乐曲前，通过观看图片、幻灯片等活动加强幼儿对麦子的特征、打麦子场景的了解，并且模仿农民伯伯打麦子的动作，以此作为幼儿表达内心劳动美的感受。在欣赏时可设置情境——用幻灯打出一片丰收的背景，通过音乐形象的出现，引导幼儿联想和想象，帮助他们进入音乐欣赏的情景。我们还应做好与音乐情绪相适应的心理准备，启发幼儿在听儿歌的过程中头脑一定要有联想、想象的内容，在情感上有相应的情绪体验。欣赏中教师可以提示，如"在这片景色中有什么？农民伯伯的表情是什么样子的？他们在干什么？"还可以鼓励幼儿模仿打麦子的动作，听着音乐合拍地做动作。描述的音乐停止，要求幼儿也停止动作。在欣赏过程中，教师用语言提示："你们听，还有什么动作呢？"当小朋友能发现不同的动作时，教师可带着幼儿随音乐做儿歌中的动作，如有的模仿农民伯伯，有的学习收割，有的表现合作装、抬的景象，并表现出丰收的喜悦心情，以此结束音乐儿歌词欣赏活动。

二、引起幼儿对音乐儿歌词的兴趣，使幼儿愿意听、愿意想象

让幼儿欣赏的音乐儿歌，可分为摇篮歌、游戏歌、数数歌、问答歌、绕口令、连锁调、谜语歌、颠倒歌、字头歌。

一开始，应根据幼儿的年龄特点与具体情况，选择儿歌欣赏。因为音乐儿歌有歌词，能使幼儿感到内容具体，可为以后表演儿歌词、为儿歌词配乐曲打下基础。如欣赏音乐儿歌《七个阿姨来摘果》时，教师可引导幼儿一边欣赏，一边感受儿歌的押韵。幼儿不但要用耳朵去感受音乐儿歌，更重要的是用身体去感受音乐儿歌。

三、引导幼儿感受音乐儿歌的基本情绪和情绪的变化和发展，促进幼儿通过联想、想象了解内容

例如，传统儿歌《孙悟空打妖怪》，第一部分音乐稍慢而柔和，旋律欢快，有摇荡感，表现师徒四人一路取经的情景。紧接着一段间奏，对前后两句的内容、情绪起衔接、转换作用，开始的音乐是中速，表现"老妖婆"，然后是一段比较连贯的、由强到弱的音乐，继之渐强渐慢，表现孙悟空降妖的欢畅情绪。

在欣赏时，教师可以告诉孩子，"今天老师请小朋友听一个音乐故事，这是《西游记》中的故事情境，请你们仔细听，想想开始看到了什么？他是什么感觉？后来又看到了什么？你们是怎么听出来的？"这些启发性的语言可以使孩子专心听音乐儿歌，并抓住作品的基本情绪进行分析、联想，通过音乐的表现去描述人物动作、情绪的发展变化。在要求幼儿描述音乐作品内容时，应当注意抓住基本内容和主要情节，不要描述那些不符合音乐表现特点的细节。此外，还要注意引导幼儿从听辨音乐的高低、强弱、快慢、音色变化中感知音乐情绪的变化和发展。

四、从音乐儿歌欣赏中启发幼儿对儿歌内容进行描写

音乐是擅长抒发感情的艺术，幼儿在感受音乐时，思维、想象能力能得到充分发展。音乐形象不是视觉形象，而是通过听觉感受，在人的头脑中唤起想象中的形象。人们要感知、理解音乐艺术形象，需要用语言、动作或者其他方式将内容表现出来。孩子的思维有着具体形象性的特点，因此，要启发幼儿用不同的方式将对音乐作品的理解和感受描绘出来。

例如，在欣赏儿歌《我爱家乡琉璃河》后，幼儿用四种不同的方式进行形象表现。

1. 语言描述。有个幼儿是这样描述的：假期的时候，我和妈妈、爸爸一起去湿地公园和燕都遗址玩，我们见到了琉璃河美丽的古桥，参观了"鼎天鬲

地"的宝鼎，品尝了步行街的传统美食，欣赏了水泥博物馆的锦绣画卷……作为琉璃河的小朋友，我为我的家乡而自豪。

2. 动作表达。教师为幼儿准备有关描述琉璃河不同景象的头饰，幼儿自己选择要扮演的角色。听了几遍《我爱家乡琉璃河》后，幼儿对儿歌的内容有了进一步的了解和体验，他们头戴头饰，随音乐表达出角色对儿歌的感受。

3. 用绘画表现。让幼儿通过绘画表现出对《我爱家乡琉璃河》的理解和感受，用彩色的画笔勾画出湿地公园的四季美景、琉璃河古桥的风韵、水泥博物馆的壮观、梨花树下的快乐嬉戏……

4. 泥工原创。泥工是我园的一门艺术课程，幼儿从家里挖来"焦黄土"，自己调配黄土胶泥，捏制了很多的泥工作品，不仅有鼎，还演变出了各种泥工艺术作品。幼儿一边制作一边说唱儿歌，创作出很多惟妙惟肖的作品，如十二生肖鼎、雕刻象棋、传统故事形象等。

这些不同形式的表现，是幼儿表达音乐儿歌感受的一种独特方式，反映出幼儿对作品的了解和感受。教师要正确地引导他们，充分利用现有的环境为他们创造条件，满足幼儿对音乐感受的情感抒发。

在选择音乐儿歌的时候，我们首先应考虑的是要让孩子从中得到什么，是了解音乐儿歌词的基本情绪，还是使幼儿感受音乐的性质，树立起音乐儿歌的形象等，这就是说首先应明了选用这首作品的目的。在教学目的明确的基础上，还要对其内容进行认真的分析。分析内容首先抓住难点和重点进行推敲，然后考虑活动方式，如怎样诱发幼儿对音乐儿歌的兴趣，内容如何很好地理解和表达，怎样创造良好的音乐环境。要达到传统儿歌与音乐教育的有机结合，我们必须发挥音乐儿歌的作用，用高质量的音乐儿歌作品去陶冶情操，激发情感，在孩子们心中种下一颗爱上中国传统文化的种子。

附儿歌：

《游戏歌》

斗虫虫，虫虫爱睡觉，

斗虫虫，虫虫爱吃饭，

斗虫虫，虫虫爱游戏，

斗虫虫，虫虫爱宝宝，

斗虫虫，虫虫咬手手。

《打麦谣》

一箩麦，两箩麦，三箩打大麦，

噼噼啪，噼噼啪，

大家来打麦子好，

麦子多，磨面做馍馍，

馍馍甜，馍馍香，

大家都来尝，

噼噼啪，噼噼啪。

教师：孙淑芝

经验总结：琉璃河历史文化资源助力 幼儿文化自信

历史是一个国家的底蕴，想要发展首先要传承，因此让幼儿接触优秀历史文化资源，了解文化背景，建立身份认同是十分必要的。琉璃河是著名的历史古镇，这里有目前所知唯一的一座始建于西周早期的诸侯国都城遗址。它不但解答了多年来考古学界关于燕国始封地究竟位于何处的争议，也将北京的建城史上溯至距今3000余年的西周初期，成为北京城市文明发展的重要里程碑。[①]

因此结合理论与实际，我将琉璃河丰富多彩的地域文化融入主题当中，使幼儿在探索中潜移默化地受到文化的影响。《纲要》也指出：充分利用社会资源，引导幼儿实际感受祖国文化的丰富与优秀，感受家乡的变化和发展，激发幼儿爱家乡、爱祖国的情感。琉璃河的历史文化是重要的资源，是对于幼儿的文化启蒙，有助于幼儿逐步建立文化自信。

幼儿在对生活环境、自然现象的观察和体验中感知生活，形成自己对周围世界的认知。立足幼儿这一认知特点，我们充分将本地历史文化资源贯穿幼儿的一日生活，一起去参观感受琉璃河的历史文化，在集体活动和区域活动中让幼儿动手感受文化魅力，在生活细节中不断渗透历史之美。

一、在参观游览中感受历史文化

教育家陶行知提出"生活即教育""社会即学校"的教育理念。教育的空间不仅仅是在学校，而是在整个社会，让幼儿走出幼儿园这个小圈子，走进家乡的文化瑰宝当中。[②] 大班幼儿已经对本土历史文化有了初步的了解，但了解还不够深入。因此，我鼓励家长带幼儿到琉璃河大桥、燕都遗址博物馆等带有

---

① 刘立早.琉璃河遗址——北京城市发展的源头[J].北京规划建设，2014，No.155（02）：150-155.

② 张盛洁."生活即教育"在幼儿文化自信培养中的应用初探[J].科学咨询（教育科研），2022，No.786（06）：142-144.

琉璃河地区特色的地方参观游览，引导幼儿感受家乡的变化，了解家乡的文化。在游览之前，我们共同制定计划表，有目的地去参观游览，用拍照或绘画的方式表达。

在游览过程中，孩子们很好奇地参观各种器物，不断猜测这些东西是做什么的，原来是什么样子。之后我们通过讲解了解这些东西的由来和用途，感受当时的历史文化和社会风俗，孩子们也感叹于先人的智慧和巧思。

在游览过后，孩子们都很兴奋地和我们分享他们看到的东西。我发现孩子们喜欢一些青铜器，于是我满足幼儿想要和大家分享的愿望，把他们的表格装订成册放到主题墙上，他们可以相互交流自己的游览发现。在参观活动中，孩子感受到了琉璃河源远流长的文化，知道了我们所在的琉璃河地区的文化是历史上非常重要的一环，进而萌发了对家乡的热爱之情。

二、在集体活动中融入历史文化

根据游览所得，我们在班级中开展了"我爱家乡琉璃河"的主题活动，根据"本土文化"的主题线索，从幼儿的兴趣出发，将特定历史文化有机地融入教育活动中，从而构成历史文化课程的主题活动。[①] 在集体教育活动中，我们一起再次走近燕都遗址博物馆和琉璃河大桥，观察大桥和各种青铜器的组成。我们发现青铜器有各种各样的形状，在古代的作用也是不同的，有祭祀用的，有打仗用的，还有很多是装饰车马的配件。我们用彩泥或者陶泥制作这些青铜制品，仔细观察它们的颜色，孩子们兴奋地发现这些器具并不是由单一的颜色组成的，他们把很多种颜色的彩泥混合起来，不断地尝试，再和图片对比，终于调出了与青铜器非常相近的颜色。小朋友们对自己的作品非常满意。

在参观之后，小朋友们不但对青铜器感兴趣，对一些陶器也非常有兴趣，很多小朋友看到班里的拉坯机都期待地说："我们能不能做出像博物馆一样的瓶子啊？"于是我们开始分组尝试，小朋友们在尝试的时候发现，就算做一个很普通的小瓶子都不是很容易，拉坯机转得太快，陶泥容易"飞"出去，水太多太少都会影响做出来的东西。孩子们在一次次的尝试中不断改进，每个小组也各有分工，最后做出了一些小瓶子作为班里的装饰，孩子们也发自内心地感叹道："古代的人也太厉害了，那些瓶子有那么多奇特的造型，可真厉害！"通过体验，幼儿更能体验到先辈们的智慧，对我们地区的文化了解得更加深入，也更加为家乡的文化感到自豪。

三、在区域活动中体验历史文化

《指南》中指出要为幼儿"提供自由活动的机会，支持幼儿自主地选择、计划活动"。在主题活动下，我们也不断对区域活动进行调整。在角色区，小朋友都争做家乡小导游，带小朋友们参观琉璃河大桥，介绍大桥是由什么材料构成的，为大家介绍博物馆里面的文物都有哪些分类，都是什么材质的，每个文物都有什么作用。在美工区，幼儿探索用水墨画的方式表现我们的家乡琉璃河，勾勒出湿地公园的四季景象，把琉璃河大桥画得惟妙惟肖。在建构区，小朋友们用各种材料搭建琉璃河大桥。在区域活动中，孩子们从不同角度探索家乡文化。孩子们的创造力往

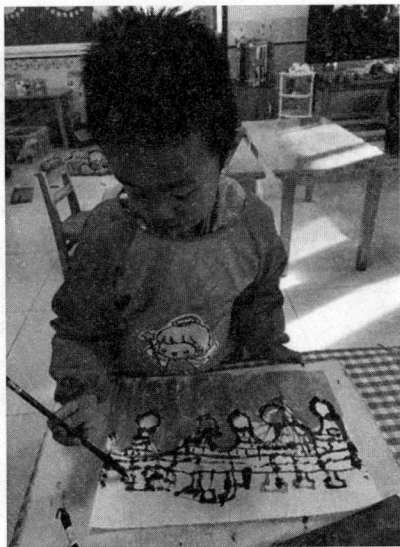

---

① 车小妍. 借乡土文化之力 建特色园本课程 [J]. 教育教学论坛，2012，No. 43 (07)：99-100.

往让我惊奇,他们的作品也体现着自己对于家乡文化的理解和热爱。

四、在环境创设中渗透历史文化

《纲要》指出:"环境是重要的教育资源,应通过环境的创设和利用,促进幼儿的发展。"环境创设是幼儿园的一种"隐性课程",在开发幼儿智力、促进幼儿个性发展等方面具有不可低估的教育作用。① 教育环境的创设虽然是一种辅助教学手段,但在当今的学前教育中起着重要的作用。让孩子轻松接受本土

① 黄秀云. 乡土文化融入幼儿一日生活中的实践探究 [J]. 内蒙古教育(职教版),2016,No. 679(04):32-33.

文化教育，并对其产生浓厚兴趣，积极探索并热爱和传承，热情展示和向往。积极了解当地文化，关心家乡的建设和发展，同时了解社会，容易融入社会，对家乡形成独特的情感。[①] 幼儿园对于历史文化也非常重视，在门厅布置了琉璃河大桥、燕子风筝等作品，这里的一物一景都是独一无二的，独属于我们琉璃河这个地区的，小朋友们每次路过都会看一看聊一聊，在潜移默化中，增加对本地文化的认同感和自豪感。

在各项活动中，我们关注幼儿发展的整体性，理解幼儿的学习方式和特点，充分挖掘家乡文化，将历史文化融入幼儿的一日生活。幼儿在感受和探索中树立文化自信，为中华民族伟大复兴奠定人才基础。

教师：孟思雯

经验总结：在陶泥活动中促进
大班幼儿综合能力发展

3～6 岁的儿童，小肌肉群正处于快速发展时期，思维水平也从直觉行动思维迅速向具体形象思维发展过渡，这时候他们最需要、最适合的就是大量手眼结合的运动。陶泥活动从第一阶段寻找泥、发现泥、捏造泥，到第二阶段探究泥、制造泥、循环利用泥，不仅锻炼了幼儿手的灵活性以及小肌肉的发展，而且使幼儿在此过程中有发现、有问题、有探索、有研究、有创新，渐渐地形成了善于发问、积极探索、敢于创新、不怕困难、坚持不懈、求真求实的良好品质，助力幼儿在五大领域均衡发展。

一、反复实践提升审美能力

泥工活动有助于表达情感，提高审美水平，也能促进幼儿的思维发展和手脑协调。在大主题"探秘博物馆"的引领下，幼儿开始探秘博物馆，对博物馆里的青铜器、漆器、陶器等艺术作品产生了浓厚的兴趣。通过和爸爸妈妈一起调查，知道了每种物品的名称，欣赏了花纹图案和独特的造型并了解其作用。追随幼儿兴趣，老师及时查阅资料，带领幼儿对调查到的青铜器以及上面的古代花纹进行详细和系统的观察，有的幼儿发现主体部分有很大的动物图案，有的发现鼎耳部分也有小动物的装饰，还有的发现花纹基本都是对称的……他们发现不同古代器皿不同的美，学会欣赏这些独特的美，找到了其中的乐趣，互相交流，这也为今后的表现与创造打下了基础。

---

① 汪姝含. 将地域乡土文化融入幼儿园教育环境创设中［J］. 文教资料，2021（5）：166-167. DOI: 10.3969/j. issn. 1004-8359. 2021. 05. 068.

经过一段时间的模仿练习之后，幼儿们的审美、动手能力有了一定的提高。例如幼儿在对三足鼎、四足鼎、双耳鼎等有了基本的认识后，也有了美的评判，他们发现自己制作的鼎花纹不够立体、装饰不够对称、功能不够突出、造型不够独特等，在反复实践的过程中发现了很多问题，同时大大提升了自己的审美能力。

二、动手动脑提升创新能力——在构思中创作、在创作中构思

（一）创设良好的环境，促进幼儿创造力与个性的发展

环境创设对于激发幼儿的创作欲望是非常重要的，一个具有创造氛围的环境能促使他们有意识地去参与，并从中得到熏陶，逐步提高创造、创新能力。例如泥工区的环境布置、区域牌的制作、墙饰等都是幼儿积极主动创建的。又如在了解古代兵器、武器以后，他们会尝试捏造一些各式各样的兵器，慢慢地形成了班级内的兵器库，幼儿们就怎样展览兵器这一问题展开讨论，最后在大家合作之下共同完成展台的创作。作为教师，我引领幼儿们将搜集到的各种青铜器、兵器的照片资料全部展示在泥工区，便于幼儿寻找答案，充分激发幼儿的创作灵感，真正做到环境墙饰可以为幼儿服务。

（二）尊重幼儿个性，主张幼儿自主创作

放手去实践，促进幼儿自主能力的发展。幼儿认真观察并动手操作，充分发挥自己的想象力，提高自主创造能力。幼儿在制鼎的过程中，起初都是自由捏造，突然有一天，一位幼儿在鼎身上装饰了许多小动物，这一下子引起了其他同伴的关注，大家你一句我一句地讨论起来，从动物谈到生肖属相。果果小朋友听到立刻拉开拉链，展示出他十二生肖动物图的衣服，大家很惊喜地说

道："我们就做这上面的十二生肖图吧。"就这样，鼎的创新主题"十二生肖鼎"诞生了。在此之后，他们不但在主题上创新，还在造型、花纹、用途甚至是寓意上都有所创新。

三、提升语言表达能力——互相交流获得知识、促进创作

幼儿开始热火朝天地制作各种生肖鼎，还给这些鼎取了好听的名字，创编了好听的故事。他们在制作过程中有分工、有合作、有争吵、有谦让，也会将过程中的点点滴滴用回忆录的方式记录下来。当展览馆给客人介绍展品时，幼儿们也会拿出回忆录，滔滔不绝地讲述。

除此之外，在区域活动中，幼儿会将自己的泥工作品组合在一起做成故事盒。幼儿利用自己做的故事盒讲故事非常自豪，也能发展语言能力。在展示作品时，幼儿之间互相交流，思想的碰撞能让幼儿在交流中相互学习审美观，加强沟通和理解。教师知道他们的想法后，把问的权利和评的权利交给幼儿，真正体现幼儿的自主学习。对于那些有新意的作品，教师更应着重鼓励和表扬，激发幼儿的进取意识和热情，让他们知道自己的作品是美的，是被大家认可的。

四、团结合作，提高解决问题的能力——互相模仿、互相帮助、互相进步

玩泥过程中，鼓励幼儿自主探究学习，善于发现问题并敢于解决问题。我们怎么支持幼儿的自主探究学习呢？例如利用教育活动探索泥人不倒的方法，进而引发幼儿自主探究学习以及经验的提升。首先引导幼儿发现自己制作的泥人站不起来的问题。教师抛出问题：1. 为什么站不起来？（引导幼儿自己发现问题，鼓励幼儿勇敢猜想并说出原因）2. 你有什么好方法可以让泥人站起来？（鼓励幼儿开动脑筋想出好方法）3. 欣赏PPT，大胆猜测泥塑不倒的原因。通过充分感知与操作，体验小组合作的乐趣，分享成功的喜悦，鼓励幼儿大胆尝试各种好方法，解决泥人不倒的问题。在此之后，幼儿们感受到小组合作带来的优越感，开始设计更大的作品。他们想要制作镇班之宝，就开始分组设计图纸，共同完成了第一个代表作《齐心协力（鬲）》，也寓意大班小朋友团结一心、勇往直前。

除此之外，幼儿可以利用陶泥解决生活中遇到的问题，如美工区的笔筒、植物角的花盆、鱼缸等，都是幼儿们迁移自己的生活经验，在生活中发现问题，并动手操作解决问题的成果。当亲手种下的种子在自己设计制作的花盆里萌芽后，孩子们自豪极了。

五、坚持不懈、克服困难的良好品质

随着大量幼儿作品的诞生，持续关注自己的作品成了又一问题。泥塑作品不像剪纸、画画等其他美工作品，需要经历捏造、阴干、反复补泥、烧制、上色等诸多步骤，少了哪一环节，泥工作品都不会完整，因此要想让幼儿持续关注自己的作品，首先要让他们明确、熟悉这一流程，不断探索各种好方法，例如裂缝如何补救，泥浆如何保存，作品如何完整。这些都需要幼儿反复操作、反复修改才能获得更多有益的经验。

当幼儿的某一作品被小朋友认可的时候，幼儿的创新能力和坚持完成作品的勇气会得到进一步增强，体验到成功的快乐和被大家认同的喜悦，逐渐树立起自信，为今后的人格发展铺平道路。将做好的泥工作品摆放在柜子上供大家参观，幼儿会感到愉快与自豪。

运用多元化评价，进一步激发幼儿的创新意识。教师应把握好技巧评价与情感评价的和谐统一，要善于发现每一件作品的优点，以积极的态度来评价幼儿作品，多使用表扬、激励的语言，如"做得和别人不一样""很新颖""老师都没有想到""作品很有特点"等语言，评价语尽量做到细之又细，精准到位。

看似单一的泥工活动，其实对幼儿综合能力、综合品质的培养有很大的帮助，只要教师心中有目标，及时发现教育契机并捕捉下一步学习的可能性，不断观察幼儿，学会将问题抛给幼儿，学会正确识别与回应，再简单的活动也能迸发出无穷的力量。

教师：齐彩云

附原创儿歌

我爱家乡琉璃河

作者：张丽朋

你拍一，我拍一，幼儿园里来捏泥。
你拍二，我拍二，湿地公园丢手绢。
你拍三，我拍三，步行街里吃喝穿。
你拍四，我拍四，智慧农场有兴致。
你拍五，我拍五，燕都遗址真永久。
你拍六，我拍六，水泥博物真锦绣。
你拍七，我拍七，清河边上来嬉戏。
你拍八，我拍八，梨园树下笑哈哈。
你拍九，我拍九，琉璃古桥健步走。
你拍十，我拍十，我爱燕都文化实。

变化的琉璃河

作者：李　萌

琉璃河乡发展好，请让我来聊一聊。
商周遗址三千年，古代都城它真早。
琉璃河水两岸宽，水上运输发展好。
金隅水泥质量好，出口国外它是宝。
湿地公园景色美，生态旅游不能少。

我是文明好宝宝

作者：毛　静

我是一个乖宝宝，
说话文明讲礼貌，
尊师敬老问声好，
团结友善最重要，
条条马路长又宽，
遵守规则保安全，
争做北京好宝宝。

垃圾分类歌

作者：穆春静

垃圾分类我知道，四个颜色分得清。
瓶子纸筒可回收，变废为宝蓝色桶。
剩菜剩饭可收集，变成肥料绿色桶。
电池灯泡很危险，有害垃圾红色桶。
废布旧物无用处，其他垃圾灰色桶。
小朋友们最认真，垃圾分类最最棒！

文明儿童拍手歌

作者：游良姗

你拍一，我拍一，交通安全要牢记。
你拍二，我拍二，我们都是好伙伴。
你拍三，我拍三，文明用语记心间。
你拍四，我拍四，节约用水好孩子。
你拍五，我拍五，美好环境我守护。
你拍六，我拍六，垃圾分类要记清。
你拍七，我拍七，排队游戏不要急。
你拍八，我拍八，公共场合不喧哗。
你拍九，我拍九，游戏规则我遵守。
你拍十，我拍十，争当文明小卫士。

我是家乡守护者

作者：许 苏

小小家乡守护者，有你有我也有他。
爱护一草一树木，护林帮手就是我。
垃圾一定要分类，切记不要乱丢弃。
我们大手拉小手，共创最美文明乡。

家乡赞

作者：李 蕾 张晓鹏

琉璃河畔立教村，历史人文厚底蕴。
人间福地安古寺，天主教堂建村中。
西周燕都"城之源"，鼎天鬲地中国龙。
历经沧桑三千年，古香古色韵味浓。
生态宜居新家园，魅力房山美如春。
青山绿水值千金，美丽乡村换妆容。
鸟语花香彩云天，绿树成荫郁葱葱。
满园春色关不住，欢声笑语踏歌行。

湿地公园美如画

作者：尹红英

北京西南琉璃河，湿地公园美如画。
蔚蓝天空白云飘，阳光明媚映河上。
绿色小草吐芬芳，无忧小鸟喳喳叫，
孩童快乐玩耍时，一派生机勃勃样。